कमल : सम्पूर्ण रचनाएँ

(मणिपुरी भाषा के महान लेखक का साहित्य)

सम्पादक

देवराज

राधाकृष्ण प्रकाशन

ISBN : 978-81-8361-054-4

कमल : सम्पूर्ण रचनाएँ

पहला संस्करण : 2006

This book is printed on **Print on Demand** Technology : 2026

मूल्य : ₹795

प्रकाशक

राधाकृष्ण प्रकाशन प्राइवेट लिमिटेड

जी-17, जगतपुरी, दिल्ली-110 051

शाखाएँ : अशोक राजपथ, साइंस कॉलेज के सामने, पटना-800 006

पहली मंजिल, दरबारी बिल्डिंग, महात्मा गांधी मार्ग, प्रयागराज-211 001

1, अनमोल सोराबजी संतुक लेन, धोबी तलाव, मरीन लाइंस, मुम्बई-400 002

वेबसाइट : www.radhakrishnaprakashan.com

ई-मेल : info@radhakrishnaprakashan.com

KAMAL : SAMPOORAN RACHANAYEN

Edited by Dev Raj

हे मेरे पूर्वज !
तुम्हारी ये रचनाएँ
समर्पित हैं तुम्हीं को
तुम्हारे एक सहचर
'कवि मीनकेतन' की
इन पंक्तियों के साथ–

"बहुत दिन पश्चात
पदार्पण हुआ माँ मैतैचनु का
मैतै साहित्य मन्दिर में
भर-चंगेरी पुष्पों से
करें अर्पित माँ के चरणों में।"

–देवराज

कमल : सम्पूर्ण रचनाएँ

विषय सूची

भूमिका

डा. कमल—लमाबम कमल सिंह—(1899-1935) को मैं भारत के जातीय-चेतना-सम्पन्न साहित्यकारों के मध्य विशेष स्थान का अधिकारी मानता हूँ। उन्नीसवीं शताब्दी के अन्तिम वर्ष ने कमल के रूप में बीसवीं शताब्दी को एक ऐसा उपहार दिया, जिसने नवजागरणकालीन मणिपुरी साहित्य को अमित तेजस्वी व्यक्तित्व प्रदान किया। मातृभूमि की दुर्दशा का चित्रण करके, पूरी तरह निद्रा में डूबी एक जाति को जगाने का जैसा महान कार्य कमल ने किया, वैसा मणिपुरी साहित्य के इतिहास में किसी अन्य ने नहीं। वे अपनी युग-चेतना के कारण भारतीय साहित्योद्यान के सर्वाधिक सुगन्धित पुष्पों में से एक बन गए। लै परेङ (काव्य-संग्रह, 1929), माधवी (उपन्यास, 1930), ब्रजेन्द्रगी लुहोङ्बा (कहानी, 1933) और देवयानी (नाटक, 1924 के लगभग लिखित, किन्तु 1984 में प्रकाशित) के अध्ययन से यह स्पष्ट होता है कि कमल की रचनाधर्मिता का निर्माण मातृभूमि-प्रेम, स्वभाषा-प्रेम, सामाजिक-जागरण, सांस्कृतिक गौरव-बोध, उदात्त जीवन-मूल्यों से परिपूरित मानवतावाद, विश्व-प्रेम, मानव-व्यक्तित्व में अघट आस्था, वैष्णवी चेतना से प्रभावित दार्शनिक-चिन्तन, प्रकृति तथा उसके क्षण-प्रतिक्षण नव्यता ग्रहण करते सौन्दर्य और नवीन दृष्टिसम्पन्न कलात्मक प्रयोगों की आकांक्षा के समन्वय से हुआ था। ये सभी भारतीय नवजागरण के आदर्श-मूल्य माने जाते हैं। स्पष्ट है, कमल मूलतः नवजागरण की चेतना के प्रखर साहित्यकार थे। इसीलिए उनके साहित्य की अन्तर्वर्ती मूल्यवत्ता को जानने-परखने के लिए नवजागरण की पृष्ठभूमि व साहित्य में उसकी स्वीकृति की संक्षिप्त चर्चा आवश्यक है।

नवजागरण समाज-सांस्कृतिक और राजनीतिक परिस्थितियों के गर्भ से जन्मा था, यही कारण है कि वह पहले विचार बना, बाद में साहित्य। न केवल भारत में, बल्कि विश्व के अन्य देशों में भी वह पहले विचारों का ही अंग बना। यूरोपीय नवजागरण का इतिहास इसका सटीक प्रमाण प्रस्तुत करता है। एक समय था, जब मध्यकालीन यूरोप में ज्ञान प्राप्ति की सीमा केवल बाइबिल कंठस्थ कर लेने तक रह गई थी। जब अरबों ने स्पेन पर अधिकार किया और कुरान, यूनानी दर्शन व अन्य विषयों के अध्ययन-केन्द्र स्थापित हुए तो यूरोपवासियों को विचार-स्वातन्त्र्य की प्रेरणा मिली। उसी के आसपास की कालावधि में रोजर बेकन (1210-1293) ने यूरोप भर में चर्च के 'प्रमाणवाद' के विरुद्ध आवाज उठाई और कहा कि सत्य-ज्ञान का श्रेष्ठ माध्यम प्रमाणवाद की पंक्तियाँ नहीं, बुद्धि का व्यवहार है। आगे चलकर जर्मनी के समाज

सुधारक लूथर (1483-1566) ने चर्च की 'पापमोचन प्रथा' के विरोध में अपना प्रसिद्ध निबन्ध लिखा, जिसने यूरोप भर में जनता को चर्च के विरुद्ध खड़े होने की प्रेरणा दी। इस व्यापक संघर्ष का प्रभाव व्यक्ति-चेतना के विकास, बुद्धि-स्वातन्त्र्य, रूढ़ि विरोध और सामाजिक-परिवर्तन की इच्छा के रूप में प्रकट हुआ। उधर जनता और चर्च के संघर्ष का लाभ उठाकर राज्य-सत्ता ने चर्च पर अधिकार कर लिया और वह पहले से भी अधिक भोगलिप्त, निरंकुश तथा अत्याचारी हो गई। पूरा यूरोप भयानक युद्धों का शिकार बना, जिसकी अग्नि में तपकर एक नए यूरोप के निर्माण की पृष्ठभूमि निर्मित हुई। पश्चिम ने लोकतान्त्रिक मूल्यों के विषय में सोचना शुरू किया। चिन्तन और जीवन-मूल्यों को झकझोरनेवाली इस हलचल की क्षीण छाया हमें एडमंड स्पैंसर (1522-1569), माइकल डेट्रन (1563-1631) और शेक्सपीयर (1564-1616) में मिलती है, किन्तु इसका वास्तविक विस्फोट इंग्लैंड, फ्रांस, जर्मनी आदि के स्वच्छन्दतावादी लेखकों में हुआ, जो काफी बाद की घटना है।

भारतीय नवजागरण इस देश में आधुनिक काल के आगमन से जुड़ा हुआ है, जो सबसे पहले बंगाल में (1757 में प्लासी युद्ध में अंग्रेजों की विजय और बंगाल पर उनके प्रभुत्व की स्थापना के साथ) तथा उसके बाद हिन्दी क्षेत्र में (सन् 1857 के स्वाधीनता संघर्ष की घटना के पूर्व) आया। यह, समाज-सांस्कृतिक क्षेत्र में रूढ़ियों और पाखंडों से मुक्ति तथा राजनीतिक क्षेत्र में दासता से मुक्ति की विचारधारा लेकर प्रकट हुआ। बंगाल सहित समूचे भारतीय नवजागरण पर विवेकानन्द (1863-1902) के विचारों का जबर्दस्त प्रभाव पड़ा। उन्होंने धर्म और आध्यात्मिकता की नई व्याख्या की, पलायनवादी जीवन दृष्टि का विरोध किया, वेदान्त को वैचारिक स्वतन्त्रता व समानता से जोड़ा और अज्ञान, अन्धविश्वास तथा आत्महीनता से आक्रान्त भारत को अतीत के गौरव व ज्ञान-परम्परा से जोड़कर जगाने का प्रयत्न किया। इस वैशिष्ट्य के चलते भारतीय नवजागरण, पश्चिमी नवजागरण से प्रकृत्या भिन्न है। अतीत से जुड़ाव और स्वाधीनता की उद्दाम चेतना इस अलगाव के मुख्य बिन्दु हैं। ये ही सामाजिक-जागरण से मिलकर भारतीय नवजागरण को मूलतः सांस्कृतिक-जागरण का रूप प्रदान करते हैं। आधुनिक भारत के इतिहास की इस महान घटना का प्रभाव कुछ-कुछ अन्तराल के साथ समस्त भारतीय भाषाओं के साहित्य पर पड़ा। माइकेल मधुसूदन दत्त (1824-1873), रवीन्द्रनाथ ठाकुर (1861-1941), भारतेन्दु हरिश्चन्द्र (1850-1885), फकीरमोहन सेनापति (1843-1918), सुब्रह्मण्य भारती (1882-1921), भोलानाथ दास (1858-1929), लक्ष्मीनाथ बेजबरुबा, चिलकमूर्ति लक्ष्मी नरसिंहम्, गुरजाड़ा अप्पाराव, कुमारन आशान, के.वी. पुटप्पा आदि (विभिन्न भारतीय भाषाओं के) लेखक इस सांस्कृतिक-जागरण के साहित्यिक अग्रदूत बने। बंकिम और अरविन्द में यही जागरण कुछ भिन्न रूप लेकर आया। साने गुरुजी, दीवानचन्द्र किशनानी, गुलाम अहमद मजहूर और अपने प्रारम्भिक काव्य में इकबाल ने इस परम्परा को आगे बढ़ाने का कार्य किया। स्पष्ट है कि एक समय नवजागरण समस्त भारतीय कवियों की वाणी में गूँजने लगा।

सांस्कृतिक-नवजागरण की शंख-ध्वनि ने मणिपुरी-साहित्य को भी आन्दोलित किया। यहाँ बीसवीं शताब्दी के तीसरे दशक में जो साहित्य मन्थन प्रकट हुआ, वह भी मुख्य रूप से राजनीतिक, सामाजिक और सांस्कृतिक, सन्दर्भों से जुड़ा हुआ है। इन्हें समझने के लिए इतिहास में थोड़ा पीछे जाना होगा।

सन् 1833 में महाराजा गम्भीर सिंह ने ब्रिटिश सरकार के जिन प्रस्तावों को स्वीकार किया था, वे ऊपर से मात्र व्यापार और सैन्य सहयोग से जुड़े लगते थे, किन्तु उनका मूल लक्ष्य आगामी दिनों में राजनीतिक-हस्तक्षेप की आधारभूमि तैयार करना था। अंग्रेजों ने अपने कूटनीतिक कौशल का प्रयोग करके मणिपुर को अपने और म्यांमार (बर्मा) के बीच एक स्वतन्त्र राज्य के रूप में मान्यता प्रदान कर दी तथा यह शर्त भी लाद दी कि यदि म्यांमार के साथ कोई संघर्ष होता है, तो उसमें मणिपुर को अंग्रेजों का साथ देना होगा। सन् 1835 में ब्रिटिश सरकार ने सामान्य हितों की रक्षा के नाम पर मणिपुर में अपना पोलिटिकल-एजेंट नियुक्त कर दिया, किन्तु 1851 और 1852 की सरकारी घोषणाओं के बहाने उसकी शक्तियाँ बढ़ा दीं। कुछ समय बाद ही मणिपुर में कोई ऐसी महत्त्वपूर्ण घटना नहीं रह गई, जिसमें पोलिटिकल-एजेंट का प्रत्यक्ष या परोक्ष हस्तक्षेप न हो। ब्रिटिश-सरकार का असली चरित्र सन् 1891 में प्रकट हुआ, जब उसने कुलचन्द्र को मणिपुर का महाराजा स्वीकार करने के लिए उनके सामने तीन शर्तें रखीं–

1. पोलिटिकल एजेंट को तीन सौ सिपाही रखने की अनुमति मिले,
2. महाराजा, मणिपुर का शासन पोलिटिकल एजेंट की सलाह से चलाएँ और
3. महाराजा, टीकेन्द्रजीत को देश निकाला देने को सहमत हों तथा इसमें ब्रिटिश सरकार की सहायता करें।

ये शर्तें मनवाकर अंग्रेजी सरकार का हित साधन करने के लिए असम का चीफ कमिश्नर क्विन्टन पूरी तैयारी के साथ 22 मार्च, 1891 को इम्फाल पहुँच गया। इसके बाद की कहानी मणिपुर की स्वाधीनता के सूर्यास्त की कहानी है। मणिपुर के महान वीर पाओना ब्रजवासी ने 23 अप्रैल, 1891 को अपने चार सौ योद्धा सैनिकों के साथ खोङ्जोम नदी के किनारेवाली पहाड़ी पर शक्तिशाली अंग्रेजी सेना से लोहा लेते हुए वीरगति प्राप्त की, 27 अप्रैल, 1891 को मणिपुर की राजधानी पर 'यूनियन जैक' फहरा दिया गया, युवराज टीकेन्द्रजीत (टीकेन्द्रजीत वीर सिंह) एवं थाङ्गाल जनरल को गिरफ्तार करके 13 अगस्त, 1891 को फाँसी पर लटका दिया गया और स्वर्णभूमि मणिपुर विशाल अंग्रेजी साम्राज्य का छोटा उपनिवेश बन गया।

मणिपुर के इतिहास की इस क्रूरतम त्रासदी ने अनेक प्रश्न खड़े किए। अंग्रेजों ने टीकेन्द्रजीत और थाङ्गाल जनरल को विद्रोही कहकर फाँसी दी थी। इसी आरोप में वे 15 मई, 1891 को निरंजन सूबेदार व मिया सिंह को फाँसी पर लटका चुके थे, क्योंकि अंग्रेजों की दृष्टि में थौबाल के निकट ब्रिटिश सेना पर किया गया आक्रमण एक विद्रोही कार्यवाही था, जिसका नेतृत्व उन दोनों ने किया था। प्रश्न यह है कि टीकेन्द्रजीत, थाङ्गाल, निरंजन और मिया सिंह ब्रिटिश सरकार के विद्रोही थे, अथवा अपनी मातृभूमि

की रक्षा करनेवाले जातीय वीर ? मुकदमा चलने के दौरान अंग्रेजों ने टीकेन्द्रजीत को यह अनुमति नहीं दी कि वे कछार से किसी विधिवेत्ता को अपनी सहायता के लिए बुला सकें। ऐसा क्यों हुआ ? टीकेन्द्रजीत और थाङ्गाल की फाँसी के सन्दर्भ में न्याय के पहरेदार अंग्रेजों ने मणिपुर की प्राचीन सांस्कृतिक परम्परा का सम्मान नहीं किया। मणिपुर डिस्ट्रिक्ट गजेटियर में फाँसी की घटना इन शब्दों में दर्ज है–"पोलो ग्राउंड में टिकटी को सीधा खड़ा किया गया तथा निर्देशानुसार फाँसी लगाई गई। जहाँ तक दृष्टि जाती थी, मैदान श्वेत वस्त्रधारिणी स्त्रियों से भरा था। राजा के समय यदि मृत्यु-दंड पाए किसी अपराधी के बचाव के लिए काफी संख्या में स्त्रियाँ आ जाती थीं तो प्रायः उसका प्राण-दंड स्थगित हो जाता था। अब भी इसी आशा में हजारों की संख्या में स्त्रियाँ एकत्र हो गई थीं कि शायद पुरानी परिपाटी को बरकरार रखा जाए, किन्तु जैसे ही तख्ता गिरा और सेनापति और ताङ्खुल जनरल परलोक सिधारे, एकत्रित जन-समुदाय के हृदय से गहरी कराह निकली।" प्रश्न यह है कि उपनिवेशवादी अंग्रेजों को महान परम्पराओंवाली जनता का अपमान करने का साहस क्योंकर हुआ ? ये सभी प्रश्न जनमानस को आन्दोलित करने लगे।

उस काल में सामाजिक व धार्मिक स्तर पर भी अभूतपूर्व हलचल दिखाई दी। अंग्रेजों ने अपनी कूटनीति के सहारे जिस प्रकार भारतीय देशी राजाओं को अधिकारहीन बना डाला था, उसी प्रकार मणिपुर के महाराजा को भी अधिकार-वंचित कर दिया था। यह कूटनीति इतनी बारीक थी कि जब तक इसका रहस्य समझ में आता, तब तक महाराजा और प्रजा के बीच रिश्ते बहुत धूमिल हो चुके थे। साधारण प्रजा और महाराजा केवल धार्मिक और सामाजिक स्तर पर ही परस्पर जुड़े थे, किन्तु यह जुड़ाव किसी भी प्रकार प्रजा के हित में नहीं था। महाराजा 'ब्रह्मसभा' के माध्यम से मणिपुर के सामाजिक-धार्मिक जीवन को नियन्त्रित करते थे। लगता है, राजनीतिक स्तर पर वास्तविक सर्वोच्च सत्ता से हाथ धो बैठे महाराजा अपने मन का क्षोभ ब्रह्मसभा के माध्यम से ही शान्त करते थे। इसमें हिन्दू धर्म की रूढ़ियाँ उनकी व ब्रह्मसभा की सहायता करती थीं। कर्मकांड में हुई तनिक सी चूक के चलते ब्रह्मसभा किसी को भी धर्म या जाति से बहिष्कृत कर सकती थी। ऐसे व्यक्ति का अन्तिम संस्कार तक विधि-विधानपूर्वक नहीं हो सकता था। बहिष्कार की इस प्रक्रिया को 'माङ्बा' कहा जाता था। माङ्बा से बचने का उपाय 'शेङ्बा' था, जिसके अन्तर्गत व्यक्ति ब्रह्मसभा को 83 रुपए, 3 आने, 3 पाई चुकाकर अथवा महाराजा को पाँच सौ रुपए उपहार के रूप में देकर जाति में वापस आ सकता था। यह एक उदाहरण है, जो तत्कालीन सामाजिक यथार्थ को समझने में हमारी सहायता करता है। जननेता हिजम इरावत (1896-1951) ने इस सामाजिक रूढ़ि का विरोध करने के लिए 'सेवा-समिति' नाम की एक संस्था बनाई, जो ब्रह्मसभा द्वारा दंडित लोगों की मृत्यु हो जाने पर धार्मिक विधि-विधानपूर्वक उनके शवों का संस्कार करती थी। यह प्रकारान्तर से लम्बे समय से चली आ रही धार्मिक व सामन्ती व्यवस्था की जनविरोधी जुगलबन्दी को पहली सशक्त

चुनौती थी। इसी प्रकार इरावत ने 'पिअन चाकथक' (गाँवों में अधिकारियों के साथ आए चपरासियों को मुफ्त खाना खिलाना), 'पाथोङ्' (लोगों से अधिकारियों का सामान मुफ्त ढुलवाना) और 'यारेक सन्तरी' (अधिकारियों के अंगरक्षक के रूप में मुफ्त कार्य) जैसी शोषक परम्पराओं के विरुद्ध भी जनता को जगाया। इसी क्रम में 'निखिल हिन्दू मणिपुरी महासभा' (1934 में स्थापित) के 'निखिल मणिपुर महासभा' (1938) बनने की कहानी भी पर्याप्त रोचक है, क्योंकि इरावत और उनके सहयोगियों के प्रभाव से नए नाम तक आते-आते यह संस्था धार्मिक के बदले राजनीतिक और सामाजिक जागरण की अग्रदूत बन गई और समय आने पर 'मणिपुर स्टेट कांग्रेस' में बदल गई।

खोङ्जोम युद्ध (1891) से लेकर बीसवीं शताब्दी के प्रथम तीन-चार दशकों में जो घटनाएँ घटीं, वे मणिपुरी जीवन में नवजागरण की चेतना फूँकने में सफल रहीं। सन् 1910 में प्रेस की स्थापना हुई, 1922 में इरावत ने 'मीतै-चनु' नामक हस्तलिखित पत्रिका निकाली, 1924 में मणिपुर से बाहर रहनेवाले मणिपुरी लोगों ने सामाजिक रूढ़ियों और राजनीतिक-दासता का विरोध करने के उद्देश्य से 'जागरण' नामक पत्रिका प्रारम्भ की, 1930 में 'ललित मंजरी' जैसी प्रखर साहित्यिक पत्रिका प्रकाशित हुई और उसके बाद 'याकाइरोल', 'नहारोल' आदि का प्रकाशन हुआ। बढ़ती हुई शिक्षा, हिन्दी प्रचार आन्दोलन (1928 में प्रारम्भ), बाहरी दुनिया से बढ़ते सम्पर्क और ब्रिटिश उपनिवेशवाद के विरुद्ध विभिन्न देशों में होनेवाले संगठित विरोध ने मणिपुर को प्रभावित करना शुरू किया। इस प्रकार यह नवजागरण जीवन और साहित्य पर छा गया।

मणिपुरी नवजागरण के इस परिवेश ने चिङाखम मयुरध्वज (जन्म-मृत्यु वर्ष अज्ञात), हिजम अङाङ्हल (1892-1943), ख्वाइराक्पम चाओबा (1895-1950), हवाइबम नवद्वीपचन्द्र (1897-1946), कमल (1899-1935), अशाङ्बम मीनकेतन सिंह (1906-1995), अराम्बम दरेन्द्रजीत (1907-1944) और राजकुमार शीतलजीत सिंह (1913) को जन्म दिया। इन समस्त नवजागरणकालीन लेखकों में कमल का रंग और प्रभाव सबसे भिन्न है। कवि, उपन्यासकार, कहानीकार, नाटककार—सभी रूपों में उन्हें मणिपुरी भाषा की साहित्य-धारा का उन्नायक माना जाता है।

कमल की सर्वाधिक ख्याति कवि के रूप में है। अठारह कविताओं का उनका संग्रह, 'लै परेङ्' मणिपुरी भाषा का प्रथम आधुनिक काव्य-संग्रह है। इसके अतिरिक्त उनकी 'यश', 'नल द्वारा त्यागे जाने पर दमयन्ती का विलाप' (विरह संगीत), 'वीर पुरुष' और 'रात्रिपक्षी ताम्ना' शीर्षक कविताएँ भी उपलब्ध हुई हैं, जो तत्कालीन पत्र-पत्रिकाओं की पुरानी फाइलों में थीं।

कमल ने अपनी कविताओं में मातृभूमि के प्रति लगाव को बड़े विलक्षण रूप में प्रकट किया है। वे उसकी दुर्दशा का चित्रण करते हुए कहते हैं—"मोइराङ् पर्व की भाँति / त्याग भव्य भवन / निद्रा में डूबी जीर्ण-शीर्ण लुपाक में / सताई जाती मक्खी-मच्छरों से / सोती रहोगी कब तक ? / चली गई कहाँ हे माँ !" (प्राचीन मैतै साहित्य)। कवि की भावना की सघनता और गहराई को समझने के लिए माइकेल

मधुसूदन दत्त के 'शर्मिष्ठा' नाटक की गीत-पंक्तियों पर ध्यान देना चाहिए–'सोन गो भारत भूमि / कत निद्रा जाबे तुमि / आर निद्रा उचित ना होय / उठ त्यज घूम घोर, हइला हइला भोर / दिनकर प्राचीते उदय।' (अर्थात् हे भारत भूमि सुनो, तुम और कितना सोओगी, अब अधिक निद्रा उचित नहीं है, भोर हो रही है, अतः तुम गहरी नींद से जागो, पूर्व में सूर्योदय हो रहा है।) यह नवजागरणकालीन कवियों के हृदय की भावना है, जो दो सुदूरवर्ती व्यक्तियों में मातृभूमि के प्रति समान प्रेम जगाती है। यहाँ तक कि मक्खी-मच्छर जैसे प्रतीकों का प्रयोग करके कवि कमल ने जिन कष्टों व दुर्दशा का संकेत किया है, वह भी माइकेल के गीत में विद्यमान है। कमल की एक कविता में 'मातृ-मन्दिर' की परिकल्पना है। वे कहते हैं–''निर्मित करें पुष्प मन्दिर माँ के लिए / नहीं चाहिए मन्दिर लोहे का / जंग से नष्ट होनेवाला / नहीं चाहिए मन्दिर पत्थरों का / धारा में काल की विलीन हो जाने वाला''। इसके बाद वे स्वार्थ-त्याग की संजीवनी को इस मन्दिर के चारों ओर रोपना चाहते हैं तथा चारों दिशाओं में 'माँ', 'मैतैचनु' का यश प्रसारित करना चाहते हैं। पुष्प-निर्मित मातृ-मन्दिर की यह कल्पना भारतीय काव्य की जातीय-चेतना को दुर्लभ भव्यता प्रदान करनेवाली है। ऐसा उदाहरण अन्यत्र शायद ही मिले ! कमल के काव्य में जननी-प्रेम को मातृभूमि प्रेम में परिणत होते भी देखा जा सकता है। जब कमल परदेस में विद्यार्जन कर रहे थे, तभी उनकी माताजी (लैरिक देवी) का स्वर्गवास हो गया। वे उनके अन्तिम दर्शन नहीं कर सके। उनके कवि-हृदय ने करुणा अैर पीड़ा से आन्दोलित होकर 'मातृ तर्पण' कविता को जन्म दिया। स्वभावतः यह कविता उनकी वैयक्तिक भावनाओं की अभिव्यक्ति थी, जिसमें उनकी जन्मदात्री माँ के प्रति श्रद्धा और स्मरण का आधिक्य था, किन्तु जब यह अभिव्यक्ति कमल जैसे नैसर्गिक मातृभूमि-प्रेमी की भावधारा में स्नान करके प्रत्यक्ष हुई, तो उसके प्रभाव का विस्तार सारी सीमाएँ और बन्धन तोड़कर उस काल में दासता की पीड़ा भोग रही स्वर्ण-भूमि मणिपुर तक हो गया। यह कविता इस प्रकार प्रारम्भ हुई–''दूर परदेस में / खड़े हो ब्रह्मपुत्र के तट / मुँह कर मातृभूमि की दिशा में / कर रहा अर्पण माँ के चरणों में तिल-तंडुल''। इसके पश्चात कवि उस अभाव का संकेत करता है, जिसके चलते वह माँ की मृत्यु पर न तो सोना-चाँदी अर्पित कर सकता है, न गायों का दान कर सकता है और न दीन-दुखियों को भोजन करा सकता है। यहाँ तक कि वह न तो कोई स्मृति-मन्दिर बनवा सकता है और न शोक-सभा आयोजित कर सकता है। वह केवल हृदयस्थ स्मृति-मन्दिर में माँ की प्रतिमा का मौन पूजन कर सकता है। इसके पश्चात् जैसे कवि माँ की मृत्यु के आघात से कुछ-कुछ उबरता है। उसकी चेतना लौटती है। वह कह उठा है–''प्रतीक्षा कर, माँ प्रतीक्षा / मत आ इस पार अभी / दूर से वायु वेग से आती इस नाव की। कर प्रतीक्षा कुछ क्षण, आऊँगा पार तेरे चरणों में।'' ये पंक्तियाँ प्रारम्भ से चले आ रहे अस्पष्ट अर्थ के ऊपर पड़ा झीना आवरण हटा देती हैं और सोना-चाँदी अर्पित न कर पाने, गायें दान न कर पाने या फिर दीन-दुखियों को भोजन न करा पाने का रहस्य स्वयं खुल जाता है। तत्कालीन मणिपुर की अभाग्य, अभाव और

अभिशाप से त्रस्त प्रजा की दशा व मानसिक पीड़ा मूर्ति बनकर प्रस्तुत हो जाती है। परतन्त्र भूमि का निवासी माँ की मृत्यु के अवसर पर मातृभूमि की वास्तविक दशा व पीड़ा का अंकन करने लगता है और उस पीड़ा के निवारण के लिए संकल्पबद्ध होता भी दिखने लगता है। मातृ-वियोग और मातृभूमि के उद्धार का संकल्प जैसे परस्पर घुलते-मिलते एक-दूसरे का प्रभाव-विस्तार कर रहे हैं, वह कमल के भाव-गाम्भीर्य के साथ ही उनके काव्य-कला-सौष्ठव का भी प्रमाण है।

कवि कमल की कविताओं में प्रेम तत्त्व का अनन्त विस्तार मिलता है। वे सच्चे प्रेमी की परिभाषा करते हुए कहते हैं–"स्वर्ण-हार प्रेम का / उतार गले से प्रेमी के / पहना सके जो शत्रु को / कहाता व्यक्ति वही सच्चा प्रेमी।" साहित्य के साथ गहरा जुड़ाव रखने वालों को एक तरफ भी कर दें, तो भी मणिपुर में ऐसे सैकड़ों साधारण पाठक हैं, जिन्हें ये पंक्तियाँ स्मरण हैं। कमल के साहित्य पर चर्चा करते समय वे किसी-न-किसी बहाने इन पंक्तियों को प्रस्तुत कर देते हैं। सम्भव है, उनमें से सबके सब प्रेम-तत्त्व से पूरी तरह परिचित न हों, फिर भी इन पंक्तियों का सम्मोहन उन्हें अपनी ओर खींचता है। प्रकारान्तर से यह कमल की अनोखी सूझ के प्रभाव की स्वीकृति है।

प्रेम के मार्ग पर बढ़ने का अधिकार सबको है। सभी उसे खोजकर पा सकते हैं, किन्तु सच्चा प्रेमी बनना सबके बूते की बात नहीं है। उसके लिए जिस कठिन साधना की आवश्यकता है, वह सबसे नहीं हो सकती। वह साधना कुछ बिरले ही कर पाते हैं। कबीर ने कहा है–"यह तो घर है प्रेम का खाला का घर नाहि / सीस उतारै भुईं धरै तब पैठे घर माहि"–प्रेम का संसार कोई हँसी-खेल नहीं, यह मौसी का घर नहीं कि जब चाहा घुसे चले आए, जो जी आया करने लगे, जो चाहा बक दिया, जो चाहा फरमाइश कर दी ! यहाँ केवल उसी की पैठ सम्भव है, जो अपना शीश उतारकर भूमि के हवाले कर देता है, जिसके हृदय को मथ डालनेवाला अहंकार नष्ट हो जाता है, जो अपनी वृत्तियों को वश में कर लेता है। इतना कठिन और कष्टप्रद है प्रेम के संसार में प्रवेश करना। प्रवेश के बाद भी, जब निरन्तर साधना चलती रहती है, तब कहीं व्यक्ति को सच्चा प्रेमी बनने का गौरव प्राप्त होता है। यह सचमुच तलवार की धार पर चलने के समान है। कमल ने बिना किसी लाग-लपेट के इस तीक्ष्ण धार को सामने कर दिया है। जिसे सच्चा प्रेमी बनना है, वह आए और इस धार पर चलकर दिखाए। प्रेम का जो स्वर्ण-हार पहले, प्रेम-पात्र के कंठ में पहना दिया है, उसे उतारे और सामने खड़े शत्रु के गले में पहना दे। इससे बड़ी चुनौती की कल्पना तक नितान्त असम्भव जान पड़ती है। यह चुनौती बड़ी सरल हो जाती, यदि हार प्रेमी के साथ-साथ शत्रु को भी पहनाना होता। दोनों को समर्पित हारों की भिन्न व्याख्या हो सकती थी–अथवा कम-से-कम प्रेम के संसार में प्रेमी के साथ शत्रु का भी निवास हो सकता था–किन्तु यहाँ इस सुविधा के लिए कोई अवकाश नहीं, यहाँ तो प्रेम-पात्र के गले में पहनाया हार उतारना है और उसे शत्रु के गले में पहनाना है। क्या इससे कठिन परीक्षा भी कोई और हो सकती है ? कदापि नहीं। और, क्या इस परीक्षा में कोई साधारण व्यक्ति उत्तीर्ण हो सकता है ?

कदापि नहीं। इसमें केवल वही सफल हो सकता है, जो समय पड़ने पर प्रिय और शत्रु में से शत्रु का चुनाव करके उसे अपनाने, उसे अपने हृदय से लगाने का साहस रखता हो। ऐसा वही कर सकता है, जिसने व्यक्तिगत सीमाओं से ऊपर उठकर विश्व-दृष्टि पा ली हो, जिसने अपने आपको सृष्टि के हित समर्पित करने का एकान्त संकल्प कर लिया हो, जिसने एक नवीन मानवी संस्कृति रच डालने का मन बना लिया हो। कमल उसी 'अभिनव मानवी संस्कृति' की दिशा में अग्रसर कवि के रूप में हमारे सामने आते हैं।

प्रश्न यह है कि क्या कमल प्रेम की इस उदात्त वैभव भरी भूमि पर अनायास पहुँच गए थे ? क्या उन्हें प्रेम के इस स्तर तक पहुँचने में कोई साधना नहीं करनी पड़ी थी ? इन प्रश्नों का उत्तर भी 'विश्व प्रेम' शीर्षक इसी कविता में मिल जाता है। मध्यवर्ती पंक्तियों में कमल ने कल्पनातीत सहजता से प्रेम की क्रीड़ा का अंकन किया है। 'पवन, पुष्पों से सुगन्ध की चोरी करता है, किन्तु कोई भी इसकी चोरी पर ध्यान नहीं देता; सब सुगन्धमयी वायु कहकर उसकी प्रशंसा करते हैं। प्रियजन मन की चोरी कर लेता है, किन्तु उसकी चोरी पर किसी की दृष्टि नहीं पड़ती; सभी इस चोरी को प्रेम की संज्ञा देते हैं। केतकी की मादक गन्ध पर मोहित होकर कोई भी उसके काँटों की पीड़ा की चर्चा नहीं करता। प्रिय की हठ भी किसी को बुरी नहीं लगती; सब उसे पल-पल वर्धमान प्रेम समझते हैं। कड़वी औषधि की कड़वाहट के विषय में कोई नहीं सोचता, सबके मन में उससे प्राप्त स्फूर्ति का आनन्दानुभव भरा रहता है। प्रेम के पात्र की झिड़कियाँ भी किसी को नहीं सालतीं, बल्कि वे आह्लाद का कारण बन जाती हैं।''

प्रेम का यह क्रीड़ा-संसार सचमुच अद्भुत है। इसमें व्यक्ति अपना सब कुछ किसी अन्य को सौंप देता है और आश्चर्यजनक रूप से उसके भीतर यह भावना कभी उत्पन्न नहीं होती कि उसने जिसे अपना सर्वस्व सौंपा है, जिससे अपने जीवन का सौदा किया है, वह 'कोई अन्य' है। इसके विपरीत वह यही सोचता है कि उसने अपना सब कुछ केवल अपने आपको सौंपा है। अपनी निजता का सौदा अपने आपसे किया है। यही है प्रेम की सत्ता, जो सारी सीमाएँ व्यर्थ बना देती है ! भूगोल, काल और संस्कृति के परम्परागत रूप का विखंडन करके एक नया परिवेश, एक नई संस्कृति रचती है। कमल ने प्रेम के इस क्रीड़ा संसार का कोना-कोना झाँका है, प्रेमी-जनों के हृदय की एक-एक धड़कन को अनुभव किया है, उनके व्यक्तित्व को विस्तार पाते, परस्पर घुलते, गन्ध बनकर दिगन्तव्यापी होते देखा है—; इसीलिए वे इस सत्य को पा सके कि सच्चा प्रेमी वही है, जो प्रिय के गले का स्वर्ण-हार शत्रु के गले में सजा सकने का आत्मिक-बल रखता हो। कमल ने प्रेम की यात्रा का, उसके विकास का रहस्य खोल दिया है और बता दिया है कि प्रेम के सर्वोच्च शिखर पर यों ही नहीं पहुँचा जा सकता। उस पर पहुँचने के लिए यात्रा का प्रारम्भ अपने मन के भीतर से करना पड़ता है। उच्च शिखर के उन्मुक्त आनन्द के अनुभव को जीने के लिए पहले लघु-कुंजों के आह्लाद से, उनमें गूँजते संगीत से परिचय पाना होता है। इस पूर्व तैयारी के अभाव में विश्व-प्रेम का

अखंड-अनुभव पकड़ में नहीं आता। रूसी भाषा के कवि नेक्रासोव (1821-1878) ने एक जगह लिखा–'नागरिक बनो। कला की सेवा करो / अपने पड़ोसी के भले के लिए जिओ / अपनी प्रतिभा को कला के अधीनस्थ कर दो / और सर्वव्यापी प्रेम के अर्पण कर दो' (वीर राजेन्द्र ऋषि द्वारा अनूदित)। हिन्दी कवि अयोध्यासिंह उपाध्याय 'हरिऔध' ने राधा के मुँह से कहलवाया–''प्यारे आवें, सुबयन कहें, प्यार से गोद लेवें / ठंडे होवें नयन, दुख हों दूर, मैं मोद पाऊँ / ए भी हैं भाव मम उर के और ए भाव भी हैं / प्यारे जीवें जग-हित करें गेह चाहे न आवें।'' कमल को इन दोनों कवियों के निकट बैठाकर देखता हूँ, तो मेरे सामने विश्व-प्रेम का वास्तविक अर्थ ही नहीं खुलता, बल्कि उस संगति का रहस्य भी खुल जाता है, जिसे कवि ने वैयक्तिक और वैश्विक प्रेम को जोड़नेवाली कड़ी बनाकर प्रस्तुत किया है।

कवि कमल प्रेम की शक्ति को भी पहचानते हैं। उसे उन्होंने 'प्रेम-मन्त्र' का नाम दिया है। यह प्रेम मन्त्र इतना बलवान है कि विज्ञान के सामने सीना तानकर खड़ा हो जाता है। विज्ञानवेत्ता मन्त्र-तन्त्र पर विश्वास न करके प्रयोगों तथा कार्य-कारण सम्बन्ध पर विश्वास करते हैं। उनके लिए बुद्धि, विवेचन, विश्लेषण, प्रत्यक्ष-यथार्थ, तर्क आदि की सब कुछ है। प्रकृति के सम्पूर्ण रहस्यों को सुलझा लेने का विश्वास विज्ञान की आधारभूमि है। कमल इसे एकांगी दृष्टि मानते हुए विज्ञानवेत्ताओं को 'प्रेम-मन्त्र' से सावधान करते हैं। वे कहते हैं–'हे युवको ! विज्ञानवेत्ताओ / क्यों नहीं करते विश्वास मन्त्रों पर ? / लग जाने पर प्रेम मन्त्र / अन्धे बन जाओगे, खुली आँखों भी / बधिर बन जाओगे, सुनाई पड़ते हुए भी / कुंठित हो जाएगी तीक्ष्ण बुद्धि भी।' कमल सीधे-सीधे दो यथार्थ स्थितियाँ आमने-सामने कर देते हैं। विज्ञान के तर्काधारित यथार्थ के सामने प्रेम का अनुभूति-निसृत यथार्थ। कठोर अपरिवर्तित यथार्थ के मुकाबले रहस्यपूर्ण, भावनामय, क्षण-क्षण नवीनता अनुभव करानेवाला, सौन्दर्य, कल्पना, आत्मिक-जुड़ाव की आभा से मंडित सहज कोमल यथार्थ। इसके साथ ही एक तीसरा यथार्थ इन दोनों के संघर्ष से जन्म लेता है, क्योंकि इस संघर्ष में प्रेम-मन्त्र, विज्ञान को पराजित कर देता है। इस मन्त्र के लगते ही बड़े-से-बड़ा विज्ञानवेत्ता सुधबुध खो बैठता है। उसे अपने चारों ओर प्रेम-ही-प्रेम अनुभव होने लगता है; वह चाहकर भी उस अनूठे-अबूझ संसार में बाहर नहीं निकल पाता। इस तीसरे यथार्थ को एक शायर ने यों बयान किया है–'मक्तबे इश्क का दस्तूर निराला देखा / उसको छुट्टी न मिली जिसको सबक याद हुआ।' इस 'प्रेम-मन्त्र' की शक्ति का अंकन करके कमल ने यान्त्रिक-सभ्यता के कन्धों पर बैठकर जीवन को सैलानी-दृष्टि से देखनेवाले आधुनिक मानव को सावधान भी किया है। सभी रोमानी कवि यान्त्रिकता तथा तर्कबुद्धिवाद की अतिशयता के विरुद्ध संघर्षरत थे; फिर भला कमल अपने को इस संघर्ष से बाहर कैसे रख सकते थे।

कवि कमल की कालजयी कविताओं में 'चन्द्र नदी' भी है। इसके प्रारम्भ में वे काँचीपुर के प्राकृतिक-सौन्दर्य की झाँकी प्रस्तुत करने के लिए काँची पर्वत की मोहकता,

विलक्षण गरिमा, नील-गगन से उसकी प्रतिस्पर्धा तथा उसे छूकर बहनेवाली वायु में विद्यमान शान्तिमयी हिलोरों का संकेत करते हैं। उस पर्वत के क्षण-क्षण अभिनवता प्राप्त करते सौन्दर्य से वे इतने अभिभूत हो जाते हैं कि एक बार देख लेने पर ही उनकी दृष्टि वहाँ से हट नहीं पाती–'दर्शित दूरस्थ यह पर्वत कितना सुन्दर / अभिनव मोहक आकर्षक / शान्तिमयी उठ रही हिलोरें / बढ़ा चढ़ा है नील-गगन से। / जा पहुँचा क्या नील-व्योम तक ? / देखने पर एक बार / हटती नहीं दृष्टि...।'

नैसर्गिक सौन्दर्य का यह विस्मयकारी–कभी-कभी अविश्वसनीय–प्रभाव संसार की सब भाषाओं के कवियों को सम्मोहित करता रहा है। रूस के राष्ट्रीय कवि, पुश्किन अपनी प्रारम्भिक कविताओं में प्रकृति के प्रति सम्मोहित रहे हैं–'प्रियतमे ! संगीत पंछी का सुना दो / जो मगन रहना समन्दर पार है' (वी.रा. ऋषि द्वारा अनूदित) जैसी काव्य पंक्तियाँ इसका प्रमाण हैं। हिन्दी कवि सुमित्रानन्दन पन्त एक समय प्रकृति और उसके भाव-जगत से इतने अभिभूत थे कि उन्होंने प्रकृति के संसार से मानवों के संसार में आने से ही इनकार कर दिया था–'छोड़ द्रुमों की मृदु छाया / तोड़ प्रकृति से भी माया / बाले, तेरे बाल-जाल में / कैसे उलझा दूँ लोचन !' यह अलग बात है कि जब उन्हें जीवन की वास्तविकता और मनुष्य की महत्ता का भान हुआ, तो वे न केवल प्रकृति के उस सम्मोहन से बाहर निकले, बल्कि उन्हें मानव ही सुन्दरतम भी दिखाई दिया। प्रश्न यह है कि कमल इस सम्मोहन से मुक्त हुए या नहीं ? इसी के उत्तर के लिए 'चन्द्र नदी' को आगे पढ़ना आवश्यक है। कविता की सात पंक्तियों में प्रकृति के अनुपम सौन्दर्य पर मुग्ध रहने के तुरन्त बाद कमल के मन में एक प्रश्न उत्पन्न होता है–'लेकिन क्या सचमुच है यह उसका रंग ?' और उसका उत्तर भी तुरन्त मिल जाता है–'नहीं, निकट जाने पर दिखेगा / हिंस्र पशुओं से भरा, सघन / जंगल कँटीली झाड़ियोंवाला / इकसार भूमि थोड़ी सी दूब भरी।' स्पष्ट है, कमल प्रकृति के सम्मोहन से यथार्थ के कठोर धरातल पर आ जाते हैं–ठीक पन्त और पुश्किन की ही भाँति।

उस कविता का व्यक्तित्व भी उसी बिन्दु से उभरना प्रारम्भ होता है, क्योंकि यहीं पर कविता में 'चन्द्र नदी' का प्रवेश होता है–'कारुणिक है चन्द्र नदी के चारों ओर का दृश्य / नदी तट बन गया जंगल / भरी है घास भीतर तक।' यहाँ आकर लगने लगता है कि कमल ने प्रारम्भ में पर्वत का सौन्दर्य बिम्ब खड़ा करके जो आभास दिया था, वह इस कविता का रचना-लक्ष्य न होकर मात्र एक भूमिका भर है। कवि ने काव्य-कौशल-रचित इस बिम्ब के सहारे पाठक की चेतना को अपने नियन्त्रण में रखने का प्रयास किया और इसमें सफल होते ही वह अपने वास्तविक लक्ष्य की ओर बढ़ गया। इसके पश्चात ही यथार्थ की तप्त-राह पर कुछ दूर चलकर वह पंक्ति रची गई, जिसे इस कविता भी केन्द्रीय भावधारा की वाहिका माना जा सकता है–'लेकिन है प्रवहमान धारा इतिहास की नीचे भूमि के।'

इतिहास की वह कौन सी धारा है, जो धरातल पर बहना छोड़कर धरती के नीचे बहने लगी ? कमल का संकेत किस ओर है ? क्या वे आदि राजा पाखङ्बा से लेकर

महाराजा चन्द्रकीर्ति तक अबाध रूप से बहनेवाली उन गौरवधारा का संकेत कर रहे हैं, जिसमें वीरता, साहस, चुनौतियों और प्रजा वत्सलता के साथ ही महान राजनीतिक मूल्यों का समावेश था, किन्तु जो साम्राजयवाद के अहंकारी राक्षस के हाथों कुचली जाकर पृथ्वी के गर्भ में बहने लगी ! क्या वे उस सांस्कृतिक धारा का स्मरण कर रहे हैं, जो अतिया गुरु शिदबा के मानस-स्रोत से जन्म लेकर सनामही, पाखङ्बा आदि के दैवी-पराक्रम-प्रभाव से पुष्ट हुई, जिसने विशाल हृदया सहिष्णुता के बल पर वैष्णवी संस्कृति से आदान-प्रदान करते हुए निजता-निकटता बनाई और जो बाद के वर्षों में सांस्कृतिक-संघर्ष का शिकार होकर घायल हुई ! क्या वे विचार और रचना की उस धारा की याद दिला रहे हैं, जिसमें समाज-विज्ञान, अर्थशास्त्र, ज्योतिष, गणित, स्वास्थ्य विज्ञान, सृष्टि-विज्ञान, प्रकृति के रहस्यों से लेकर मानव और प्रकृति के आत्मिक सम्बन्धों पर आधारित प्राचीन चिन्तन का योगदान है, किन्तु पामहैबा के काल में किन्हीं अज्ञात कारणों से किन्हीं अज्ञात प्रवृत्तियों ने जिसे काल की मिट्टी के नीचे दफ्नाने का प्रयास किया ! अथवा वे इन सब धाराओं के सम्मिलन से निर्मित एक विशाल धारा का संकेत कर रहे हैं—उस विशाल धारा का, जिसमें विविधताओं के असंख्य सपने घुल-मिल गए हैं, आकांक्षाओं के असंख्य संगीतमय झरने विलीन हो गए हैं और जिसे 'मणिपुरी जातीय चेतना धारा' कहकर अभिहित किया जा सकता है ! सचमुच, कमल इसी धारा की बात कर रहे हैं। वे साहित्य, कला, विचारधारा, सामाजिक जीवन के मूल्यों, सांस्कृतिक चेतना से सम्पन्न उस सम्पदा की याद कर रहे हैं, जो काल के गाल में समा गई है, जिसके अभाव में यह स्वर्ण-भूमि, अकिंचन बन गई है। कमल अपनी एक अन्य कविता (अतीत की स्मृति) में कहते हैं—'कितने उन्नत नगर / राजा-महाराजाओं के कितने राज-प्रासाद / खंडित हुए विकट कालधारा से टकरा / डूब गए गहरे समुद्र में।' इस कविता में कवि ने कहीं अधिक सरल रूप में इतिहास की धारा के वास्तविक रूप का उद्घाटन किया है। पाठक इन पंक्तियों को समझने में कोई कठिनाई अनुभव नहीं करता। इसी प्रकार कमल 'काँचीपुरगी लेमहौबा मखाक' कविता में काँचीपुर की कीर्ति के समय की धारा में विलीन होने का वर्णन इस प्रकार करते हैं—'पुष्प-गन्ध ज्यों / हो जाती विलीन पास की वायु में / ज्यों पर्वतीय तामूना का मधुर स्वर / हो जाता विलीन शून्याकाश में / कालिन्दी का सुनिर्मल जल ज्यों / मिल जाता खारे जल में / वैसे ही कीर्ति काँचीपुर की / हो गई विलीन दिन-दिन कर विस्मृति में''। यहाँ कवि की चिन्ता पूरी व्यापकता और सघनता के साथ प्रकट होती है, किन्तु उसके हृदय की पीड़ा का रहस्य जानने के लिए पुनः 'अतीत की स्मृति' कविता की इन पंक्तियों पर दृष्टि डालनी होगी—'अँधेरी काली रात्रि में ज्यों / जगमगाते जुगनू / ज्यों आता दूर से / मधुर वंशी-स्वर / अर्द्ध रात्रि को, सुदूर पर्वत पर / ज्यों टिमटिमाता दावानल / वैसे ही विगत की स्मृतियाँ हृदयाकाश में / घूमतीं धुँधली-धुँधली।'

यह है कवि की पीड़ा का मूल कारण ! यदि इतिहास मन के किसी कोने में सोया पड़ा रहता; तो व्याकुलता नहीं होती। कभी-कभार उसके ढेर पर दृष्टि पड़ती भी, तो

क्षण भर को भावुकता छा जाती और फिर सब कुछ पूर्ववत् चलने लगता; किन्तु यहाँ इतिहास सोया नहीं रह सका, वह अपनी सारी घटनाओं के साथ कवि के मनाकाश में चक्कर लगाने लगा, दावानल का ज्वलित दाहक अंगार बनकर घूमने लगा और अपनी पूरी शक्ति से कवि को जगाने लगा। ऐसी विषम स्थिति में, इतनी भयानक दाहकता के स्पर्श के बाद कवि कैसे सोया रह सकता था ! वह जागा इतिहास की पीड़ा का वाहक बनकर जागा–, तब उसने अनुभव किया कि मणिपुरी जातीय-जीवन की जो धारा कभी इतनी शक्तिशाली थी कि तट पर उग आए पेड़-पौधों को अनायास उखाड़ फेंकती थी, वही अब इतनी अशक्त-अवश हो गई है कि 'फाल्गु' नदी की भाँति पृथ्वी की सतह के नीचे बहने लगी है। इतना ही नहीं, जिस धारा का गन्तव्य पहले 'लोकताक' था, वही अन्धकार के समुद्र की दिशा में बह रही है तथा काँचीपुर का करुण सन्देश ही उसका जल बन गया है–'ले करुण सन्देश काँचीपुर का / अहर्निश, निरन्तर / बह रही अन्धकार के समुद्र की दिशा में / गन्तव्य था लोकताक पूर्ववर्ती धारा का / अब है निस्सीम अन्धकार-समुद्र।'

वस्तुतः कमल यहाँ एक सामान्य कवि की अपेक्षा इतिहास-द्रष्टा-कवि के रूप में दिखाई देते हैं–एक ऐसे कवि के रूप में, जिसके लिए इतिहास मात्र घटनाओं का भंडार नहीं होता, वह निरन्तर घटते रहकर मनुष्य को अपने समय से टकराते रहने व आगे बढ़ने की चुनौती देता रहता है, उसे अपने जीवन-मूल्यों, अपनी संस्कृति व परम्पराओं के प्रति सावधान करता रहता है, उसके भीतर प्रश्नों की मशाल जलाए रखता है, उसके अन्तस् को आन्दोलित किए रहता है। इतिहास के इस रूप को आत्मसात करनेवाला कवि ही, व्यक्ति, समाज और संस्कृति से जुड़े वृहत्तर सत्य का साक्षात्कार कर सकता है। एक इतिहास-द्रष्टा कवि के रूप में कमल ने यह उदात्त शक्ति प्राप्त की है, तभी वे एक साथ अनेक प्रश्न खड़े करने में समर्थ हो सके। वे एक युगचेता सजग कवि के रूप में हम सबके सामने चुनौती प्रस्तुत करते हैं कि हम उन कारणों की व्याख्या करें, जिनके चलते जातीय-जीवन की धारा इतनी निर्बल हो गई है कि झाड़-झंखाड़ और घास ने ढककर उसे श्रीहीन बना डाला है। दुर्भाग्य यह भी है कि ऐसी एक भी सन्तान नहीं, जो इस दबी-कुचली धारा को ढके झाड़-झंखाड़ को उखाड़कर चन्द्र नदी के उद्धार का–जातीय संस्कृति और मातृभूमि की श्री लौटाने का–गम्भीर प्रयास करे। सारे-के-सारे लोग मातृभूमि को सूखी धारावाली नदी से युक्त मानते हैं और दूसरों की नदियों के तट पर प्यासी दृष्टि लिए असहाय खड़े रहते हैं–'तेजस्वी है वह कौन खड़ा हो अन्य के तट / उद्यत स्नान हेतु देखता तृषित दृष्टि से / है मातृभूमि में भी नदी विचारते जिसे सूखी धारावाली।' प्रश्न यह है कि क्या जन्मदात्री माँ की कोख को ही बाँझ समझनेवाली सन्तानों का जीवन कभी सुखी और उन्नत हो सकता है ? क्या वे कभी आदर्श भविष्य की कल्पना साकार कर सकते हैं ? क्या वे वास्तविक स्वतन्त्रता का भोग करने के अधिकारी हैं ? कमल ऐसे ही प्रश्न खड़े करते हैं और जगह-जगह उनकी व्याख्या करते हैं।

'चन्द्र नदी' पढ़ते समय मुझे जर्मन भाषा के प्रख्यात कवि और नाटककार शिलर की एक रचना 'दि एल्युसीनियन फैस्टीवल' के एक पात्र 'सेरेस' का कथन याद आया। वह कहता है–'तो क्या सचमुच यही है वह मनुष्य / जिसे हम देवताओं की भाँति गढ़ा गया / यही है वह श्रीमन्त जाति / जिस पर ओलिम्पस की किरणें पड़ती हैं ? / क्या उसने हमीं से यह पृथ्वी प्राप्त / नहीं की थी अपने नियत आवास के लिए ? / और क्या केवल यही है उसकी उपलब्धि–/ वीरान-उजाड़ में भटकते रहना ?' (नेमिचन्द्र जैन द्वारा अनूदित)। शिलर की इन पंक्तियों को उसकी एक सौ पचासवीं पुण्य-तिथि पर सन् 1955 में उपन्यासकार टामस मॉन ने तत्कालीन मानव जाति के यथार्थ को चित्रित करने के लिए अपने भाषण में उद्धृत किया था। मुझे लगता रहा कि निरन्तर मूल्यहीनता की ओर बढ़ रहे हमारे समाज के वास्तविक रूप को प्रस्तुत करने के लिए कमल की 'चन्द्र नदी' (या फिर अतीत की स्मृति या काँचीपुर का अवशेष) का सहारा लिया जा सकता है। कभी जो पीड़ा शिलर ने व्यक्त की थी, वही कवि कमल की पीड़ा भी है– विलक्षणता यह भी है कि दोनों अपनी-अपनी भाषाओं के रोमानी रचनाकार हैं।

इतिहास का यह प्रयोग कविता की अन्तिम पंक्तियों में बड़ा रचनात्मक हो उठा है–'अमूल्य यश भूमि में इसी अपनी / गड़ा है खोदकर ढूँढ़ें हे तेजस्वी !' मात्र ये दो काव्य पंक्तियाँ हजारों इतिहास-ग्रन्थों पर भारी हैं; क्योंकि इनमें एक इतिहास-द्रष्टा कवि का ऊर्जस्वी आह्वान है। महान कवि कमल का यह आह्वान आज भी उतना ही सार्थक है, किन्तु वे कौन से कारण हैं, जिनके दबाव में हम उसकी अनसुनी कर रहे हैं ? क्या हमारा भविष्य हमें क्षमा करेगा ?

कवि कमल के साहित्य में मातृभाषा की चिन्ता का भी अपना महत्त्व है। 'आज का मैतै साहित्य' कविता में भाषाओं के सन्दर्भ में उन्होंने 'भारत-वाटिका' की कल्पना की है, जिसमें भिन्न-भिन्न भाषा-लताएँ लहलहा रही हैं–'खिली तमिल, खिली तेलुगु / भारत की इस वाटिका में / आ दूर समुद्र से / लाँघ ऊँचे बर्फीले टीलों को / आ गई नेपाली भारतीय वाटिका में / कल की खासी भी हो गई मुकुलित भारत के कोने से।' यह उस काल में बनता भारत का भाषायी-मानचित्र है। निस्सन्देह इसमें अनेक भाषाओं के नाम छोड़ दिए गए हैं, किन्तु फिर भी यह विश्वास करने का ठोस आधार है कि कमल ने भाषा-लताओं की सूची में मन-ही-मन सारी भारतीय-भाषाओं की गणना कर ली है। अल्प परिचित 'खासी' और पर्वत लाँघकर आई 'नेपाली' तक का उन्हें ध्यान है, तो शेष की चर्चा में क्या सन्देह रह जाता है ! इस भाषा-वाटिका में सब भाषा-लताएँ लहलहा रही हैं–बस एक लता मुर्झा रही है; वह है मणिपुरी भाषा की पुष्प-लता। कवि का हृदय अपार पीड़ा से भर जाता है। उसे अनेक प्रश्न घेरकर कोंचने लगते हैं–'मुर्झा रहा क्यों तुम्हारा चेहरा माँ अपनी सखियों के बीच ? / जन्मते नहीं क्यों नव किसलय ? / होते क्यों नहीं मुकुलित नए पुष्प ? / फैलाती नहीं क्यों शाखा-प्रशाखाएँ ?' कविता, कहानी, नाटक, निबन्ध सहित विविध विधाओं में रचनाएँ नहीं होंगी, लोग मातृभाषा में रचना करने का उत्साह नहीं रखेंगे, उसके साहित्यिक-विकास पर ध्यान नहीं

देंगे, उसकी प्राचीन विचार-सम्पदा की अवहेलना करेंगे, उसे भरपूर जल से सींचेंगे नहीं, तो भाषा की लता में रक्त का प्रवाह कैसे बना रहेगा ? उसकी शाखा-प्रशाखाएँ कैसे फैलेंगी ? उस पर नव-पल्लव और नव-पुष्प कैसे लदेंगे ? वह समाज की श्री-सम्पदा कैसे बनेगी ? कमल को ये सारे सवाल घेरकर खड़े हो जाते हैं। क्यों घेरते हैं ये सवाल ? इसलिए कि स्व-भाषा अथवा मातृभाषा केवल भाषा भर नहीं होती, बल्कि वह हमारी जीवन-संस्कृति होती है। माता के गर्भ से बाहर आने के पश्चात हमारा दूसरा जन्म इसी जीवन-संस्कृति के गर्भ से होता है। जिस प्राणी का यह दूसरा जन्म नहीं होता, वह भौतिक-देह के साथ प्राण धारण करते हुए भी मृतक के समान ही होता है। इसलिए जो स्व-भाषा का महत्त्व नहीं समझता, वह संसार की सारी भाषाओं का ज्ञान प्राप्त करके भी सींग-पूँछ हीन पशु ही रहता है। जिसके लिए मातृभाषा का कोई महत्त्व नहीं होता, उसके लिए स्वाधीनता का भी कोई महत्त्व नहीं रहता। इसीलिए कमल मणिपुरी भाषा की दुर्दशा पर आँसू बहाते हैं। प्रश्न यह है कि क्या नवजागरण काल में भारत भर में कमल अकेले ही मातृभाषा के प्रति सजग थे ? ऐसा नहीं है। तमिल के राष्ट्रीय कवि सुब्रह्मण्य भारती ने बार-बार अपनी मातृभाषा का गुणगान किया है–'जितनी भी भाषाओं में है अपनी गति / जितनी भी भाषाएँ मुझे हैं ज्ञात / एक भी नहीं मिली ऐसी उनमें / मधुर तमिल से हो जिसका माधुर्य समान' (रवीन्द्रकुमार सेठ द्वारा अनूदित)। वे तमिल की उन्नति के लिए भी सोचते हैं–'हो अनुवाद तमिल में / देश-विदेश के श्रेष्ठ ग्रन्थों का / हों नूतन ग्रन्थ निर्मित / नव-नव विषयों पर' (वही)। इतना ही नहीं, भारती का तमिल-प्रेम इस सीमा तक बढ़ जाता है कि वे घोषणा करते हैं–'जहाँ तक सम्भव हो तमिल ही बोलूँगा, तमिल ही लिखूँगा, जो भी चिन्तन करूँगा तमिल में ही करूँगा।' 'भारतियार कवितैहल' की भूमिका में किए गए इस प्रण में कवि भारती जो सबसे महत्त्वपूर्ण बात कहते हैं, वह है; मातृभाषा को चिन्तन से जोड़ने की। सत्य ही है, मनुष्य मौलिक चिन्तन और उसकी सर्वात्म अभिव्यक्ति केवल अपनी मातृभाषा में ही कर सकता है और उसे वास्तविक शिक्षा भी उसकी मातृभाषा में ही प्रदान की जा सकती है। यहाँ तक कि वह स्वाधीनता का अर्थ भी अपनी भाषा में ही समझ सकता है। भारती ने उन दिनों उस ओर भी संकेत करते हुए कहा था कि "यदि प्रत्येक गाँव में जननेता पाठशालाएँ खोलकर मातृभाषा में शिक्षा देने का प्रबन्ध करें तो सरकार हमें तुरन्त स्वराज दे देगी।" यह कहकर उन्होंने मातृभाषा को संस्कृति के साथ ही स्वाधीनता से भी जोड़ा, जो भाषा-चिन्तन के क्षेत्र में बहुत महत्त्वपूर्ण तत्त्व है। स्वाधीनता-संघर्ष के इतिहास से पता चलता है कि भारतीय जनता के मन में राष्ट्रीय-जागरण और आजादी की भावना का विकास देशीय भाषाओं के माध्यम से ही हुआ था। हिन्दी कवि भारतेन्दु हरिश्चन्द्र ने भी स्वभाषा को ही उन्नति का मूल आधार घोषित किया है–'निज भाषा उन्नति अहै सब उन्नति को मूल / बिन निज भाषा ज्ञान के मिटत न हिय को सूल।' निज भाषा के प्रति लगाव मनुष्य को कितना व्याकुल कर देता है, इसका प्रमाण ओड़िया-कवि राधानाथ राय और फकीरमोहन सेनापति के युग में सन् 1869 में 'ओड़िया' को 'बंगला'

से स्वतन्त्र भाषा के रूप में प्रतिष्ठित करने सम्बन्धी जबर्दस्त संघर्ष में मिलता है। स्मरणीय है कि ओड़िया लोगों के इस स्वभाषा-संघर्ष का सीधा सम्बन्ध ओड़िया साहित्य के नवजागरण से है। स्वभाषा के सम्बन्ध में सर्वाधिक रोमांचक प्रसंग माइकेल मधुसूदन दत्त का है। सन् 1833 के काल में स्कूल में शिक्षा ग्रहण करते समय ही वे अंग्रेजी के प्रति इतने अभिभूत हो गए थे कि उन्हें अपने जीवन की सार्थकता उसी भाषा में नजर आने लगी थी। वे स्वयं अंग्रेजी में कविताएँ करते थे और मिल्टन बनने का सपना देखते थे। उन पर अंग्रेजी कवि बनने का भूत इस कदर हावी था कि उन्होंने अपना धर्म त्यागकर ईसाई धर्म की दीक्षा ग्रहण कर ली। उनके नाम में 'माइकेल' तभी से जुड़ा। उनके दो अंग्रेजी काव्य संग्रह, 'द कैप्टिव लेडी' और 'विजन ऑफ द पास्ट' प्रकाशित भी हुए, किन्तु वे मिल्टन नहीं बन सके। बाद में जब 'बीटन' ने उन्हें मातृभाषा का महत्त्व समझाते हुए बङ्ला भाषा में साहित्य-साधना की प्रेरणा दी तो माइकेल मधुसूदन दत्त के हृदय में परिवर्तन आया। वे मातृभाषा की उपेक्षा के कारण अपने को घोर अपराधी मानने लगे। उन्होंने अपनी पीड़ा और पश्चाताप को प्रकट करते हुए लिखा– 'हे बङ्ग भांडारे तब विविध रतन / ता सबे अबोध आमि अबहेला करि / परधन लोभे मत्त करिनु भ्रमण / परदेशे भिखावृत्ति कुक्षणे आचारि।' इतना ही नहीं, उन्होंने यह भी लिखा कि 'यदि हममें से कोई यह चाहता हो कि वह अपने पीछे अपना नाम छोड़ जाए, जंगली जाति की भाँति विस्मृति के गर्भ में ही विलीन न हो जाए, तो उसे मातृभाषा की लगन लग जानी चाहिए।'

इन कुछ सन्दर्भों के प्रकाश में कवि कमल की मातृभाषा सम्बन्धी लगन का औचित्य और निहितार्थ समझ में आ जाना चाहिए। वे चाहते थे कि मणिपुरी भाषा सर्वप्रकारेण उन्नति को प्राप्त करे। वह प्राचीन सम्पदा की खाद से लहलहाए और आधुनिक चेतना के रंग-बिरंगे पुष्पों से भर जाए ताकि मणिपुरी लोग विश्व के सामने सिर ऊँचा कर सकें, ताकि भारत की तमाम भाषाओं के बीच मणिपुरी भाषा को भी सम्मानजनक आसन प्राप्त हो, ताकि एशिया में गूँजते नवजागरण के संगीत को मणिपुरी के मिजराब पर नया विस्तार मिल सके। कमल उन लोगों से खासे क्षुब्ध दिखाई देते हैं, जो अपनी भाषा को परे धकेलकर दूसरी भाषाओं को सम्मान की अधिकारिणी मानते हैं। उन्होंने कहा–'देखो माँ तुम्हारे अज्ञानी पुत्र / न चढ़ाकर जल तुम्हारे चरणों पर / करते प्रयास मरुभूमि में पोखर बनाने का / करते पीछा माया-मारीचिका का, पकड़ने को।' इन पंक्तियों में कमल हमें पूरी तरह झकझोरना चाहते हैं। उनकी दृष्टि में अपनी भाषा के हित को ताक पर रखकर दूसरी भाषाओं के पीछे दौड़ना और उन्हें ही उन्नति का साधन मानना मरुभूमि में पोखर खोदने से अधिक कुछ नहीं है। कमल ने ऐसा क्यों कहा ? इसका उत्तर कवि भारती के पास मिलता है। वे तत्कालीन परिस्थितियों में अंग्रेजी के पीछे भागने वालों के बारे में कहते हैं–'अंग्रेजी सीखने वालों को क्या पता / हुए इस देश में कम्बन और कालिदास जैसे महान कवि / हुए खगोल पिंडों के मर्मज्ञ भास्कर जैसे गणितज्ञ / हुए आश्चर्यजनक मेधा से व्याकरण रचने वाले पाणिनी

/ हुए जगत और जीवन के तत्वदर्शी दार्शनिक शंकर" (र.कु.से. द्वारा अनूदित)। स्पष्ट है, अपनी भाषा से कटना अपनी जड़ों से, अपनी संस्कृति से, अपने वास्तविक जीवन-स्रोतों से कट जाना है। हमें एक स्वस्थ मानव जाति के रूप में अपने को प्रतिष्ठित करना है, तो स्व-भाषा के माध्यम से अपनी परम्पराओं से जुड़े रहना होगा। सन् 1937 में 'निखिल हिन्दू मणिपुरी महासभा' के मांडले अधिवेशन में हिजम इरावत ने मणिपुरी भाषा की प्राचीन लिपि (मीतै मयेक) का मुद्दा उठाते हुए आह्वान किया था कि मणिपुरी लोगों को अपनी भाषा की प्राचीन लिपि से जुड़ना चाहिए। यह एक प्रकार से कवि कमल के आह्वान और उनकी स्व-भाषा-चेतना का विस्तार ही था।

डा. कमल के उपन्यास, 'माधवी' का प्रकाशन सन् 1930 में हुआ। यह मणिपुरी भाषा का प्रथम उपन्यास है। भूमिका से पता चलता है कि कमल ने इसकी रचना चिकित्सा-शास्त्र का अध्ययन करते समय, छात्र-जीवन में की थी। यह सहज ही अनुमान किया जा सकता है कि प्रकृति से कवि और ज्ञान से वैज्ञानिक लेखक का सम्पर्क उन दिनों असमीया और बङ्ला साहित्य से हो रहा था। बङ्ला के बंकिम, माइकेल मधुसूदन दत्त, रवीन्द्र आदि को असमीया में तीव्र गति से अनूदित करके साहित्य की समृद्धि की जा रही थी। अरुणोदय (1846) और जोनाकी (1889) जैसी पत्रिकाओं ने असमीया लेखकों की प्रतिभा को विकसित होने के अवसर प्रदान किए थे तथा उन्हें अन्य भाषाओं की रचनात्मकता से परिचित कराया था। हेमचन्द्र बरुआ, गुणाभिराम बरुआ, हेमचन्द्र गोस्वामी, लक्ष्मीनाथ बेजबरुआ जैसे लेखक असमीया साहित्य को बंङ्ला, अंग्रेजी आदि भाषाओं की प्रतिस्पर्धा में लाने के लिए परिमाणात्मक व गुणात्मक—दोनों ही दृष्टियों से प्रयत्नशील थे। उधर मणिपुरी भाषा अभावग्रस्त थी। उसके साहित्य में ग्रन्थों का नितान्त अभाव था। लोगों में रुचि भी विकसित नहीं हुई थी। कमल इस कमी से मन-ही-मन पीड़ित व किसी सीमा तक क्षुब्ध थे। वे चाहते थे कि उनकी भाषा भी साहित्यिक-निर्धनता की छवि से मुक्त हो। इसी प्रयास में, 'बेरी व्हाइट मेडिकल कॉलेज', डिब्रुगढ़ में 'माधवी' उपन्यास की रचना हुई।

पूरा उपन्यास तीन परिच्छेदों और सत्ताईस उप-शीर्षकों में विभक्त है। तलहटी का उद्यान, चीङ्गोई वारुणी, काँचीपुर, दुख भरा सन्देश, काँची का कोकिल, माधवी का हृदय परिवर्तन, विलक्षण विवाह आदि उप-शीर्षक इस कृति में निबद्ध कथानक की प्रकृति का संकेत कर देते हैं। वीरेन, धीरेन, उरीरै, माधवी, शशि, भुवन, नवीन, थम्बाल, भुवन का बाप, राजेन कविराज आदि चरित्रों के सहारे उपन्यास का कथानक पूर्णता प्राप्त करता है। मुख्य कथानक के केन्द्र में वीरेन और उररै हैं, जो तमाम संघर्षों और आशा-निराशाओं का शिकार होते हुए अन्ततः विवाह बन्धन में बँधकर अपनी साधना का फल प्राप्त कर लेते हैं। दूसरे कथानक का सम्बन्ध धीरेन और माधवी से है, जो परस्पर प्राणपण से जुड़े होकर भी चिर-वियोग की पीड़ा के अज्ञात-लोक में प्रविष्ट हो जाते हैं। भुवन और उसके बाप के षड्यन्त्र, थम्बाल की दुर्दशा, नवीन के जीवन पर आए संकट, शशि का सहयोग आदि प्रसंगों को साकार करती घटनाएँ औपन्यासिक-कथानक के ताने-बाने को

भिन्न-भिन्न रंगों से सजाती हैं। 'माधवी' का कथानक दो स्वतन्त्र धाराओं में साथ-साथ बहते हुए भी देखा जा सकता है। एक धारा वीरेन–उरीरै से जुड़ी घटनाओं के जल से निर्मित है, जो अन्त में सुखान्त दशा में परिणत हो जाती है, जबकि दूसरी धारा धीरेन और माधवी से जुड़ी घटनाओं के जल से निर्मित है, जो उपन्यास-कला की भाषा के अनुसार किसी निश्चित फल तक नहीं पहुँचती। पाठक इस द्वि-धारी कथानक की प्रत्येक धारा को स्वतन्त्र रूप से भी जी सकता है और चाहे तो एक साथ भी। इस दृष्टि से ये दोनों कथानक-धाराएँ दो भिन्न उपन्यासों के कथानक के रूप में भी प्रयुक्त की जा सकती थीं। कमल प्रारम्भ में ही उन्हें एक कृति के लिए चुन चुके थे, अतः वे इनके निर्वाह में नैरन्तर्य तो बनाए रहे, किन्तु उत्तरार्द्ध तक पहुँचते-पहुँचते उन्होंने एक धारा को फलागम से वंचित करने का प्रयत्न प्रारम्भ कर दिया। इसके लिए माधवी को संन्यास के मार्ग पर बढ़ा देने का मार्ग चुना गया। यह किसी उपन्यासकार की प्रथम रचना के सामने आने वाला कला-संकट था। यदि यही संकट किसी प्रौढ़ लेखक के सामने आया होता तो बहुत सम्भव था, पाठकों को इसके साथ कोई दूसरा–कलात्मक दृष्टि से अधिक परिपक्व–ट्रीटमेंट हाथ लगता, किन्तु कमल के सन्दर्भ में यह एक काव्यात्मक-समाधान बनकर रह गया। फिर भी कमल ने अपनी प्रतिभा के बल पर उपन्यास के कथानक को बिखराव से बचा लिया।

दरअसल कमल ने वीरेन और उरीरै सम्बन्धी कथानक व उससे जुड़ी घटनाओं को तत्कालीन सामाजिक यथार्थ तथा धीरेन और माधवी सम्बन्धी कथानक को नवजागरणकालीन समाज-सांस्कृतिक आकांक्षाओं से जोड़ एक तीर से दो शिकार किए। उन्होंने भुवन, भुवन का बाप, राजेन कविराज के जरिए धनी, सामन्ती लोगों के अत्याचार, निर्धनता, छल, झूठ आदि के नंगे नाच का पर्दाफाश किया और इस बहाने जो समस्याएँ उठाईं उनके उत्तर में माधवी को खड़ा किया। कमल ने अपनी एक कविता में मातृ-मन्दिर के बाड़े का निर्माण स्वार्थ-त्याग की संजीवनी से करने का आह्वान किया है। माधवी इस कविता की प्रयोग-व्याख्या में ही मानो वन-देवी बनकर डाकुओं के संकट से भोले-भाले यात्रियों को बचाती है, समाज-कल्याण के लिए, मानवतावाद की रक्षा के लिए अपने वैयक्तिक सुखोपभोग का त्याग कर देती है और विश्व प्रेम के हित वैयक्तिक प्रेम का उत्सर्ग कर देती है। उस स्वार्थपरता के युग में समाज को ऐसी ही दृढ़ चरित्रवाली, संकल्पशीला नारियों की आवश्यकता थी। आज तो और भी अधिक है। कमल ने माधवी के हृदय में अपरिमित पीड़ा को भी देखा है, उसके भावनात्मक द्वन्द्व और अश्रुओं की विवशता को भी अनुभव किया है, किन्तु विजय कर्तव्य, त्याग और आदर्श की ही दिखाई है। तमाम मानवीय सहानुभूति का प्रयोग करके कमल ने 'माधवी' के रूप में एक मॉडल-चरित्र गढ़ा है, जो लेखक के समाज-सांस्कृतिक आदर्श का सार है और अपनी चारित्रिक विशेषताओं में सम्पूर्ण मणिपुरी उपन्यास साहित्य में बेजोड़ है। उपन्यास का नामकरण भी इसी चरित्र की महत्ता प्रतिपादित करता है।

उपन्यास-कला की दृष्टि से माधवी में किंचित न्यूनताएँ खोज डालना कठिन कार्य

नहीं है, किन्तु उसमें कलात्मक-सौष्ठव के भी कम उदाहरण नहीं हैं। विलक्षण भाषिक-संरचना और काव्यांशों का स्थान-स्थान पर प्रभावशाली प्रयोग इस उपन्यास को आकर्षण प्रदान करते हैं। माधवी के कलात्मक-पक्ष पर कमल का कवि रूप पूरी तरह छाया हुआ है। इस कृति के पहले वाक्य का हिन्दी-अनुवाद होगा–'दक्षिण की ओर प्रवहमान नम्बुल की वक्र-धारा जहाँ काँची पर्वत के चरणों में क्षण-भर को विश्राम करती है, उसके पश्चिम की ओर एक छोटा साफ-सुथरा घर था।' पृष्ठभूमि निर्माण के अवसर पर चयनित भाषा का अनुवाद इस प्रकार होगा–'वारुणी पर्व की सान्ध्यवेला। टिमटिमाते तारों का विराट्-उन्मुक्त आकाश में बिखरा धुँधला प्रकाश मायावी अन्धकार संसार को निगलने जल्दी-जल्दी उड़ आया। नोङ्माइजिङ् पर बड़े-बड़े वृक्ष अन्धकार से ढँककर भयंकर राक्षसों की भाँति खामोश खड़े थे।' दार्शनिक प्रसंग में प्रयुक्त भाषा का अनुवाद कुछ इस तरह होगा–'काल-प्रवाह कितना बलवान है ! पर्वत, प्रभंजन की गति को रोक सकता है, समुद्र, विशाल नदियों के प्रवाह पर बन्धन लगा सकता है–किन्तु समय के प्रवाह को रोकनेवाला भला कौन है ? किस हिमालय में, किस इन्द्रदेव में, किस रावण में काल को क्षणिक बाधा तक देने की सामर्थ्य थी !' और साधारण जीवन के किसी दृश्य के अंकन हेतु प्रयुक्त भाषा का अनुवाद इस प्रकार होगा–'खाना परोसना निबटा भी नहीं कि थाली अपनी ओर खींच ली, गरम भात को फू-फा, फू-फा कर फूँकते हुए खाने लगा। यह देख, थम्बालसना थोड़ी-थोड़ी सब्जी परोसते हुए कहने लगी–''भैया, देव-दर्शन के लिए मुझे भी ले चलिए न !'' वीरेन थोड़ा क्रोधित हो गया, बड़े से कौर से मुँह भरे-भरे बोला–''मुझे जाना ही नहीं, तुम व्यर्थ में क्यों हल्ला मचाती हो ?'' दूसरों की बक्-बक् का गुबार अपनी निर्दोष छोटी बहन पर उतार दिया। उसका भोर के कमल सा प्रफुल्ल मुख क्षण-भर में ही मुर्झा गया। विविध प्रसंगों में प्रयुक्त-भाषा के ये विविध रूप कमल के कलात्मक सौन्दर्य-बोध का परिचय कराते हैं। बङ्ला में बंकिम ने कथा-भाषा को अमित ऊर्जावान बनाया था। उसी बङ्ला में रवीन्द्रनाथ ने साहित्य की भाषा को शिशु सुलभ सहजता, स्वाभाविक गहराई व सांगीतिकता प्रदान की थी। मणिपुरी भाषा को ये सभी गुण कमल ने प्रदान किए।

माधवी के काव्य-प्रयोग भी हमारा ध्यान खींचते हैं। इस उपन्यास में नौ काव्यात्मक-प्रयोग हैं, जिनमें वह विरहगीत भी शामिल है, जिसे उरीरै रास-मंडल के निकट लैरेन चम्पा के नीचे बैठकर गाती है। ऐसा प्रतीत होता है कि कमल गद्य की अपेक्षा काव्य में अभिव्यक्ति-वैलक्षण्य की अधिक सम्भावना अनुभव करते थे; इसीलिए उन्होंने स्थान-स्थान पर कविताओं का सहारा लिया है। एकाध उप-शीर्षक तो ऐसा है, जिसके प्रारम्भ और अन्त दोनों में कविताएँ दी गई हैं। दावाग्नि ऐसा ही उप-शीर्षक है। माधवी के काव्यात्मक प्रयोग वातावरण-चित्रण, यथार्थ अंकन, मनोदशाओं की अभिव्यक्ति, चरित्रांकन, भावी घटनाओं की सांकेतिकता आदि अनेक उद्देश्यों की पूर्ति करते हैं। काँचीपुर की दुर्दशा का अंकन करते हुए उपन्यासकार ने काव्यात्मक अभिव्यक्ति की–

देखो काँची देवी की ये सन्तानें,
उनके ये चेहरे निस्तेज !
माँ के अश्रु-जल के प्रभाव से,
हो जाने से बहु काल से पितृ-परित्यक्त !

इसके पश्चात कवि काँचीपुर के प्राचीन वैभव का स्मरण करते हुए उसके वर्तमान रूप का चित्रण गद्य में करता है। इस पद्धति से पाठक अभिभूत होता है और इतिहास में पैठते हुए संवेदना से भरता चला जाता है। इसी प्रकार महादेव से वरदान माँगते समय उरीरै कहती है–

जन्में यदि पुष्प-जाति में
खिलें एक डंठल पर
जन्में यदि पक्षी बन,
बैठें संग डालियों पर,
उगें पौधे बनकर
लिपट जाऊँ मैं लता बन।

यह एक रोमानी हृदय की अभिव्यक्ति है, जिसमें भावनात्मक-समर्पण व प्रेम की एकनिष्ठ आराधना विद्यमान है। उपन्यास का अन्त करते हुए कमल पुनः काव्याभिव्यक्ति का सहारा लेते हैं–

चन्दन के वृक्ष अनेक
पहाड़ों-जंगलों में
नष्ट होते सूख कर,
मनोद्यान प्रान्तर में
सहेजकर रोपा पुष्प
सूखेगा हो अर्थहीन
तन भी मन भी;
नहीं जान पाएगा कोई !

यह कविता माधवी के लिए है, जिसमें उसके चरित्र-चन्दन की सुगन्ध की अभिव्यक्ति भी है और उसके भवितव्य का संकेत भी। स्वयं कमल का अपने इस पात्र से जो सहज लगाव है, वह भी बिछोह की वेला में अपार पीड़ा बनकर प्रकट हो रहा है और ठीक वैसी ही निजता की सहज पीड़ा पाठक को भी अपनी अतल गहराई में डुबोने में समर्थ है। यह उपन्यासकार के रूप में कमल की सफलता का प्रमाण है।

ब्रजेन्द्रगी लुहोङ्बा–अर्थात् ब्रजेन्द्र का विवाह–कमल की एकमात्र कहानी है, जिसे काफी वर्षों तक मणिपुरी भाषा की भी प्रथम कहानी माना जाता रहा। हिन्दी में मणिपुरी कहानी का इतिहास तैयार करते समय यह तथ्य प्रकाश में आया कि कमल की इस कहानी के डेढ़ वर्ष पूर्व 'याकाइरोल' पत्रिका के मई, 1932 के अंक में प्रकाशित सर्व्वजीत सिंह

द्वारा लिखित 'युमपानबा' (घर-गृहस्थी) शीर्षक कहानी मणिपुरी भाषा की अब तक की प्रथम कहानी है। यह कहानी स्व. आर.के. सनाहल बी. कॉम. के व्यक्तिगत पत्रिका संग्रह में मिली, जिसे इबोहल सिंह काङ्जम ने हिन्दी में अनुवाद करके प्रकाशित कराया।

ब्रजेन्द्रगी लुहोङ्बा 'ललित मंजरी' पत्रिका के नवम्बर, 1933 के अंक में छपी। कहानी का नायक ब्रजेन्द्र बाबू कलकत्ता मेडिकल कॉलेज से एम.बी. परीक्षा उत्तीर्ण करके इम्फाल लौटता है तो उसे पता चलता है कि उसका विवाह उसकी सहमति के बिना ही मालती नामक लड़की के साथ तय कर दिया गया है। सामाजिक-विकास की दृष्टि से उन दिनों लड़के-लड़की का विवाह उनकी मर्जी जाने बिना ही अभिभावकों द्वारा तय किया जाना आम बात थी, किन्तु ब्रजेन्द्र डाक्टरी पढ़ा-लिखा, नई हवा में साँस लेनेवाला, आधुनिक विचारधारा से परिचित लड़का था। उसके गले यह बात नहीं उतरती कि जिन लोगों को जीवन साथी या जीवन की गाड़ी के दो पहियों के रूप में अपना दायित्व निभाना है, उन्हें एक-दूसरे से अपरिचित रहते हुए भी विवाह-सूत्र में बाँधा जा सकता है। उसे लगता है कि विवाह युवक-युवती की सहमति पर आधारित होना चाहिए। ब्रजेन्द्र अपने मन की बात अपनी माँ से कहता है, किन्तु पुरातन संस्कारों वाली उसकी माँ इसे पूरी सामाजिक-रीति के विरुद्ध मानकर अपने पुत्र को डाँटने लगती है। निरुपाय ब्रजेन्द्र क्षुब्ध होकर प्रतिज्ञा कर लेता है कि वह माँ द्वारा चुनी गई अपनी भावी पत्नी का मुँह तक नहीं देखेगा। विवाह हो जाता है। मालती पातिव्रत्य का पालन करते हुए ब्रजेन्द्र के लिए चिलम तैयार करती है, तश्तरी में पान का बीड़ा रखती है, तकिए के पास फूलों का गुच्छा रखती है, किन्तु ब्रजेन्द्र इस सबसे बेखबर एक बीड़ी सिलगाता है और दीवार की ओर मुँह करके सो जाता है। यह क्रम सप्ताहों तक चलता है। अबोध मालती का हृदय ब्रजेन्द्र की इस निष्ठुरता से विदीर्ण हो जाता है। वह अपने पति के ऐसे अवमानना भरे व्यवहार का कारण नहीं समझ पाती और सारा दोष अपने पूर्व-जन्म के पापों पर डाल देती है। इस सबके बावजूद वह अपने धर्म से न डिगने का निश्चय करती है और सोचती है कि यदि वह निर्दोष है तो उसका धर्म एक न एक दिन उसका पति उसकी झोली में डाल देगा। दूसरे के घर में लगी आग पर सदा ही हाथ सेंकनेवाली मोहल्ले की स्त्रियाँ तरह-तरह की बातें बनाकर मालती को भड़काने का कुचक्र करती हैं, किन्तु वह अपने मार्ग से नहीं हटती। एक दिन ब्रजेन्द्र बासक-फाङ्नबा (राधा-कृष्ण की प्रेम-लीलाओं पर आधारित धार्मिक गायन) सुनने जाता है। ज्योत्स्नामयी उज्ज्वल रात्रि और गायन का विरह प्रसंग उसका मन चंचल कर देते हैं। वह घर बैठी अपनी पत्नी के विषय में सोचने लगता है। उसकी दृष्टि एक ओर बैठी युवतियों के समूह की ओर मुड़ती है और हठात् एक अतीव सुन्दरी युवती की दृष्टि से मिल जाती है। वह युवती पता नहीं कब से ब्रजेन्द्र की ओर देख रही थी, किन्तु जैसे ही उसकी चोरी पकड़ी जाती है, उसके कपोल हैयाइ नामक खट्टे लाल फल की भाँति हो जाते हैं। ब्रजेन्द्र भी, किसी युवती से यों दृष्टि मिलाना असामाजिक मानकर लज्जित होता है और घर की ओर चल पड़ता है। वह निश्चय करता है कि आज अपनी पत्नी का चेहरा देखेगा और

उसे प्यार से सम्बोधित करेगा। घर पहुँचकर जैसे ही मुख पर मुस्कान लाकर पुकारने को होता है तो देखता है कि वही बासक-मंडपवाली युवती चिलम भरकर उसकी प्रतीक्षा कर रही है। वास्तव में वह मालती थी, जो स्वयं भी बासक में गई थी। वह ब्रजेन्द्र से प्रेम की भिक्षा माँगते हुए उसके पैरों पर गिर पड़ती है। ब्रजेन्द्र का हृदय परिवर्तित हो जाता है तथा वह मालती के प्रति अतिशय भावुक होकर कहता है–"माँ-बाप द्वारा चुनी गई स्त्री भी तुम हो। विधि-प्रदत्त स्त्री भी तुम हो। मेरे मन की स्त्री भी तुम हो। मेरे हृदय की देवी तुम ही हो, तुम ही हो, तुम ही हो।"

ब्रजेन्द्रगी लुहोङ्बा का प्रारम्भ एक द्वन्द्व से होता है। यह द्वन्द्व पुरातन सामाजिक रूढ़ियों और नव विकसित जीवन प्रणाली, पुरातनता के प्रति मोहान्धता और आधुनिकता के प्रति आग्रह तथा पुरानी पीढ़ी और नई पीढ़ी के विचारों में विद्यमान है। एक ओर ब्रजेन्द्र की माँ है, जो पुराने रीति-रिवाजों और सामाजिक रूढ़ियों के पक्ष में खड़ी है। उसके लिए व्यक्ति के सम्बन्ध में नितान्त वैयक्तिक निर्णय भी एक जमाने से चली आ रही रूढ़ियों को ही करने हैं। इनके चलते विवाह बन्धन में बँधनेवाले प्राणियों का, विवाह के पूर्व परस्पर मिलना अनैतिक और असामाजिक कार्य है, अतः वर-वधू का कर्तव्य है कि वे अपने माता-पिता के निर्णय का जुआ बिना किसी विरोध के अपने कन्धे पर रख लें। ब्रजेन्द्र की माँ कहती है–"हमने तो विवाह के पूर्व अपने आदमी का मुँह ही नहीं देखा था। सुन्दर या कुरूप को भाग्य का बदा मानकर चली आई।" दूसरी ओर आधुनिक शिक्षा और नए जीवन-मूल्यों की हवा से परिचित ब्रजेन्द्र है, जिसकी दृष्टि में विवाह धार्मिक संस्कार के साथ-साथ एक सामाजिक समझौता है, इसीलिए उसके सम्बन्ध में कोई भी निर्णय पूरे विचार-विमर्श और वर-वधू की पारस्परिक सहमति से होना चाहिए। ब्रजेन्द्र के पास अपने पक्ष में एक आकर्षक तर्क है। वह कहता है– "विवाह कोई गुड्डे-गुड़ियों का खेल तो नहीं है।" उसके विचार में जो लड़की सुख और दुख में बराबर की साझीदार होगी, जो परिवार और संगी-सहेलियों को छोड़कर घर की स्वामिनी बनने आएगी, जो अपने जीवन की धारा को उसके जीवन की धारा के साथ मिलाकर दोनों के संगम से एक पुण्य-तीर्थ तैयार करेगी, "उस लड़की को देखे बिना, उसके चरित्र को जाने बिना लुहोङ्फान् पर कैसे बैठूँ ?" स्पष्ट है कि कमल ने ब्रजेन्द्र और उसकी माँ के वैचारिक-संघर्ष तथा ब्रजेन्द्र के मनोमन्थन के माध्यम से तत्कालीन मणिपुरी समाज के आलोड़न और परिवर्तन की व्याकुलता को दिखाना चाहा है। ब्रजेन्द्र परम्पराओं के नाम पर विकास की गति और सामयिक परिवर्तन की सम्भावना क्षीण करनेवाली रूढ़ियों के प्रति विद्रोह का झंडा खड़ा करता है और इस हद तक जाता है कि माता-पिता की चुनी युवती का मुँह न देखने जैसी प्रतिज्ञा कर लेता है। उस काल में यह एक क्रान्तिकारी घटना थी।

किन्तु इस विद्रोह की परिणति किस रूप में सामने आती है ? कमल ने दिखाया है कि अन्त में ब्रजेन्द्र मालती को स्वीकार कर लेता है–न केवल स्वीकार करता है, बल्कि वह उसे अपने हृदय की देवी प्रतीत होने लगती है। यह सत्य है कि कमल ने इसके

लिए बड़ी कुशलता से मनोवैज्ञानिक और शरीर-वैज्ञानिक पृष्ठभूमि तैयार की है। चाँदनी रात की मादकता, राधा-कृष्ण के प्रेम की रसधारा, संगीतमय वातावरण, मालती और ब्रजेन्द्र की दृष्टियों का बार-बार मिलना, ब्रजेन्द्र के मन में अपनी-अपनी प्रियाओं के साथ आनन्दपूर्वक रहते मित्रों की कल्पना आदि के प्रभाव से उसके मन को चंचल और चरित्र को परिवर्तनशील दिखाया है। इस प्रकार कहानी सुखान्त हो जाती है, लेकिन कमल ने प्रारम्भ में जिस समस्या का बीज बोया था और जिसे भली प्रकार अंकुरित होते भी दिखाया था, वह इस समाधान के पाले से झुलस गया। ब्रजेन्द्र उन्हीं परिस्थितियों से समझौता करता दिखा, जिनके विरुद्ध वह खड़ा हुआ था। मणिपुरी कहानी आज जहाँ खड़ी है, उस बिन्दु से देखें तो ब्रजेन्द समझौते का शिकार और वैचारिक दृष्टि से पराजित व्यक्ति प्रतीत होता है। विद्रोह की यह परिणति आज के पाठक के गले शायद न उतरे, लेकिन इस कहानी के रचना-काल के मणिपुरी समाज का कड़वा सच यही है। ब्रजेन्द्र के विद्रोह को सफल होते दिखाना उस काल के रूढ़िबद्ध समाज (जो बहुत मन्दगति से बदल रहा था) की दृष्टि से यथार्थ से दूर जा पड़ना था; अतः कमल ने अपना उद्देश्य क्रान्ति न बनाकर परिवर्तन की उस व्याकुलता को दर्शाना बनाया, जो उस समय उभरकर सामाजिक-सतह पर आना चाहती थी और नए जीवन-मूल्यों की पृष्ठभूमि बनना चाहती थी।

इस कहानी में एक प्रसंग उन स्त्रियों का है, जो पहले ब्रजेन्द्र की माँ के साथ उपस्थित हैं (विवाह पूर्व) और बाद में मालती के साथ। ये चाओ माँ, नातेक माँ, ताई-चाची, मौसी, बहनें, भाभियाँ और इसी प्रकार की अन्य स्त्रियाँ हैं। पुराने गाँवों-कस्बों में आस-पड़ोस तथा मोहल्ले वाली स्त्रियों के साथ इन सम्बन्धों की पूरी सामाजिकता विद्यमान थी। साधारणतः इन्हें गाँव-जवार के रिश्ते कहा जाता था, किन्तु इनका महत्त्व रक्त सम्बन्धों से कम नहीं होता था। इन रिश्तों का एक पहलू यह भी था कि इन स्त्रियों में कुछ ईर्ष्यालु होती थीं, जो बनते काम को बिगाड़ना अथवा शान्ति में अशान्ति उत्पन्न करना अपना कर्तव्य समझती थीं। जब ब्रजेन्द्र विवाह से इनकार करता है, तो इसी प्रकार की स्त्रियाँ उसकी माँ के समर्थन में खड़ी दिखाई जाती हैं। ब्रजेन्द्र की माँ अपना पक्ष पुष्ट करने के लिए रामायण, महाभारत, अठारह पुराण—सबका बखान कर डालती है, एक लकड़ी से जमीन पर लकीरें खींच-खींचकर उसे राइ बोने लायक बना देती है और आस-पड़ोसवालियाँ एक-एक नगाली पकड़े तामशा देखने आ जुटती हैं। ये सब हाँ में हाँ मिलाने वाली हैं। ब्रजेन्द्र जान जाता है कि "लीला के सारे पात्र उपस्थित हैं, स्त्री-पर्व शुरू होने वाला है, आज सूर्यास्त का पता नहीं चलेगा" और मन-ही-मन माँ को प्रणाम कर मोटी चाओमचा की आड़ से दबे पाँव घर से निकल आता है। उधर "सारे पात्रों को उपस्थित देख ब्रजेन्द्र की माँ उत्साहित होकर उठ खड़ी हुई, आवेश में उँगली नचाते हुए ऐसा अभिनय किया कि जैसे सामने की स्त्री को मार ही देगी।"

दूसरा प्रसंग मालती के साथ घटता है। ब्रजेन्द्र के अवमाननापूर्ण व्यवहार के बावजूद मालती अपने पत्नी-धर्म से न डिगने और अपने धर्म पर विश्वास कर धैर्य धरने

का निर्णय करती है, किन्तु मोहल्ले की स्त्रियों को यह सहन नहीं होता। आस-पड़ोस की मौसी-बुआ तो नई बहू वाले घरों में पान खाने आती ही रहती हैं। उन्हीं में से एक दिन बुआ बोली–"हमारा ब्रजेन्द्र कभी घर में टिकता दिखाई नहीं पड़ता। पराई जनी लाकर उसकी ऐसी मिट्‌टी पलीद करना, कहाँ की रीत है ? अगर वह ब्याह कर न लाया होता, तो पता नहीं कब का किसी और के साथ इसका पल्लू बँध गया होता।" भाभी, बुआ से दस कदम आगे थी, बिफर पड़ी–"मर्द अगर जरा भी आँख फेरे तो हम तो पल-भर न टिकें। शादी के दूसरे ही दिन पति ने जरा सा कहा कि देर से जागती हो, सुनते ही कह आई, तुम्हारे जैसे आदमी के साथ नहीं निभा सकती।" और मौसी, भाभी से भी दस कदम आगे निकली, उसने दूर की उड़ाते हुए सूचना दी–"कल शाम ब्रजेन्द्र एक रमणी के साथ बातें करते हुए जा रहा था। युवती कह रही थी, पत्नी को तलाक दे दीजिए तब आऊँगी।"

यही वह स्त्री-पर्व है, जिसका संकेत ब्रजेन्द्र ने शुरू वाले प्रसंग में किया था। इस कहानी की समीक्षा करते समय इस विषय पर ध्यान नहीं दिया गया है, किन्तु इस प्रसंग के पीछे महत्त्वपूर्ण सामाजिक-कारण विद्यमान हैं। स्त्री-शिक्षा का अभाव, उनका अधिकांशतः बाहरी संसार से अत्यल्प सम्पर्क, पुरुषवादी व्यवस्था में पारिवारिक या सामाजिक निर्णयों में उनकी अधिकारहीनता, पुरुषों के सन्दर्भ में उनके भीतर भरी हीन भावना, अपने-अपने पतियों के प्रति दबा आक्रोश, व्यक्तिगत स्वतन्त्रता के उपभोग की दमित भावना, विषमता भरे वातावरण और अनेक नैतिक-सामाजिक दबावों की प्रतिक्रिया में अवसर मिलते ही अपने महत्त्व को प्रतिपादित करने की चाह के साथ ही तमाम आर्थिक परिस्थितियाँ भी अविकसित समाजों में ऐसे दृश्य उपस्थित करने के मूल में हैं। कमल ने इस कहानी में एक बड़े पते की बात कही है। वे कहते हैं–"मुहल्ले की ताई-चाचियों के मन में खलबली थी कि उनके रहते मालती शर्मीली, वाक्पटुताहीन, अबोध कन्या क्यों बनी हुई है। मालती को अपने अनुसार अपने मृदंग की ताल पर नचाने से ही तो उनकी पढ़ी विद्या सफल होगी !" ये वाक्य कहानी के पाठ को उस स्थिति में पहुँचा देते हैं, जहाँ यह जाना जा सकता है कि ये स्त्रियाँ अपने-अपने व्यक्तिगत-जीवन में चाहकर भी जो नहीं कर पाईं, उसे मालती के माध्यम से होता हुआ देखना चाहती हैं और जो स्त्रियाँ एक हद तक पुरुष-सत्ता को ललकार सकीं, वे उस ललकार को पुनः घटते हुए देखना चाहती हैं। दोनों ही स्थितियाँ तत्कालीन सामाजिक जीवन के साधारण प्रसंगों के माध्यम से पुरुष सत्ता को भविष्य में मिलनेवाली चुनौती का संकेत करती हैं। साथ ही इनसे कहानी अपने परिवेश को सहज भी बनाती है। कहानी-कला की दृष्टि से भी ये प्रसंग महत्त्वपूर्ण हैं।

कमल ने अपनी इस कहानी में प्रेम का दर्शन खड़ा करने का प्रयास भी किया है। वे कहते हैं–"युवक-युवतियों के प्रेम के तीन स्तर होते हैं। पहले स्तर पर, प्रेम के प्रारम्भ में एक-दूसरे को देखते ही घबराहट होती है। दूसरे स्तर पर, बहुत अधिक लज्जा आती है। तीसरे स्तर पर, दीवाने हो जाते हैं। स्पष्ट है, लेखक अपनी कहानी के नायक को

इस प्रेम-दर्शन से पूर्णतः प्रभावित दिखाता है। ब्रजेन्द्र पर प्रेम के तीसरे स्तर का प्रभाव इतना गहन होता है कि उससे पूरे कथ्य की दिशा ही बदल जाती है और कमल के अनेक अध्येताओं को यह निष्कर्ष निकालते देर नहीं लगती कि वे इस कहानी में युवक-युवती के मध्य प्रेम के विकास की स्थितियाँ दर्शाना चाहते हैं। निश्चित रूप से यह सोच ब्रजेन्द्रगी लुहोङ्बा के वास्तविक रचना-उद्देश्य को समझने में बाधा खड़ी करता है। भले ही कमल कहानी की तकनीक के अभ्यस्त न होने के कारण अपनी पहली कहानी में आवश्यक कसावट नहीं ला पाए और भले ही कहानी की अनिवार्य शर्त के अनुसार किसी एक उद्देश्य को स्पष्ट प्रमुखता नहीं दे सके, किन्तु कमल के रचनाकाल और उनके साहित्य के अध्ययन से यह साफ हो जाता है कि यह कहानी विवाह के सम्बन्ध में एक रूढ़ रीति पर प्रश्नचिह्न लगाने के उद्देश्य से रची गई थी तथा इसी बहाने वे तत्कालीन सामाजिक परिवर्तन की सुगबुगाहट को स्पष्ट अभिव्यक्ति देना चाहते थे। अपनी इसी विशेषता के कारण यह रचना मणिपुरी भाषा की पहली कहानी न होते हुए भी आधुनिक-कहानी के तत्त्वों को अपनाने के आग्रह के कारण प्रथम आधुनिक कहानी अवश्य है। ब्रजेन्द्र के रूप में लेखक ने एक ऐसा पात्र भी गढ़ा, जो बाद की कहानियों में काफी दिनों तक दिखाई नहीं दिया। उस काल में प्रभा (ललितमंजरी, दिसम्बर-1933), लमन (ललित मंजरी, फरवरी-1934), नुङ्शि लमन (ललित मंजरी, अक्तूबर-1936), हेम प्रभा (ललित मंजरी, अप्रैल-1937), ताइबङ्मपा मीहात्पा (नहारोल, 1941) आदि अनेक कहानियाँ छपीं। सन् 1946 में मणिपुरी भाषा की कहानियाँ पुस्तक रूप में भी प्रकाशित होनी शुरू हो गईं, किन्तु ये सब कमल की 'ब्रजेन्द्रगी लुहोङ्बा' जैसी प्रखर नहीं हैं–न नायक (ब्रजेन्द्र) के स्तर पर और न कथ्य के स्तर पर। इस दृष्टि से कमल ने अपने समय से आगे कहानी लिखी। सन् 1965 में महाराज कुमारी विनोदिनी देवी के कहानी-क्षेत्र में पदार्पण तक कोई मणिपुरी कहानीकार कमल की टक्कर की कहानी नहीं लिख सका।

यह देखकर आश्चर्य होता है कि ब्रजेन्द्रगी लुहोङ्बा बहुत सारी भारतीय भाषाओं की पहली-पहली कहानियों के बीच आदर के साथ बैठाई जा सकती है। इस कहानी के पूर्व और पश्चात की कुछ कहानियों को देखकर इसी तथ्य की पुष्टि होती है। सन् 1901 में प्रकाशित हिन्दी की पहली-पहली कहानियों में से एक मानी जानेवाली कहानी, 'एक टोकरी भर मिट्टी' (माधवराव सप्रे) एक वृद्धा के माध्यम से सामन्तवाद को चुनौती देती है। कहानी सुखान्त है, क्योंकि अन्त में जमींदार का हृदय परिवर्तित हो जाता है और वह वृद्धा की झोंपड़ी उसे वापस कर देता है। सन् 1911 में प्रकाशित कन्नड की प्रथम कहानी, 'रंगप्पा की शादी' (मास्ती वेंकटेश अय्यंगार 'श्रीनिवास') प्रेम के सहज प्रभाव का अंकन करते हुए इस बात पर बल देती है कि विवाह के लिए कन्या का योग्य होना आवश्यक है और उसके योग्य होने का अर्थ है–पढ़ी-लिखी, विवेकशील तथा कुशल होना। कहानी का नायक रंगप्पा कहता है कि जिस लड़की को उँगली काटना भी न आए, उसे भला कैसे पसन्द किया जा सकता है ? सन् 1912 में प्रकाशित

गुजराती की पहली कहानी, 'गौमति दादा का गौरव' (कन्हैयालाल मानेकलाल मुंशी) कुलाभिमान और कुल-गौरव के पाखंड पर सहज व्यंग्य करती है। अन्त में फूफियाँ और भतीजा गौमति दादा के गौरव से बँधे सामान को कुएँ में विसर्जित करते हुएं दिखाए गए हैं, जो इस बात का प्रतीक है कि आज के युग में अतीत और पुरखों के तथाकथित गौरव के सहारे जीना अपनी उन्नति में बाधा खड़ी करना है। सन् 1914 में रचित सिन्धी भाषा की पहली कहानी, 'मखी झील का डाकू' (लालचन्द अमरचन्द डिनोमल जगत्याणी) सिन्ध के इतिहास में हुर नामक प्रसिद्ध डाकुओं के आतंक, उनके द्वारा निर्धनों-निर्बलों की सहायता और उनके अन्त से सामग्री ग्रहण करके इतिहास के नीचे छिपे इतिहास को सामने लाती है। रिपोर्ताज शैली से प्रभावित यह कहानी अन्त में वर्तमान से भी जुड़ती है। सन् 1936 में प्रकाशित पंजाबी की पहली कहानी, 'भत्ता' (सन्त सिंह सेखों) स्त्री-पुरुष के दैहिक-प्रेम के मनोविज्ञान पर आधारित है। किसान-पुत्र हरनाम खेत पर इन्तजार करता है कि नाश्ता लेकर उसकी पत्नी आएगी, लेकिन ऐसा नहीं होता, जिसका उसके काम की रफ्तार और मानसिक-दशा पर बुरा प्रभाव पड़ता है। सन् 1949 में प्रकाशित कश्मीरी भाषा की पहली कहानी, 'जवाबी कॉर्ड' (दीनानाथ कौल 'नादिम') जून दादी नामक स्त्री-पात्र के माध्यम से मानवी-सम्बन्धों को जाति और धर्म की सीमाओं से मुक्त करती है और उस जमाने के ग्राम्य-जीवन में रची-बसी सहजता को प्रकट करती है। यह कहानी उस समय कबाइली आक्रमण के विरुद्ध काश्मीरी जनता को जगाने के प्रयास के रूप में भी याद की जाती है और हिन्दू-मुस्लिम एकता की कोशिश के रूप में भी। सन् 1950 के आसपास रचित डोगरी की प्रारम्भिक कहानियों में से एक, 'मंगते की पनचक्की' (भगवत प्रसाद साठे) मानवी सम्बन्धों की निश्छलता के समक्ष पूरी सांसारिकता को भोथरा सिद्ध करती है। पनचक्की का मालिक मंगता रक्त सम्बन्धों की दृष्टि से दुनिया में अकेला है, किन्तु वह मन-ही-मन महमूद नामक बालक से आत्मिक-लगाव अनुभव करता है। महमूद भी मंगते और उसकी पनचक्की के बिना नहीं रह पाता। लेकिन आसपास के लोग ताना देते हैं कि महमूद के बाप इल्मदीन की नजर पनचक्की पर है। वह बालक महमूद का पनचक्की पर जाना बन्द कर देता है। इस सदमे से मंगते की मृत्यु हो जाती है। इन कुछ कहानियों के अध्ययन से यह स्पष्ट है कि सन् 1900 से लेकर 1950 तक के काल में विभिन्न भाषाओं की कहानियाँ कथ्य और शिल्प दोनों क्षेत्रों में सामाजिक-जमीन, शैली और भाषा की तलाश की इच्छा के साथ अपनी यात्रा प्रारम्भ कर रही थीं। यहाँ चुनी गई कहानियाँ इन भाषाओं की पहली-पहली कहानियाँ हैं और हम देखते हैं कि इनमें अपने समय के साथ जुड़ने, विभिन्न सामाजिक-मनोवैज्ञानिक समस्याओं को विषय के रूप में स्वीकारने, बदलाव की सामूहिक इच्छा तथा व्याकुलता को वाणी देने, जाति, धर्म, रीति-रिवाजों से चिपकी रूढ़ियों पर आक्रमण करने और मूल्याधारित आदर्शों की स्थापना की ललक विद्यमान है। रचना-काल की दृष्टि से ब्रजेन्द्रगी लुहोड़्बा इन कहानियों के बीच कहीं वर्तमान है और यह कहना अतिशयोक्ति न होगा कि वह विशेषताओं की दृष्टि से भी इन्हीं की

हमजोली है, क्योंकि उसमें सामाजिक-धार्मिक रूढ़ियों के प्रति विद्रोह की सूचना और प्रेमाधारित मानवी-मूल्यों के प्रति आदर्श समर्पण विद्यमान है।

कमल के एकमात्र नाटक, 'देवयानी' की रचना सन् 1924 में या उससे भी कुछ पहले हुई थी, किन्तु उसका प्रकाशन हुआ सन् 1984 में। कहा जाता है कि जब वे डिब्रूगढ़ में पढ़ते थे तो उन्हें एक बार उनके भावी श्वसुरालय में निमन्त्रित किया गया। जब वे वहाँ पहुँचे तो उन्होंने दीवार पर एक चित्र लगा देखा, जिसमें राजा ययाति हाथ पकड़कर देवयानी को कुएँ से निकाल रहे थे। इस चित्र ने कमल को एक नाटक लिखने की प्रेरणा दी। इस सम्बन्ध में एक-दूसरी बात यह कही जाती है कि कमल के एक मित्र के साथ एक ब्राह्मण लड़की विवाह करने के लिए घर से भाग गई थी। मणिपुर में विवाह के सन्दर्भ में एक सामाजिक परम्परा यह भी है कि युवक-युवती पारस्परिक परिचय के बाद यदि विवाह के लिए सहमत हो जाते हैं, तो दोनों घर से भागकर मामा या किसी अन्य सम्बन्धी या फिर किसी मित्र के घर चले जाते हैं। ये लोग इसकी सूचना लड़के के परिवारवालों को पहुँचाते हैं और लड़केवाले यह सूचना तथा विवाह का प्रस्ताव लेकर लड़की के घर जाते हैं। इसके बाद दोनों का विवाह सम्पन्न हो जाता है। कमल के मित्र ने भी ऐसा ही किया था, किन्तु दोनों की जाति में अन्तर था। परिणाम यह हुआ कि ब्राह्मणवादी व्यवस्था ने विवाद खड़ा कर दिया क्योंकि उसके अनुसार ब्राह्मण किसी गैर-ब्राह्मण युवती से विवाह कर सकता है, किन्तु यदि कोई गैर-ब्राह्मण किसी ब्राह्मण युवती से विवाह करता है तो उससे शास्त्र की मर्यादा भंग होती है। बात जाति बहिष्कार तक जा पहुँची। विवाह और जाति-बहिष्कार की एक घटना स्वयं कमल के साथ भी जुड़ी हुई है। कमल ने डिब्रूगढ़ में रहनेवाले एक मणिपुरी परिवार की कन्या से प्रेम-विवाह किया था। उस परिवार से सम्बन्धित एक व्यक्ति (लड़की के मामा) ने एक गैर मणिपुरी लड़की से विवाह किया था; अतः डिब्रूगढ़ का मणिपुरी समाज कमल के ससुरालियों को सामाजिक-सम्मान नहीं देता था। परिणाम यह हुआ कि उस परिवार में विवाह करने के कारण कमल को भी सामाजिक-अवमानना का पात्र माना गया तथा उन लोगों ने इसकी शिकायत तत्कालीन मणिपुर-महाराजा से भी की। उस समय महाराज के संरक्षण में ब्राह्मणवादी रूढ़ानुशासन की पालक ब्रह्म-सभा का बोलबाला था। उसके दबाव में महाराजा ने कमल के विवाह को धार्मिक-व्यवस्था का उल्लंघन माना। इस प्रकार न केवल डिब्रूगढ़ में, बल्कि मणिपुर में भी उन्हें भारी सामाजिक-धार्मिक प्रतिरोध का सामना करना पड़ा। इसी से आहत होकर कमल अपने परवर्ती जीवन में अपने जन्म-स्थान लाङ्थबाल कुँज नहीं गए।

ब्राह्मणवादी व्यवस्था के इस विवेकहीन, निहितस्वार्थी और व्यक्ति व समाज के लिए घोर क्षतिकर रूप ने कवि-हृदय कमल को भावनात्मक और वैचारिक दोनों स्तरों पर झिंझोड़ डाला। प्रतिक्रिया में कमल ने इस मानव-विरोधी व्यवस्था पर पलटकर हमला करने का निश्चय किया, जिसका कार्यान्वयन 'देवयानी' नाटक की रचना के रूप में प्रकट हुआ। इस तरह एक पौराणिक चित्र के दर्शन से उत्पन्न प्रबल संवेग से कहीं अधिक कमल को

आहत करनेवाली घटनाएँ इस नाटक के मूल में हैं। उन्होंने अपनी युग-चेतना, मानवतावादी भावना और आदर्श समाज के निर्माण की इच्छा से जोड़कर एक पौराणिक प्रसंग को इस प्रकार का नाटक बनाया, जो एक साथ सामाजिक यथार्थ भी प्रस्तुत करता था, बुराई पर हमला भी करता था और एक जीवन-दर्शन भी प्रस्तुत करता था।

'देवयानी' नाटक का प्रारम्भ एक गीत से होता है, जिसे शूद्र राजा वृषपर्व की कन्या शर्मिष्ठा की सखियाँ उसके गुणानुवाद के रूप में गाती हैं। गीत पूरा होते-होते शुक्र गुरु (शुक्राचार्य) की कन्या देवयानी का प्रवेश होता है और वसन्तागमन की वेला में देवयानी, शर्मिष्ठा तथा सखियाँ आनन्द-क्रीड़ा हेतु चैत्ररथ नामक वन में जाती हैं। वहाँ जल-क्रीड़ा के पश्चात शर्मिष्ठा देवयानी के वस्त्र पहनकर उससे परिहास करना चाहती है, किन्तु ब्राह्मण वर्ग की प्रतिनिधि देवयानी शूद्र वर्ग की प्रतिनिधि शर्मिष्ठा के इस परिहास को उसका दुस्साहस व अपना घोर अपमान मान बैठती है। दोनों में ब्राह्मण-शूद्र की सामाजिक-व्यवस्था को लेकर वाद-विवाद होता है, जो झगड़े का रूप ले लेता है। इसमें शर्मिष्ठा की सखियाँ उसका पक्ष लेती हैं। देवयानी को एक कुएँ में धकेलकर सब वापस लौट आते हैं। संयोगवश महाराजा ययाति को मृगया के दौरान प्यास लगने और सैनिकों को जल की खोज में दौड़ाने एक एक कुएँ में किसी के गिरे होने का पता चलता है। ययाति कुएँ पर पहुँचकर देवयानी का हाथ पकड़कर उसे बाहर निकालते हैं। दोनों में वार्तालाप होता है और देवयानी मन-ही-मन ययाति को पति के रूप में पाने का संकल्प करती है, फलस्वरूप उसकी बातचीत की शैली उसके काम-भाव को प्रकट करनेवाली बन जाती है, किन्तु जब ययाति को देवयानी का परिचय मिलता है, तो वे वहाँ से अपने सैनिकों के साथ चले जाते हैं। देवयानी अपने हृदय में शर्मिष्ठा के प्रति असीम क्रोध और ययाति के वियोग की कामज-पीड़ा लिए रह जाती है। वह प्रतिज्ञा करती है कि यदि वह सचमुच ब्राह्मण कुल में जन्मी है तो महाराज ययाति से विवाह करेगी और शर्मिष्ठा को अपनी दासी बनाएगी। यदि ऐसा न हुआ तो वह मृत्यु को गले लगा लेगी। घटना-क्रम में देवयानी के दुराग्रह के समक्ष शुक्र गुरु को और शुक्र के क्रोध के समक्ष वृषपर्व को हार माननी पड़ती है। शर्मिष्ठा राज्य को शुक्र के शाप से बचाने के लिए स्वेच्छा से देवयानी की दासी बनना स्वीकार कर लेती है। उधर प्रेमाग्नि में जलते हुए ययाति मृगया के बहाने और देवयानी मन बहलाव के बहाने चैत्ररथ वन पहुँचते हैं। एक हिरणी का पीछा करते हुए ययाति, देवयानी के विश्राम-कुंज में जाते हैं, जहाँ वह उस हिरणी की रक्षा के बहाने ययाति के प्रति अपनी आसक्ति प्रकट करती है, लेकिन ययाति उस पर मोहित होते हुए भी आगे कदम बढ़ाने से डरते हैं। कारण, वही ब्राह्मणत्व का प्रभाव। वे कहते हैं कि प्रेमाकुल हो जाने पर भी देवयानी ब्राह्मणश्रेष्ठ गुरु शुक्र की कन्या है और वे चन्द्रवंशी क्षत्रिय; ऐसे में दोनों का मिलन नहीं हो सकता। इस समस्या का समाधान देवयानी के पास है। वह कहती है कि विवाह हो सकने या न हो सकने का शास्त्र समाज-निर्मित है, जबकि प्रेम प्रकृति का जाया है; अतः समाज के नियम परिवर्तनशील हैं और प्रेम के नियम अपरिवर्तित–अर्थात् प्रेम के लिए मनुष्य निर्मित

शास्त्र को निश्चय ही बदलना होगा। यही होता है। शुक्र गुरु उद्घोषणा करते हैं कि विधि-विधान का निर्माण ब्राह्मण कृत है, अतः यदि वे कहते हैं कि देवयानी और ययाति का विवाह हो सकता है, तो वह हो सकता है, उसमें शास्त्र कहीं बाधा नहीं बनता। देवयानी ब्राह्मणत्व की महिमा से प्राप्त ययाति को वर-माला अर्पित करती है। दहेज में दी जाती है शर्मिष्ठा और उसकी एक सहस्र दासी-सखियाँ–साथ में शुक्र की यह चेतावनी भी कि शर्मिष्ठा दासी के रूप में प्रदान की जा रही है, पत्नी के रूप में नहीं; अतः न तो उससे एकान्त में वार्तालाप करना है और न उसका ध्यान करना है।

समस्त सावधानी और चेतावनी के बावजूद ययाति और शर्मिष्ठा को मिलने से कोई नहीं रोक पाता। ययाति से उसे तीन पुत्र प्राप्त होते हैं, जबकि देवयानी दो पुत्र ही प्राप्त करती है। शर्मिष्ठा और ययाति का यह विवाहेतर सम्बन्ध देवयानी को पता चल जाता है। वह क्रोधित होकर शुक्र गुरु से ययाति की शिकायत करती है। पुत्री के साथ किए गए विश्वासघात से क्षुब्ध होकर शुक्र, ययाति को वृद्ध बन जाने का शाप दे देते हैं। इससे देवयानी बहुत चिन्तित हो उठती है और अपने पिता से शाप-मुक्ति की याचना करती हैं। शुक्र गुरु कहते हैं कि यह शाप व्यर्थ तो नहीं जा सकता, किन्तु ययाति का वृद्धत्व किसी दूसरे व्यक्ति द्वारा ग्रहण किया जा सकता है। जो ऐसा करेगा वह दीर्घायु प्राप्त करेगा और महान यशस्वी सम्राट बनेगा। ययाति सुखोपभोग की इच्छा से अपना वृद्धत्व अपने पुत्रों में से किसी एक को देकर उसका यौवन लेना चाहते हैं। यदु, तुर्व्वसु, द्रुह्यु और अनु अपने पिता का वृद्धत्व लेने से स्पष्ट मना कर देते हैं, किन्तु पुरु आदर्श एवं आज्ञाकारी पुत्र होने का प्रमाण प्रस्तुत करते हुए एक सहस्र वर्ष के लिए ययाति का वृद्धत्व लेकर उन्हें अपना यौवन दे देता है।

ययाति को अनन्त विलास सागर में डुबकियाँ लगाते हजार बरस बीत जाते हैं, किन्तु उन्हें न सुख-शान्ति मिलती है न सन्तोष–उल्टे वे असन्तोष, अशान्ति और व्यर्थताबोध से घिरते जाते हैं। वे इस निष्कर्ष पर पहुँचते हैं कि भौतिक सुख, विलास, ऐश्वर्य, शक्ति, सत्ता, अधिकार आदि का अस्तित्व क्षणिक है। इनसे आत्मिक-सुख नहीं मिल सकता। वास्तविक सुख धर्म का पालन करने और सत्यं शिवं सुन्दरम् की साधना में है। ययाति को पश्चाताप होता है कि उन्होंने अपनी व्यक्तिगत महात्वाकांक्षा के लिए अपने पुत्र पुरु को हजार वर्ष तक वृद्ध बनाए रखकर अपार कष्ट दिया। उन्हें केवल इतना ही सन्तोष है कि उन्होंने इन हजार वर्षों में पुरु को राजा होने योग्य कष्ट अनुभव करने का गुण प्रदान कर दिया। जो शासक दुख और कष्ट का स्वयं प्रत्यक्ष अनुभव नहीं करता, वह प्रजा के दुख का भी सही-सही आकलन नहीं कर सकता। ययाति निर्णय करते हैं कि वे पुरु से अपना वृद्धत्व वापस ले लेंगे और उसे राज-सिंहासन सौंपकर देवयानी के साथ वन में चले जाएँगे। पुरु का राजतिलक हो जाता है, शर्मिष्ठा राज-माता बन जाती है और शुक्र गुरु की दासी घूर्णिका की पुत्री, पौठी कुमारी का विवाह पुरु से हो जाता है। इस अवसर पर शर्मिष्ठा अपने पुत्र पुरु को–पौठी कुमारी से प्रेम-याचना करके माल्यार्पण करने का आदेश देकर, पुरुष के समक्ष स्त्री की महत्ता स्थापित करती है।

'देवयानी' नाटक के जरिए कमल ने ब्राह्मणवादी धार्मिक और सामाजिक विधि-निषेधों को व्यंग्य का निशाना बनाया। वैदिक समाज-व्यवस्था के कर्म-सिद्धान्त को महाभारत-काल के आसपास जाति-सिद्धान्त बनाकर निहित स्वार्थी ब्राह्मणवाद ने भारतीय समाज को इतिहास का सबसे बड़ा धोखा दिया। 'ब्राह्मण का पुत्र ब्राह्मण और शूद्र का पुत्र शूद्र' की अवधारणा और इनके साथ जुड़ी व्यवहार-व्यवस्था ने केवल अस्पृश्यता जैसी महाघातक बीमारी को ही जन्म नहीं दिया, कुछ जातियों को कर्म विमुख और छल-कपटपूर्ण जीवन बिताते हुए भी समाज के सर्वोच्च शिखर पर कब्जा जमाए रखने का अनैतिक अधिकार भी प्रदान कर दिया। परिणाम हुआ कर्म, परिश्रम, मेहनत, निष्ठा, ईमानदारी की घोर अवमानना, प्रतिभा का विनाश और सामाजिक पतन। ज्ञान को देवालयों में बन्द करके और वहाँ शूद्रों का प्रवेश निषिद्ध करके समाज में अज्ञान, अशिक्षा, अन्धविश्वास आदि को बढ़ावा दिया गया और स्त्रियों को हाड़-मांस के जीव से निर्जीव वस्तु में बदल दिया गया। कमल ने देवयानी और शर्मिष्ठा के वाद-विवाद में इस यथार्थ को प्रस्तुत किया है। जैसे ही शर्मिष्ठा ब्राह्मणों द्वारा शूद्रों के शोषण का प्रसंग उठाती है, ब्राह्मणवादी अहम्मन्यता तिलमिला उठती है। देवयानी कहती है–"इसमें क्या है, यह तो रीति है। करे खड़ाऊँवाला, खाए जूतेवाला, काम करे सूअर, इनाम पाए कुत्ता, धन कमाए मूर्ख, बैठ खाए बुद्धिमान, खाने को ब्राह्मण, जूठन मलने को शूद्र, यही रीति है संसार की।" इस पर शर्मिष्ठा प्रश्न करती है–"लेकिन क्या हम शूद्रों के हाथ-पाँव नहीं हैं ? क्या हमारे पास सुख-दुख और गुस्सा अनुभव करनेवाला हृदय नहीं है ? क्या शूद्रों के भेजे में गोबर भरा है ? शूद्रों को किस पाप के कारण इतना सताया जा रहा है ? ब्राह्मणों के लिए शूद्र अपना हाड़ तोड़ते हैं, शायद इसीलिए उन्हें इतना मूर्ख समझते हो ! जान लो, ब्राह्मण और शूद्रों में शूद्रों की संख्या ही अधिक है।" ये, वे प्रश्न हैं, जो प्रत्येक शूद्र या ब्राह्मणवाद के शोषण के शिकार हुए व्यक्ति के मन में बार-बार उठते हैं। ये सवाल उसे हमेशा बेचैन करते हैं, कभी-कभी लावा बनकर उसे विद्रोह करने पर मजबूर करते हैं, कभी उसे भीतर-भीतर मथकर ब्राह्मणवाद से टकराने की प्रेरणा देते हैं। उधर चालाक ब्राह्मणवादी व्यवस्था इन सवालों को बराबर निष्प्रभ बनाने में जुटी रहती है। देवयानी शर्मिष्ठा के सारे सवाल टाल कर एक वाग्जाल खड़ा करती है और शूद्रों की संख्यावाली बात को आगे करके कहती है–"संसार में श्रेष्ठ वस्तुओं की संख्या अधिक नहीं होती। एक सम्राट के अधीन बहुत सारे राजा, एक राजा के अधीन बहुत सारी प्रजा, एक सिंह के अधीन बहुत सारे हरिण, एक पंडित के पीछे बहुत सारे मूर्ख और एक ब्राह्मण के पीछे शूद्रों का झुंड"। कैसा सहज और प्रकृत सा लगनेवाला तर्क है ! एक वर्ग सम्राट, राजा, सिंह, पंडित और ब्राह्मण का दूसरा प्रजा, हरिण, मूर्ख और शूद्र का–फिर भला ब्राह्मण को शूद्र के शोषण से कौन रोक सकता है ! शूद्र ने जन्म ही लिया है ब्राह्मण के लिए काम करने और उससे अपमानित होने के लिए। यही विधि का विधान है। कौन सी विधि ? कौन सा विधान ? वही, जिसे ब्राह्मणवाद ने गढ़कर सामने कर दिया है और न मानने पर जन्म-जन्मान्तर तक उद्धार न होनेवाले

शाप की व्यवस्था भी कर छोड़ी है। लेकिन शूद्र इस शक्तिशाली और धर्म के माफियाओं द्वारा तैयार विधि-विधान को तोड़कर फेंक डालने में असमर्थ होते हुए भी अपने मन में उठनेवाले सवालों से तो आँखें नहीं चुरा सकता। शर्मिष्ठा पुनः प्रश्न करती है–"बुद्धिमान, मूर्ख को दबाएँ और बलवान, निर्बलों पर अत्याचार करें, क्या यही मनुष्य का धर्म है ? क्या तुम्हीं लोगों ने जाति-भेद के नाम पर समाज को नहीं बाँट दिया है ? मनुष्य कब तक इस अतिचार को सहेगा !" प्रश्नावली का अन्तिम वाक्य कमल के नाटक को सामाजिक-धार्मिक रूढ़ियों के विरुद्ध सशक्त हस्तक्षेप की भूमिका में पहुँचा देता है। देवयानी के माध्यम से जब ब्राह्मणवाद बुद्धि के छल से अपनी रक्षा न होते देख बाहु-बल का सहारा लेता है, तो शोषित वर्ग की प्रतिनिधि शर्मिष्ठा की सखियाँ देवयानी को कुएँ में धकेल देती हैं। एक सखी कुएँ में गिरी देवयानी को लताड़ते हुए कहती है–"शूद्रों को तुम लोग कुत्ता समझते हो। सामने पड़े नहीं कि चिल्ला पड़ते हो, 'अह ऽऽऽ छू जाएगा, छू जाएगा, हटाओ, हटाओ। हमसे ये सब सहा नहीं जाता।" और दूसरी सखी हथेली पर मुक्का मारते हुए कहती है–"बड़ा मजा आया, मरो ! ब्राह्मणों ने हमें तबाह कर डाला। याचक ब्राह्मण, सबसे आगे बैठनेवाले ब्राह्मण, स्वादिष्ट भोजन डकारनेवाले ब्राह्मण...और जूठन खानेवाले शूद्र, बर्तन माँजनेवाले शूद्र। ब्राह्मण, क्षत्रिय कन्या को घर में रख सकता है, लेकिन उससे पैदा सन्तान को माँ के हाथ का बना भोजन नहीं खाने देता। आज तक सहते रहे, अब और नहीं।" कमल के अपने जीवन में ब्राह्मणवादी व्यवस्था की जो कष्टकारी भूमिका रही थी, उसकी प्रतिक्रिया यहाँ सपाट रूप में देखी जा सकती है। धर्म के नाम पर मनुष्य की वैयक्तिक और सामाजिक स्वतन्त्रता के अपहरण की घटना केवल कमल के साथ ही नहीं घटी थी, ऐसी घटनाएँ आम थीं–न केवल मणिपुर में, वरन सारे भारत में। इस ब्राह्मणवाद को लोगों ने मनुष्य का अपमान करनेवाली संगठित-शक्ति के रूप में जाना-भोगा था। कमल ने इसी के विरुद्ध शोषितों की प्रतिक्रिया दिखाई है। भले ही यह प्रतिक्रिया अथवा विद्रोह तात्कालिक-आक्रोश पर आधारित है और इसके पीछे कोई दीर्घकालीन रणनीति दिखाई नहीं देती, तब भी इसका अपना महत्त्व है।

'देवयानी' नाटक में ब्राह्मणवादी व्यवस्था के एक गहरे छल का नकाब भी हटाया गया है। यह छल शास्त्र, विधि-निषेध, समाज-धार्मिक नीतियों और शास्त्रविहित परम्पराओं की व्याख्या अपने लाभ और निहित स्वार्थों के अनुसार करने का छल है। देवयानी, महाराज ययाति पर आसक्त होकर उनके समक्ष विवाह का प्रस्ताव रखती है, किन्तु वे धर्मशास्त्र द्वारा नियन्त्रित विवाह-व्यवस्था का हवाला देकर उसे स्वीकारने में हिचक दिखाते हैं। उनका कहना है कि वे क्षत्रिय होने के कारण ब्राह्मण कन्या से विवाह नहीं कर सकते। ययाति जानते हैं कि देवयानी, शुक्र की कन्या है और वे धर्माधिकारी हैं। इस दशा में तो और भी शास्त्र-विरुद्ध आचरण नहीं किया जा सकता, फिर राजा होने के कारण भी वे प्रचलित रीति को खंडित नहीं कर सकते। उनकी दृष्टि में "समाज की रीति, धर्म और परम्परा का रक्षक, राजा भला स्वयं ही इतने मजबूत सामाजिक-

बन्धन को कैसे तोड़ सकता है, देवी, शास्त्र ब्राह्मण और क्षत्रिय का विवाह स्वीकार नहीं करता।'' इस परिस्थिति का निर्माण करके कमल ने तत्कालीन जीवन में ब्राह्मणवाद की स्वार्थान्ध शृंखलाओं की कठोरता का दिग्दर्शन कराया है। इसके बाद उनका लेखकीय-चमत्कार प्रारम्भ होता है। ब्राह्मण होने के दम्भ-सरोवर में डूबी देवयानी जब कामार्त्त होकर हर दशा में ययाति को पाना चाहती है तो वह अपने पक्ष के सारे तर्क उसी व्यवस्था के भीतर खोजती है, यहाँ तक कि उसे ब्राह्मणवादी व्यवस्था को ही सवालों के कटघरे में खड़ा करने में कोई संकोच नहीं होता। उसका मानना है कि रीति-रिवाज मनुष्यकृत शास्त्र की सन्तानें हैं और प्रेम दृढ़ स्वभाववाली प्रकृति का पुत्र; अतः ''समाज के विधान के अन्तर्गत छुआछूत और विवाह व्यवस्था सम्बन्धी रीति-रिवाज की यह धारा प्रकृति के स्रोत से उत्पन्न न होने के कारण समय के शक्तिशाली तूफान के समाने अपने आप ही बदल जाएगी।'' नाटक पढ़ते समय पाठक के मन में एक बार यह सवाल भी उभरता है कि देवयानी निरंकुश प्रेम और यौवन के उद्दाम बहाव के सामने बेबस होकर अपना विवेक तो नहीं खो बैठी? शायद ऐसा ही हो और प्राकृतिक-प्रेम को कृत्रिम-विधान के समक्ष हार माननी पड़े। लेकिन सचमुच ऐसा नहीं है। देवयानी अपने मनोरथ की पूर्ति के लिए शुक्र गुरु पर दबाव डालती है और धर्म-व्यवस्था, समाज-व्यवस्था, नैतिक-चारित्रिक-व्यवस्था के वास्तविक रक्षक-नियन्त्रणकर्ता शुक्र तथाकथित दैव-शक्ति सम्पन्न शास्त्र पर दबाव डालकर उसका कचूमर निकाल देते हैं। वे व्यवस्था देते हैं–''विवाह होगा या नहीं या छुआछूत या गोत्र-वर्ण अर्थात् ये जो भी नियम हैं, सभी हम ब्राह्मणों के बनाए हैं; इसलिए अगर मैं कहता हूँ कि हो सकता है तो हो जाएगा।'' नाटककार ब्राह्मणवादी व्यवस्था के मुखौटे को नष्ट-भ्रष्ट करके उसका वास्तविक, कुरूपता भरा चेहरा सामने कर देता है। इसके बाद बारी आती है व्यंग्य की पैनी धार के सक्रिय होने की। ययाति का स्वगत कथन है–''हाँ, यदि ब्राह्मण चाहे तो सब कुछ हो सकता है। ये लोग समाज के रीति-रिवाजों की धारा को कितनी आसानी से मोड़ सकते हैं। सारी लोक-रीति इन्हीं लोगों की मर्जी पर चलती है न! जब शुक्र स्वयं अपनी कन्या मुझे सौंप रहे हैं, तो किसी क्षत्रिय का विवाह ब्राह्मणकन्या से हो सकता है या नहीं, इस बात का कोई अर्थ नहीं रह जाता। सच है, जात-पाँत, ऊँच-नीच, वर्ण-भेद सब उन्हीं की स्वार्थ-सिद्धि के लिए बने हैं।'' इसके बाद नाटककार ने बड़े सूक्ष्म ढंग से ब्राह्मणवाद का उपहास उड़ाया है। ययाति प्रकट में कहते हैं–''गुरुदेव! वही जानने के लिए निवेदन किया था। देवयानी को स्वीकार करके मैं आज प्रजा-जनों को बता दूँगा कि ब्राह्मण कन्या का विवाह क्षत्रिय से हो सकता है, गुरुदेव की कृपा मेरे पुण्य का ही फल है। आपका यह सेवक भी प्रथम-दृष्टि में ही देवयानी पर मुग्ध हो गया था।'' कमल का पात्र ब्राह्मणवाद के गाल पर मखमली तमाचा जड़कर जैसे अपने स्रष्टा पर लगे आरोप को निस्सार कर देता है और रूढ़ियों के विरुद्ध अविराम संघर्ष का मार्ग भी तैयार कर देता है। अपने इस तेवर में 'देवयानी' नाटक आज भी प्रासंगिक है।

'देवयानी,' नवजागरणकालीन मणिपुरी लेखकों के सामाजिक-रूढ़ि विरोधी संघर्ष के

साथ ही मणिपुरी भाषा के अपने रंगमंच-आन्दोलन के विकास की इच्छा से भी जुड़ा हुआ है। साहित्येतिहास की दृष्टि से बीसवीं सदी के दूसरे दशक तक भी मणिपुरी रंगमंच बंङ्ला-रंगमंच की छाया भर था। स्मरणीय है कि लोक रंगमंच की हजारों वर्ष पुरानी परम्परा मणिपुर में विद्यमान है, किन्तु आधुनिक अर्थ में रंग परम्परा की दृष्टि से यहाँ पहले पहल बंङ्ला रंगमंच का ही आगमन हुआ। सन् 1903 में इम्फाल के बंगाली पाड़ा (बाबू पाड़ा) में वामाचरण मुखोपाध्याय के अहाते में 'बाँधव नाट्यशाला' की स्थापना से मणिपुर में आधुनिक रंगमंच की शुरुआत हुई। इसके मूल में कलकत्ता के बंगाली-थिएटर से प्रभावित कुछ बंगाली बाबू थे, जो अंग्रेजी साम्राज्य के सहायक के रूप में मणिपुर आए थे। उन्होंने कुछ मणिपुरी लोगों के साथ मिलकर, 'मेवाड़ पतन' नाटक का मंचन किया। प्रारम्भ में सभी नाटक बंगला में ही प्रस्तुत किए जाते थे। धीरे-धीरे मणिपुरी भाषा में मंचन की इच्छा ने जन्म लिया और सन् 1915 में खाइदेम ओजा नोङ्याई द्वारा अनूदित नाटक 'पार्थ पराजय' की प्रस्तुति मणिपुरी भाषा में की गई। बाद में द्विजेन्द्रलाल राय के बंगला-नाटकों का मणिपुरी अनुवाद भी मंचित हुआ। आधुनिक रंगमंच के प्रभाव से परिचित होकर नवजागरणकालीन लेखकों ने मणिपुरी में मौलिक नाटक लेखन और अपनी स्वतन्त्र पहचानवाले मणिपुरी रंगमंच के विकास की दिशा में सोचना शुरू किया। नाटकों के लेखन के पीछे यह धारणा थी कि मौलिक नाटक लिखकर ही मणिपुरी समाज की यथार्थ स्थिति का सही चित्रण किया जा सकता है और उन्हीं के माध्यम से अपने इतिहास व संस्कृति को अन्य भाषा-भाषियों की भाँति प्रस्तुत किया जा सकता है। इस प्रेरणा के फलस्वरूप 30 अप्रैल, 1925 को राजमहल में लाइरेनमयुम इबुङोहल द्वारा रचित नाटक 'नरसिंह' का मंचन हुआ। इसे प्रथम मौलिक मणिपुरी नाटक माना जाता है। इसके पश्चात अनेक रचनाकारों ने नाटक लिखने के प्रयास किए और अनेक रंग-संस्थाएँ स्थापित हुईं। उस काल के मौलिक मणिपुरी नाटकों में 'अरेप्पा मरुप,' 'सती खोङ्नाङ्' (सोरोखाइबम ललित सिंह), 'इबेम्मा', 'पोक्तबी' (हिजम अङाङ्हल), 'मोइराङ् थोइबी' (अराम्बम दरेन्द्रजीत) आदि का नाम महत्त्वपूर्ण है। कवि चाओबा ने उसी काल में अपने ऐतिहासिक उपन्यास 'लवंगलता' के नाट्य रूपान्तर का प्रयास भी किया था। इस प्रकार जन्म के कुछ ही समय बाद मणिपुरी नाटक-लेखन और रंगमंच ने तीव्र गति से आगे बढ़ना शुरू कर दिया। नाटककारों ने उस युग की आवश्यकता के अनुसार इतिहास के प्रेरणादायी व गौरवशाली पक्ष के साथ ही सामाजिक आदर्शों एवं तत्कालीन समाज को हानि पहुँचानेवाली विभिन्न समस्याओं को नाट्य-कथानकों का आधार बनाया। ये सब नवजागरण की चेतना के मूल्य थे। कमल के नाटक 'देवयानी' का प्रकाशन बहुत बाद में हुआ, अतः उसके ऐतिहासिक महत्त्व पर अधिक ध्यान नहीं दिया जाता, किन्तु साक्ष्यों से यह स्पष्ट हो गया है कि इसकी रचना 1924 के लगभग हुई थी। कहा यह भी जाता है कि कमल ने इसकी रचना प्रकाशन की इच्छा से न करके केवल मंचन की इच्छा से की थी। दुर्भाग्यवश इसका मंचन भी नहीं हो सका। लेखक की मृत्यु के बाद जो पांडुलिपि मिली वह भी अस्त-व्यस्त

थी, जिसे कमल के पुत्र ब्रजेन्द्र ने व्यवस्थित करके प्रकाशित कराया। इतना सब होते हुए भी इस तथ्य से इनकार नहीं किया जा सकता कि 'देवयानी' मौलिक मणिपुरी नाटकों के प्रारम्भिक काल की अच्छी-खासी पहचान प्रस्तुत करता है। इसकी नाट्यतानता कहीं-कहीं श्लथ है, संवाद बहुत लम्बे-लम्बे हैं, कई पात्र अपने रचनाकार के हाथों की कठपुतलियाँ हैं, किन्तु कमल ने पूरे कथ्य को कौशल के साथ निर्मित किया है; घूर्णिका का प्रसंग संयोजित करके मुख्य कथानक के साथ प्रासंगिक कथानक की प्रणाली का अनुगमन किया है, अंकों का दृश्य-विभाजन स्वाभाविक ढंग से निर्मित किया है, पृष्ठभूमि निर्माण व मनोदशा के अंकन हेतु चार गीतों की योजना भी की है और मंचन की सम्भावनाओं का ध्यान भी रखा है—ये समस्त न्यूनताएँ एवं वैशिष्ट्य तत्कालीन नाट्य लेखन तथा रंग-आन्दोलन का इतिहास प्रस्तुत करते हैं। कमल ने एक प्रचलित, ख्यात पौराणिक कथानक को जिस ढंग से सामाजिक-धार्मिक यथार्थ एवं परिवर्तन की बेचैनी का अभिव्यक्ति-माध्यम बनाया है, वह भी उन्हें सम्भावनाशील नाट्यकार के रूप में स्थापित करता है। यदि कमल इसके बाद भी नाटक लिख सके होते, तो निश्चय ही मणिपुरी रंगमंच को समृद्ध करते।

लमाबम कमल आधुनिक काल के मणिपुरी साहित्य की नींव रखनेवाले रचनाकारों में से एक थे। जिसे हम आज मणिपुरी भाषा की मौलिक और समृद्ध रचनाधर्मिता कहते हैं, उसके विकास का मूल स्रोत कमल की कविताएँ हैं। उपन्यास, कहानी और नाटक के क्षेत्र में भी उनकी देन ऐतिहासिक महत्त्व रखती है। अङाङ्हल और चाओबा के साथ मिलकर कमल ने मणिपुरी भाषा की अब तक की श्रेष्ठतम रचनाकार-त्रयी का निर्माण किया। कमल ने मणिपुरी भाषा और साहित्य की निर्धनता दूर करके उसे विश्व की समृद्ध भाषाओं और उनके साहित्य के मध्य गौरवपूर्ण स्थान दिलाने का स्वप्न देखा था। साथ ही वे मणिपुरी साहित्य को उत्कृष्ट मानव-मूल्यों और इतिहास व समाजगत सजगता से जोड़कर विकसित करना चाहते थे। उनका सम्पूर्ण साहित्य इसी अद्भुत स्वप्न को साकार करने की महती साधना का प्रतिफल है।

'कमल : सम्पूर्ण रचनाएँ' के प्रकाशन की आकांक्षा तो मेरे मन में सात-आठ वर्ष पूर्व जन्म ले चुकी थी, किन्तु उसकी पूर्ति का कोई उपाय नहीं मिल रहा था। न अनुवाद ही हाथ में था और न प्रकाशन का कोई स्पष्ट साधन; फलस्वरूप वह आकांक्षा बीच-बीच में जागकर सो जाती थी। जब कमल की जन्मशती (1999) मनाने का अवसर आया तो उस आकांक्षा ने पुनः जागकर व्याकुल करना शुरू किया। मन में आया कि यदि किसी लेखक के जन्मशती वर्ष में भी उसके लेखन का परिचय व्यापक स्तर पर न कराया जा सका तो ऐसी जन्मशतियों के आयोजन का क्या लाभ ? फिर, जिस रचनाकार ने किसी भाषा के साहित्य को उँगली पकड़कर चलना सिखाया हो और मातृभाषा के सम्बन्ध में अपने समाज को सोचना सिखाया हो, उसका रचना-कर्म तो

हर हालत में राष्ट्र के सामने आना चाहिए। मेरे लिए कमल केवल मणिपुरी भाषा के रचनाकार कभी नहीं रहे, बल्कि मैं उन्हें प्रतिनिधि भारतीय लेखक मानता हूँ–एक ऐसा कवि और गद्य निर्माता जिसने इतिहास में लौटकर अपने लिए उपयोगी सामग्री खोजना, सामाजिक परिवर्तन के प्रति जागरूक रहना और प्रेम के वृत्त में मानवमात्र को समेट लेना सिखाया। ये, वे भारतीय जीवन-मूल्य हैं, जिनकी व्याख्या और महत्ता से हमारा सम्पूर्ण वाङ्मय समृद्ध हुआ है। इसी कारण मैं कमल के जन्मशती वर्ष में उनका सम्पूर्ण साहित्य राष्ट्र-भाषा हिन्दी में प्रकाशित करना चाहता था। मुझे विश्वास था कि हिन्दी में आते ही कमल और उनकी कृतियाँ सारी भारतीय भाषाओं के अपने हो जाएँगे तथा इससे समग्र राष्ट्रीय साहित्य गौरवान्वित होगा। मैंने अपनी आकांक्षा को दृढ़ निश्चय में बदलते देखा। सबसे पहले अनुवाद प्रारम्भ किया गया–सोचा, सामग्री हाथ में होगी, तो प्रकाशन की कोई-न-कोई व्यवस्था हो ही जाएगी। ऐसा हुआ भी। बातचीत के प्रसंग में ही मैंने कमल की सम्पूर्ण रचनाएँ एक जिल्द में छापने का प्रस्ताव राधाकृष्ण प्रकाशन के संचालक अशोक महेश्वरी से किया। उन्होंने कमल की कृतियों के विषय में कुछ देर चर्चा की और वे मेरे प्रस्ताव पर तुरन्त सहमत हो गए। मैं मन-ही-मन अशोक को अनेकशः धन्यवाद देता हुआ इम्फाल लौटा। आते ही अनुवाद-कार्य शीघ्र पूर्ण करने की कोशिशें हुईं, किन्तु बीच-बीच में अनेक बाधाएँ आने के कारण मैं समय पर सामग्री तैयार नहीं कर सका। मुझे आजीवन यह दुख सालता रहेगा कि कमल की रचनाओं का हिन्दी-अनुवाद उनके जन्मशती वर्ष में प्रकाशित नहीं हो सका। सन्तोष केवल इतना ही है कि विलम्ब से ही सही, यह कार्य सम्पन्न हुआ...

कमल की कविताओं और उनके नाटक का अनुवाद सिद्धनाथ प्रसाद ने किया है तथा उपन्यास और कहानी का इबोहल सिंह काङ्जम ने। लेकिन ठहरें, यह विभाजन थोड़े स्पष्टीकरण की अपेक्षा रखता है। हम लोगों के लिए अनुवाद कोई व्यावसायिक दबावों के अन्तर्गत किया जानेवाला कार्य न होकर भावना, सेवा और साधना का कार्य है। साथ ही हम लोग इसे सामूहिक-प्रयास भी मानते हैं। इसीलिए हमारी कोशिश रही है कि अनुवाद का पहला ड्राफ्ट तैयार होने के बाद उस पर दोनों अनुवादक और सम्पादक बैठकर विचार करें, ताकि इस बात की परीक्षा हो सके कि स्रोत-भाषा के शब्द, वाक्य, मुहावरे आदि को लक्ष्य-भाषा में जो रूप दिया गया है या जिस समानार्थी शब्दावली का चयन किया गया है वह मूल के कितना निकट और प्रासंगिक है। दूसरे, हमारा लक्ष्य यह देखना भी रहा है कि स्रोत-भाषा में प्रयुक्त कोई शब्द या वाक्यांश अपने भीतर जितना व्यापक सन्दर्भ, परिवेश और भाव समेटे हुए है, वह भी अधिकतम रूप में लक्ष्य-भाषा में पहुँचे। तीसरे, हमारे सामने मणिपुरी और हिन्दी की भाषिक-प्रकृति सम्बन्धी भिन्नता से उत्पन्न समस्याएँ भी विचार का विषय थीं। हम लोगों ने बार-बार अनुभव किया कि मूल के अर्थ को ज्यों-का-त्यों हिन्दी में पहुँचाने के उद्देश्य से जिस शब्दावली का चयन किया जा सकता है, वह हिन्दी के भाषायी-मुहावरे से मेल नहीं खाती–और भाषायी-मुहावरे से मेल खानेवाली शब्दावली का अर्थ मणिपुरी मूल से बहुत

अधिक दूर जा पड़ता है। ये सभी ऐसे बिन्दु थे, जिनके लिए सामूहिक विचार-विमर्श जरूरी था। भाषा का चयन ठीक हुआ है या नहीं ? मूल अर्थ अधिक-से-अधिक अनुवाद में स्थानान्तरित हुआ है या नहीं ? भाषायी-मुहावरा सध पाया है या नहीं ? विशिष्ट शब्दावली के लिए मूल भाषा को प्राथमिकता देकर पाद-टिप्पणी का सहारा लिया जाए अथवा लक्ष्य-भाषा के किसी अल्प-प्रचलित शब्द का प्रयोग किया जाए अथवा व्याख्यात्मक पद्धति का सहारा लिया जाए ? जैसी समस्याओं के समाधान के लिए हम तीनों ने घंटों और दिनों लम्बी असंख्य बैठकें की हैं और अनुवाद के चार-चार ड्राफ्ट तैयार किए हैं। यह एक प्रकार की साधना ही थी। फिर भी एक तथ्य स्पष्ट रूप से प्रकट करना आवश्यक है कि इन अनुवादों में महत्तम भूमिका अग्रज लेखक इबोहल सिंह काङ्जम की रही है, इस नाते हम तीनों में इस सम्पूर्ण कार्य का सर्वाधिक श्रेय उन्हें ही मिलना चाहिए। इबोहल सिंह काङ्जम जैसा समर्थ और समर्पित अनुवादक पाकर कोई भी भाषा गर्व कर सकती है।

अनुवाद कितना सार्थक हुआ है ? इसका उत्तर केवल पाठकों से ही मिल सकता है। मुझे सम्पादक के नाते उनकी प्रतिक्रिया की प्रतीक्षा रहेगी।

'देवयानी' नाटक के अनुवाद की पांडुलिपि तैयार करते समय मेरी शोध-छात्रा ई. विजयलक्ष्मी ने अविस्मरणीय परिश्रम किया तथा शब्द-चयन के सम्बन्ध में अनेक बार बड़े सटीक सुझाव दिए। मैं उन्हें हृदय से साधुवाद देता हूँ।

कमल के जीवन और साहित्य सम्बन्धी अनेक रहस्य खोलने में मणिपुरी साहित्य परिषद, इम्फाल के वर्तमान अध्यक्ष एल. दामोदर सिंह की अंग्रेजी पुस्तक, 'एल. कमल सिंह' तथा अग्रज इबोहल सिंह काङ्जम के साथ हुए विचार-विमर्श से उल्लेखनीय सहायता मिली—इन दोनों का ऋण मुझ पर हमेशा रहेगा। प्रकाशन-भार वहन करने के लिए भाई अशोक महेश्वरी का ऋण तो मुझ पर है ही।

भाषा और साहित्य सेवा के इस यज्ञ में एक समिधा और...और इस समिधा को तैयार करने की शक्ति जिनकी शुभकामनाओं से मिली वे हैं—अनुज ऋषभदेव शर्मा, अग्रज जगदीश सुधाकर, जसवीर राणा, कृष्णावतार करुण, राजकुमार, महेश सांख्यधर एवं आत्मीय बन्धु ऋषिकुमार दर्पण, जितेन्द्र जीतू तथा स्वराज। इस कार्य की सिद्धि पर ये सब निश्चय ही मुझसे भी अधिक प्रसन्न होंगे।

गुरुदेव डा. प्रेमचन्द्र जैन के आशिष की कामना के साथ यह ग्रन्थ सुधी हिन्दी पाठकों को समर्पित है।

1 जनवरी, 2001

देवराज
हिन्दी विभाग
मणिपुर विश्वविद्यालय
काँचीपुर–795003

पुष्प-माला

(लै परेङ्)

अनुवाद : सिद्धनाथ प्रसाद

मैतै चनु

बहुत दिनों के बाद,
पधारी है माँ मैतै चनु
मैतै साहित्य मन्दिर में
भर लें चँगेरी पुष्पों से
अर्पण करें मातृ-चरणों में।

खोजने हेतु पुष्प,
नहीं जाना दूर वन में
नहीं चढ़ना ऊँचे वृक्षों पर
निकट ही, जहाँ पहुँच सकें हाथ
खोजें मन की वाटिका में।

चुन मनोद्यान में विकसे पुष्प,
पिरो धागे में एकता के
भर चँगेरी में सहिष्णुता की
अर्पण करे मातृ-चरणों में।

रचें पुष्पों से मातृ-मन्दिर,
नहीं चाहिए मन्दिर लोहे का
नष्ट होनेवाला जंग से
नहीं चाहिए मन्दिर पत्थरों का
बिलानेवाला काल की धारा में।

नहीं चाहिए मन्दिर ईंटों का,
बन जाए एक बार ऊँचा
हो जाए जीर्ण समय के गर्त में,

निर्माण करें पुष्प-मन्दिर
रहे तैरता काल-तरंगों पर।

सूखकर पुनः अंकुरायमान,
पुष्प पौधों से
बनाएँ मन्दिर के स्तम्भ,
बढ़ें शाखा-प्रशाखाएँ
दीर्घ काल तक।

सब ऋतुओं में विकसित,
पुष्पों की खोजें पौध
रोपें मन्दिर के चतुर्दिक,
शीतलता दें जड़ों को नेत्र-जल के सोते से।

सूख जाए नाशवान देह,
रहे सुरक्षित मन-पुष्प
खिले झिलमिला कर
मातृ-मन्दिर के चहुँ ओर।

पुष्प गन्ध मातृ-मन्दिर की,
पवन मन्थर मन्द
ले उड़े समूची मैतै भूमि में,
स्फूर्ति भरे अशक्त मैतै में।

साफ कर मन का वन सघन,
रोपें सुन्दर पुष्प पौध
अर्पण हेतु मातृ-मन्दिर में,
होने दें निर्मित मनोहर निकुँज।

रहनेवाले दूर या निकट,
बड़े या छोटे
विचारें मैतै चनु की हैं सन्तानें
खंडित हो न पुष्प माला।

भूमि की सन्तानो, मातृ-सेवको !
संजीवनी स्वार्थ-त्याग की
रोप दो मन्दिर के चतुर्दिक
करो कामना मैतै चनु की दीर्घायु की।

मातृ-मन्दिर के पुष्प-पौधों से,
मुर्झाकर झर जाने वाले पुष्प
बहाए जाकर काल-प्रवाह द्वारा
तैरने दें समुद्र में चहुँ ओर

मातृ-भूमि के पुष्प-पौधों की,
बढ़ें शाखा-प्रशाखाएँ
गगन में रोकें मेघों का मार्ग
विश्राम करें परदेसी विहग भी।

मैतै भूमि में उगे पुष्प,
रोपें समुद्र के भी पार
खिलें भारत के विश्वविद्यालयों में,
क्यों न सम्भव यदि खंडित न हो पुष्प माला।

खोङ्ममेलै[1]

बढ़ता न जल में उगता न थल में
लेता आसरा पेड़-पौधों का
गुँथता न माला में, हठी, सजता न गुलदस्ते में
घबराता पवन से, शर्माता भ्रमर से
नत सूर्योदय पर, मुर्झाता धूप में
न लता, न कहा जा सकता पौधा ही
गेंदा सा रंग, रूप येरुमेलै[2] सा
काठी कम्बोङ्[3] सी, पत्ते कबाक[4] से
खिलता न जल पर, डूबने का भय ?
खिलता न थल पर, कुचलने का डर ?
गोपित सुगन्ध, भय है भ्रमर का ?
छिपा है वृक्ष पर, तोड़े जाने से आशंकित ?
पंक्ति में विकसित, एकाकीपन से भीत ?
वामनी आकार धरा, आँधी के डर से ?
रहित सुस्वादु फलों से, भयभीत भार से ?
उत्फुल्ल नहीं अधिक, डर है उपहास का ?
रहे काँटों में या घिरा झाड़ियों से
बना दृष्टि-केन्द्र, खिला जहाँ भी !
छिपना क्या लाभकर, रूप ही जब बैरी है
देवालय के निकट उगो, कवि के हृदय में खिलो
कभी भी व्यापे न थोड़ा भी डर
अनुभव करोगे हृदय में जीवन-भर शान्ति

---

1. एक आर्किड विशेष, जो गेन्दई रंग का होता है; 2. लाल और श्वेत रंग के मिश्रणवाला आर्किड। 3. पानी में उगनेवाली घास, जिसके पत्ते तलवार की भाँति होते हैं। जब तना थोड़ा मोटा हो जाता है तो इसके भीतर काला सा पदार्थ भर जाता है, जिसे कच्चा या तलकर या भूनकर खाया जाता है। 4. चौड़ी तलवार विशेष।

अजाना पुष्प-पौधा

शोभित उद्यान मध्य भारत के
ख्यात बकुल का
सुन्दर पौधा एक
रोपा था छाया की आकांक्षा से
ऋतु आई, पर न हुआ अंकुरित,
आया वसन्त, न पल्लवित फिर भी,
लगे मानने परजीवी
पुष्प-रूप-अनभिज्ञ परदेसी।
पछवा की मृदु गति से,
शीतल-सुगन्धित मलय-पवन से
अनजान पुष्प-पौधा
हुआ मुकुलित सुकोमल कलियों में !
हुआ होता प्रफुल्ल वसन्त-प्रभात में,
ऊष्णता के भय से तीक्ष्ण धूप की
न फूला समय पर !
देखता होगा राह समय की,
पुष्प विद्याविद परदेसी हे
विचारते अभी भी परजीवी इसे !

लैपाकलै[1]

लघुपद विकसित घास में, निर्जन में खिलता सामर्थ्यवान
झेलता धूप कालेन[2] की, सहता इङा[3] की वर्षा
सामना करता इङेन[4] के ओलों का, शजिबु[5] की तीव्र वायु का
पहचान सकता कोई स्वभाव, देख बाह्याकृति भर ?
कोमल पत्ते रक्षा करते बारिश से इङा की !
कोमल पँखुड़ियाँ बेध डालतीं कठोर भूमि !
लघु तना सहन करता शजिबु की हवा !
न चाहता वृक्षों का सहारा, न भय कुचले जाने का
जीता आत्मिक साहस के बल लैपाकलै;
हे युवक-जन ! निर्बल समझ न करना अवहेलना।

---

1. श्वेत-बैंगनी रंग का एक पुष्प, जो किसी डाली पर नहीं खिलता। इसका कोमल तना कठोर भूमि का वक्ष बेध पँखुड़ियों के साथ स्वतन्त्र रूप से उगता है। पुष्प की आयु पूर्ण होने पर गहरे हरे रंग के बड़े-बड़े पत्ते निकलते हैं; 2. मणिपुरी वर्ष का दूसरा माह; 3. मणिपुरी वर्ष का तीसरा माह; 4. मणिपुरी वर्ष का चौथा माह; 5. मणिपुरी वर्ष का पहला माह।

भँवरा और फूल

(कली को देखकर)

भँवरा : हे मुकुलित कलियो !
प्रफुल्लित किसको विलोक ?
आनन्द स्मृति आप्लावित
कौन कल्पना में इतना उल्लास
दंश से निष्ठुर कीड़े के
न ध्यान, म्लान होने का व्यर्थ !
पवन के मत्त आघात से
न जानती टहनी से जाओगी झर !
यह चांचल्य देख
न विचारती करेंगे उपहास लोग !

कली : हे भँवरे ! जीना विश्व में
आनन्द भरा कितना;
हूँ अनजान
दंश से निर्दयी कीड़े के
खो देने पर प्राण
न होगा पश्चाताप।
अभाव में सुगन्ध के
न भयाक्रान्ति मलय-पवन की
न गोपित मधु गर्भ में
न भय कि चूस लेगा भँवरा,
न दृष्टि का भेद सुरूप-कुरूप में
समभाव प्रशंसा-परिवाद में।

(अर्द्ध विकसित पुष्प को देख)

भँवरा : हे अर्द्ध विकसे कुसुम !
लजालू कितने !
प्रफुल्लित बनो त्वरित
ग्रहण करो शोभा पल्लवों-मध्य
घने पत्तों की ओट
छिपे क्यों ?
कल की कलिका–बन पुष्प
पुकारती माँ ! भर उत्साह में
उद्योग विलोक उसका
न जानता अन्तर में नेह ?
ले जन्म धरा पर
क्या किया समाज का हित !
सूख जाने पर
फेंक दिए जाओगे निर्जन में
रूप-माधुरी, सुगन्ध
जाएगी व्यर्थ।

अर्द्ध विकसित पुष्प : हे भ्रमर ! अर्द्ध मुकुलित अवस्था
संकटापन्न काल
विचारूँ पूर्ण विकसन का
न परिपूर्ण सुगन्ध
यदि रहूँ, अविकसित
गिना जाऊँगा कलिकाओं में
उड़ आते भ्रमर देख
मनोवांछा-पूर्णता-पूर्व ही
अपरिपक्व यह मकरन्द
सोचता लेंगे चूस !
नन्हीं नवांकुरित पँखुड़ियाँ
भय है न सूखें निरुद्देश्य
भय खिलने में, आशंका कली होने में

दशा, ज्यों दो पाटों मध्य
शुष्क पड़े मनोभाव अन्तर में
विलीन जीवनेच्छा जीवन में

भँवरा : चन्दन के वृक्ष अनेक
पर्वतों निर्जन झाड़ियों में
नष्ट होते, बन जाते ठूँठ,
हृदय के उद्यान में
रोपा चन्दन वृक्ष यत्न से जो
सूख जाएगा व्यर्थ।
देह और मन सहित
न होगा किसी को ज्ञात
त्याग समस्त विचार
त्याग सब ऊहापोह
खिलो प्रफुल्लित
उन्नति-प्रभात-वेला में

चन्द्र नदी

दिख रहा दूर यह पर्वत कितना सुन्दर !
        अभिनव मोहक आकर्षक,
        शान्ति भरी उठ रहीं हिलोरें।

बढ़ा-चढ़ा है नील-गगन से !
जा मिला क्या नील-गगन से यह ?
        देखने से एक बार,
        हटती नहीं दृष्टि,

लेकिन क्या सचमुच है यह उसका रंग ?
नहीं, निकट जाने पर होगा दृष्टिगोचर।
        भरा हिंस्र पशुओं से, घना
        जंगल है कँटीली झाड़ियों भरा,

तनिक सी दूब भरी भूमि समतल
कारुणिक है चन्द्र नदी के समीप का दृश्य !
        परिणत हुआ नदी तट भी जंगल में
        छा गई है घास भीतर तक,

लेकिन प्रवहमान है धारा इतिहास की नीचे भूमि के।
एक समय था, तीव्र धारा उसकी,
उखाड़ फेंकती थी तट के पेड़-पौधे
        अब फाल्गु गंगा-सी
        छोड़कर जल की धारा

गुप्त प्रदेश में हृदय के भीतर-ही-भीतर
है प्रवहमान दुख की धारा चुपचाप।
नहीं मिलती देखने को यह धारा किसी को।

ले काँचीपुर का कारुणिक-सन्देश,
        अहर्निश, निरन्तर
        बह रही अन्धकार-समुद्र की दिशा में।
गन्तव्य था लोकताक पूर्ववर्ती जलधारा का,
अब उसका है गन्तव्य असीम अन्धकार-सागर।
तेजस्वी वह कौन, खड़ा हो पराए के तट
सन्नद्ध स्नान हेतु, देखता तृषित दृष्टि से।
है नदी मातृभूमि में भी, विचारते जिसे सूखी धारावाली,
खोदें एक बार, देखें निसृत जल।
मिलेगा निर्मल जल, यदि करें उसमें स्नान,
पाएँगे शान्ति देह-प्राण, कितना उल्लसित होगा मन !
रोपें तट पर पुष्पादि, घाट पर बनाएँ पक्की सीढ़ियाँ,
स्नान कर सकेंगे दुर्बल-स्वस्थ सब !
भाग मातृभूमि से प्राण ले हथेली पर,
जाते धनोपार्जन को, संकटापन्न स्थानों पर,
अमूल्य यश भूमि में इसी अपनी
है गड़ा, खोजें खोदकर हे तेजस्वी !

तलहटी का चम्पा

नैऋत् कोण पर काँची के
ऊँचे मेघों को छूते
पहाड़ी ढलान के चरणों में
आमने-सामने दो वृक्ष।
अमरावती के पारिजात सा
ख्यात यह चम्पा
काँचीपुर के उद्यान में,
पुकारा जाता 'पुष्प श्रेष्ठ चम्पा'
पुष्प श्रेष्ठ चम्पा यह
कद-काठी मझोली
मिले तो न मिटे सुगन्ध
न भरे मन निहारते एकटक-निरन्तर
पुष्प-पाँखरी शंक्वाकार
एकपत्री डंठल
सुगन्ध अमिट
सिरजी विधना ने कैसे !
खड़ा तलहटी में
अनश्वर नहीं सुख
पथिकों को समझाता
है अमूल्य उपदेश।
था वह भी समय, शस्त्रधारी,
होते रक्षारत पुष्प-पौधे तले
पुष्प-कली-नव-पल्लव
न होने देते व्यर्थ नष्ट।
अब तो यह पुष्प

मोड़ पर काल-प्रवाह के,
बदला सुखी जीवन-क्रम
देखो तनिक ध्यान से !
एक फूले कुसुम के लिए
नष्ट होतीं कलिकाएँ दस
मनोहर पल्लव हेतु एक
तोड़ी जातीं दस शाखाएँ।
कलिका-पल्लव शाखाएँ
बिखरीं नीचे यत्र-तत्र
पुष्प चुननेवालों ने
कुचले बिखरे पुष्प !
पुष्प विकसन वेला में
वर्द्धमान औरों का सौन्दर्य
सोच-सोच भर आती आँखें
करुण-काल उसका।
कलिकाएँ कुछ
टुकुर-टुकुर ताक रहीं
ओट से घने पत्तों की
तोड़े जाने के भय से।
तोड़ दिए जाने से शाखाएँ
पुष्प-पौधा पत्तों से भरा
दिखता नग्न पूर्ण
लगता सिर-मुंडित कोई।
मसले जाने की आशंका में
छिपे पर्वत की ओट में !
—कब तक छिप पाओगे ?
भीड़ निकट ही पुष्प-पौधों के
चाहते यदि मानव का हित
सहने होंगे मानव के अत्याचार !
परोपकार करते हो क्यों
सहोगे कब तक मनुष्य के अत्याचार !
सूख जाओ पुष्प श्रेष्ठ चम्पा

बन अमर यशवान,
छोड़ दो असार संसार
उगो शान्ति वाटिका में।

विश्व प्रेम

हे युवको ! विज्ञान वेत्ताओ,
करते क्यों नहीं विश्वास मन्त्रों पर ?
लग जाने पर प्रेम-मन्त्र
बन जाओगे अन्धे, खुली आँखों भी;
हो जाओगे बधिर, पड़ते हुए भी सुनाई,
तीक्ष्ण बुद्धि भी हो जाएगी कुन्द।
चुरा लेने पर भी पुष्प-गन्ध मन्द पवन
कही जाती 'सुगन्धित' 'सुगन्धित'
चुरा लेगा मन प्रिय-जन, पर
विचारा जाएगा 'प्रेम है' 'प्रेम है'।
काँटों भरी होने पर भी केतकी
होती बड़ी सुगन्धित
बार-बार की हठ से प्रिय की
भावित होगा और भी कि 'प्रेम है'।
झिड़कियाँ प्रेमी-जन की,
कड़वी औषध की भाँति
भर देंगी स्फूर्ति देह में,
हुलसित हो जाएगा मन
आएगा प्यार हठ पर भी।
मुँह बनाने पर भी
लगेगा कि हँसता है।
स्वर्ण-हार प्रेम का,
उतार गले से प्रेमी के
पहना सके जो शत्रु को
कहलाता व्यक्ति वही सच्चा प्रेमी।

नीरव रजनी

आ गई ज्योत्स्ना वेला
मौन दिवस कोलाहल
राज्य धरा पर स्तब्धता का
गहन हो उठी रात्रि-वेला
खींच लिया घूँघट तलहटी ने
जगर-मगर ग्रह-नक्षत्रों से अम्बर।
पंछियों का नीड़ों में विश्राम
डूबे हरिण नींद में घास मध्य
राज-प्रासादों के ठुके साँकल
निर्धन झोंपड़ियों के द्वार बन्द।
मौन खड़ी लताएँ-बेलें
पर्वती ढलान का श्यामल परिधान।
नींद में ऊँघता मलय-पर्वत देख
मलयानिल ने चुरा लिया परिमल
न हो कहीं चोरी सुगन्ध
जागती कुमुदिनी।
पके फलधारी वृक्ष ऊँघते
'तुप्' 'तुप्' टपक रहे फल
बगल से ज्यों मल्लाहिनों के शिशु
लुढ़कते ऊँघते हुए।
निस्तब्धता का उठा लाभ
ईर्ष्यालु नदी तट
लगा कूदने धारा में 'झम्' 'झम्'
काँप रही क्रोधित धारा।
न आ जाए शीघ्र प्रभात

निष्ठुर भ्रमर मँडराने के भय से
बिखरे मुर्झाए फूल
लोटपोट पीड़ा सहते धूल में,
मलयानिल सन्नद्ध पुष्प गन्ध की चोरी को
'सोए नहीं' 'सोए नहीं' सूखे पत्तों से उठा शोर।
प्रकृति की देखो प्रशान्त मूर्ति
बैठ निर्जन में
नील वितान तले गगन के
जगा दीप चाँद-तारों के
जयोत्स्ना की श्वेत ओढ़नी ओढ़
मूँद लीं आँखें सहस्रों द्वारों-गवाक्षों की।
झील-जलाशय हुए स्फटिक के
कर सज्जित सुपुष्पों से
जला धूप कुहरे की
रात्रि की नीहारिका बहा अश्रु
लगी करने मन में आराधना
सृष्टिकर्ता प्रभु की।
सरिता धाराएँ समस्त
गातीं मृदृ-मन्द जागरण-गीत।
छतनार वृक्ष मन्द-मन्द
लगे डुलाने चँवर
लगे चढ़ाने पके फल
चरणों में विश्व-विरंची के।
हर सिंगार ने पुष्प-माला की अर्पित
चरणों में सिरजनहार के।
भंग न हो प्रकृति की आराधना
रक्षा में चतुर्दिक निद्रा; बहने दो शान्ति
सुनाने लगे जग को लोरी टिड्डी-झींगुर।
ढहने लगे तट 'झम' 'झम'
घबराई नदी, भरी लहरों से।
देख झरते सूखे पत्ते
धीरे से उड़ाए मलय-समीर ने

पक्षियों के करवट बदलने की शंका में
देखती चाँदनी चौकन्नी।
गहन स्तब्ध पहाड़ों में
दहाड़ता कोई वन्य-प्राणी जब
चिङ्लाई[1] रोक देता प्रतिध्वनि से।
चकोर उड़ने की शंका में
बादल छिपा ताक में तलहटी में।
बिछड़ा कोई प्रेमी, प्रिया से
विलाप करेगा उच्च स्वर में, सोच–
निद्रा देवी ने बाहर किया तरकश से बाण।
इस गहन निस्तब्ध रात्रि में
अनुताप दग्ध हृदयों को बाँटने शीतलता
कहाँ है निद्रा–कहाँ शान्ति–कहाँ चाँदनी ?
समझ आया रोग बढ़ जाने पर
व्यर्थ है औषध, निरर्थक सेवा
औषध है उत्तम, मृत्यु–मुक्ति काल ही।

1. मंगोलियन प्रभाव के अनुसार 'ड्रैगन' के लिए प्रयुक्त संज्ञा। वन्य-प्राणी की ध्वनि पर्वत-श्रेणी से टकराती है और प्रतिध्वनि की गूँज के बाद शान्त हो जाती है। कवि की कल्पना है कि मानो चिङ्लाई ने वन्य-पशु की चिंघाड़ का प्रत्युत्तर देकर उसे रोक दिया हो।

निर्जनता

उतर आने पर सन्ध्या
कनक रश्मियों से
वृक्ष-फुनगियों का कर शृंगार
रवि विश्राम करने लगा प्रतीची में।

विहग असंख्य
उड़ आने लगे नीड़ों की ओर
गो-अश्वादि घरेलू पशु
लौट पड़े गाँव को।

ब्रह्मचारी कोई एक
विरत हो भौतिक-कामनाओं से
शान्त मन तपस्या हेतु
बढ़ आया निर्जन में।

एक वृक्ष के नीचे बैठ
लगा विलोकने निर्निमेष
सौन्दर्य निर्जन प्रान्त का
जागने लगे विचार अनेक।

फल-फूलों की सुगन्ध से लदा
शीतल मलय पवन
लगा बहने मन्द-मन्द
सन्ध्या के झुटपुटे में।

पत्र-पुष्प कितने
लगे डोलने हौले-हौले
मृदु स्वर-लहरी एक
गूँजने लगी वन में।

स्वर-लहरी के साथ
मधुर स्वर एक
पड़ा सुनाई अस्पष्ट
कानों को ब्रह्मचारी के।

"सुनो ब्रह्मचारी !
करती प्रकट मन की बात
नाम है निर्जनता
हूँ देवी इस प्रान्त की।

नगर विशाल आकारवाले
वीथियाँ उपनगर
जनाकीर्ण
भागती दूर ही से न देखती फिर कर।

सम्राटों के इतिहास
कथाएँ वीर पुरुषार्थियों की
थाबल चोङ्बा[1] युवाओं का
न चाहती, न चाहती सुनना।

शान्त कानन मध्य
नीरव उपत्यका
सघन झाड़ी-झुरमुट
आवास अभागी के।

फलों से लदे उद्यान
पुष्प सज्जित फुलवारी

---

1. याओशङ् (मणिपुरी होली) के अवसर पर किया जानेवाला लोक-नृत्य।

विराट् पर्वत शिखर
क्रीड़ा-स्थल मुझ असहाय के।

उग आते स्वयं
सूख जाते स्वयं ही
बेल-लता-पुष्पों का जीवन
जीवन-पुष्प-माला मेरी भी।

इतिहास समाज का
अपूर्ण, नितान्त अधूरा
ग्राम्य सम्भाषण
पूर्ण नहीं, पूर्ण नहीं।

करना भर विलाप
न प्रमाण मर्मान्तक पीड़ा का
रह जाना मौन
न प्रमाण कि है अभाव दुख का।

मानव की विडम्बना
बोध नहीं अव्यक्त पीड़ा का
मूक हो कोई जो
मानव विचारता उसे काठ।

चुभने से शूल तनिक
करती विलाप जो
अन्तर-कथा नारी की
जपते सभी।

विधवा कच्ची आयु की
न रो पाती लाज में बँधी
दाहता हृदय में विरह-ताप
चर्चा उसकी करता कौन ?

दारिद्रय की मारी कुरूपा
गूँगी, मन्द बुद्धिवाली
मृत्यु पाती अपूर्ण-कामा ही
उल्लेख तक करता कौन !

प्रति वर्ष तीर्थाटन करते
व्यक्ति की पुण्य-कथा
गूँजती गली-गली
होती चर्चा यत्र-तत्र।

और नेत्रों में भरे आँसू
तीर्थ-दर्शन की साध लिए
शैया पर पड़े औंधे
रोते व्यक्ति की कथा—

पूछने पर सभी से
न बोलता कोई, 'जानता हूँ'
सारे पृष्ठ पलटने पर भी
न मिलता उल्लेख इतिहास में।

हर पल हर घड़ी
इस विराट् विश्व में
ऐसे ही कितने दुख-दुर्द
बिला गए अनजाने ही।

कितने ही काव्यों में अनुस्यूत
जीवनों से अधिक व्यथा भरे
फेंक दिए गए जीवन अनेक
न देखता कोई जहाँ।

उल्लिखित इतिहास में
वीर पुरुषार्थियों से

कहीं अधिक सामर्थ्यवान
हो गए नष्ट अचानक।

इतिहास जाति का
आँखों देखी कानों सुनीं
लिखीं विस्तार से कुछ कथाएँ
बातें अव्यक्तेय हृदय की
ज्ञात होंगी उसे कैसे ?

काव्य कह पुकारते जिसे
देखे-सुने, कल्पना से उपलब्ध
अलंकृत कर विषय कुछ
जाता रचा मनोहारी रूप में।

अंधा जहाँ हो जाता विज्ञान
बहरा जहाँ हो जाता इतिहास
विषयों को उसी भाँति के
देखती, सुनती हूँ मैं।

हे ब्रह्मचारी नवागत !
उचित मूल्य वस्तुओं का
जान, देख, पहचानकर केवल
किया जाता निर्धारित !

यदि समाज की रीति यही
ठीक है—पक्की सीढ़ियों पर
गमले में शोभित
भार्व्वि पुष्प यह
एकाकी, सुन्दर है रूप में,
सुगन्धमयी एक मात्र
प्रफुल्ल केतकी निर्जनता में
व्यर्थ हुआ जीवन उसका।

ऊपर आकाश-मंडल में
चमकी तड़ित् बार-बार
बार-बार वज्रपात !
सिंहों-बाघों से घिरी
बैठ नीरव गोद में मेरी

कितने तपस्वी साधुओं ने
ईश्वरोपासना से
पाईं इच्छित सिद्धियाँ !
निष्ठुर हत्यारे अनेक
ले आते नर-मुंड
छिपाते मेरी ओट में
सोच, खड़े होते रोंगटे !
सन्नाटे भरी रात में
मनुष्यों के सो जाने पर
शीतल चाँदनी ने धवल वस्त्र
ओढ़ाया मुझे अनेकों बार।

न की मैंने कथक्कड़ी
न खोला हृदय किसी के सामने
दृष्टि से ओझल, खड़ी ओट में
देखती ध्यान से सबको।

जन्म-काल में विधना ने
न दिया भूल से
मन खोलने का साधन
प्रदान किया सोचने को मन।

देखते ही मुझे
विचारते—शान्ति देवी !
और अन्य कोई-कोई
सोच लेते, दुख की देवी।"

ब्रह्मचारी बोला–

“पुकारें लोग शान्ति देवी
या कहें दुख की देवी
हो मेरी मातृ-देवी
मातृ-गोद में सोने की भाँति
शयन करूँगा तुम्हारी गोद में।
शान्ति का अमृत
पान कर बिताऊँगा जीवन।

पद्म-पत्र की ओस सा
क्षण भंगुर जीवन
होवे नत पद्म-पत्र
विलीन होऊँ तुम्हारी मन पोखरी में।

समाज मध्य
व्याकुल मन बहुत
इच्छा उड़ने की लगा पंख
इच्छा बिलखने की खंडित कर मौन !

व्यतीत हुए जीवन में
पढ़ा इतिहास समाज का
शेष जीवन-काल में
पढ़ूँगा तुम्हारा जीवन-इतिहास।”

मैतै कोकिल

(किसी कवि के प्रति)

हे मैतै भूमि की कोकिल !
नहीं पड़ा कब से तुम्हारा स्वर कानों में
ठान लिया क्या उड़ जाने का, हो क्षुब्ध,
देख अभाव हमजोली कोकिल का।

छिप नहीं सकोगी अब,
एक दिन सुनाई पड़ गया था स्वर तुम्हारा
कूक रही थी हो तन्मय
मैतै-वन की डालों पर।

तुम्हारा मधुर स्वर सुनने,
लगाए हैं कान मैतै अनेक
उड़ आ जाओ मैतै उपवन में
तन्मय हो कूको पहले जैसी।

उपवन, सुना नहीं जिसने कोकिल-कूजन
प्यासा उत्सुक प्रतीक्षारत
सुनाओ पंचम स्वर में कूक
न जाएँ परदेस कोकिल खोजने।

डालियाँ त्याग
त्याग चुग्गेवाली जगह
क्यों चाहत लौह-पिंजर की
न आ पाओगी उससे मुक्त हो फिर।

कूकी थी प्राचीन काल में कोकिल एक
सघन वन में उज्जयिनी के
थी बिखेरी शीतलता भारतोद्यान में,
स्वर-माधुरी से मोहा था पूरा विश्व।

एक तामूना[1] ने भी गुँजार की थी प्राचीन काल में,
पश्चिमी सागर पार पर्वती-घाटी में,
कर पार अनेक घाटियाँ और समुद्र
भर दिया था गूँज से पूर्वी-तट।

शाखा-प्रशाखाओं पर भारतोद्यान की
पंछी-पखेरू सैकड़ों
चहचहा रहे मनोज्ञ स्वर में,
उड़ेलते शीतलता सहस्रों मानव-मनों में।

इतनी सुन्दर मैतै वाटिका में,
गूँजे यदि स्वर कोकिल का भी,
हो जाएगी कितनी मनोहर !
इन आँखों देख पाऊँगा क्या दृश्य पुनः !

अभाव से कोकिल के मैतै वाटिका में
आम्र-किसलय झर गए यों ही,
सूख गईं व्यर्थ ही डालें तमाल की
खा गए फल व्यर्थ ही बाहरी कौए !

आम्र-किसलय-गुच्छ मैतै उद्यान के,
बढ़ जाती चूस कोकिल-स्वर की गूँज
चूसता कौवा उन्हें कह कड़वा-कड़वा,
सुनना दुस्सह स्वर 'पहाड़ी' 'पहाड़ी'।

न सुनने तक कोकिल का स्वर
न होने तक दर्शन कोकिल के,

---

1. एक कीट विशेष, जिसकी गुँजार की मधुर ध्वनि दूर-दूर तक जाती है।

भर लूँगा कीचड़ से कान
सी लूँगा आँखें सुई से।

भरकर फल मुँह में कोकिल
कूकती मनोहारी स्वर में 'कुहू' 'कुहू',
खा भरपेट पके फल कौआ
कर देता बीट मैतै उद्यान में।

आओ कोकिल गुँजा डालो पर्वती-उपत्यका,
बदल दो आकर यह घाटी निकुँज में
बनाओ प्रवहमान शुष्क धारा चन्द्र नदी की,
इस वन में करो, आह्वान वीणा-पाणि का।

सुनने तुम्हारी स्वर माधुरी
मार्ग में ही विश्राम करने लगी नम्बुल[1],
प्रतीक्षारत चन्द्र नदी रोके धारा,
देखता है राह पर्वत पर आम्र-वृक्ष।

छोटी नदी या झील के जल से
न बुझेगी प्यास, यह सोच
ऊँची नहीं डालें, मन में संकुचित विचार,
उड़कर आई नहीं अभी तक कोकिल ?

फिर भूमि भी है पर्वतों से घिरी,
कहीं फँस गई एक बार जाल में तो,
निकल न सकोगी उड़कर फिर
उड़ नहीं आई इसी विचार से कोकिल ?

मत डरो कोकिल, उड़ आओ, न डरो
जाल नहीं, दुर्ग है प्रकृति-प्रदत्त
बाड़ा है इस मैतै उद्यान का
घेरा है जिसने नौ पर्वत-श्रेणियों से।

---

1. मणिपुरी घाटी में बहनेवाली एक विशेष नदी।

हे एकान्त प्रिय कोकिल !
सुन कोलाहल मैतै उद्यान में
उड़ नहीं आई अभी तक ?
कूको एक बार तो मुक्त-कंठ से।

ऋतुराज वसन्त
सुना है, चिर-सहचर तुम्हारा,
लो पधारा वसन्त मैतै-उद्यान में,
आ पहुँचा उड़ आने का समय कोकिल।

किसी देशभक्त के प्रति

वर्षा काल की निशा, झमाझम वर्षा
श्वान बिल्ली भी बाहर आने में असमर्थ
टिमटिमाते जुगनू ज्यों
उड़ आ गहन कन्दरा से
पथ भटके पथिकों को भारत के
दिखलाया एक मानव ने उँगली से मार्ग।

सहिष्णुता की तरणी पर हो सवार
थाम कलम के समान ही पतवार
बिना किसी सम्बल
बिना किसी पाथेय
बलवान भँवरवाली विराट् भारत-नदी में
धारा विरुद्ध खेयी सँकरी पर्वत श्रेणी मध्य।

शीत ऋतु में पड़ता निर्दयी रुक्ष पाला
दाँत किटकिटा काटने हवा करती हमला
स्वभावतः शीताक्रान्त भारतीय
सहते कह त्राहि-त्राहि,
दुबक गर्म रजाई में
ढाँप लेते देह का अंग-अंग
छोड़ आकर्षण गर्म रजाई का
साहसी, वीर देशवासी एक
कूद पड़ा शीतल नदी में
दर्शाया मातृभूमि प्रेम।

हँसे भारतवासी सोच मूर्ख
देखा न वीर ने कनखियों तक से
देशवासियो, देखो वीर खिवैये ने
खेयी नाव मरुभूमियों में भी
        सामना किया माया-मरीचिका का
        टकराया कितने ही ऊँचे तटों से
डूबा गहरे घाटों पर अनेक
दब गया पर्वती ढलानों के ढहने से।

हिमालय से निकल ब्रह्मपुत्र नद
लाँघ सहज रूप में पर्वत-मरुभूमियाँ
        जाता जैसे मिलने बंग सागर से
        एक महात्मा के
हृदय से निसृत धारा स्वदेश प्रेम की
झेल सहस्रों बाधाएँ समाई स्वदेश सागर में।

भाले की अनी से नदी बींधने के समान
मूर्खों की कटु दृष्टि, व्यंग्य वाणी से
        धारा का स्वदेश प्रेम की
        रूप न होता विकृत कभी
न सोख सकती धारा माया मरुभूमि
न घटा पाता जल, पी वन्य प्राणी समुदाय।

मेरी जिह्वा पर मधु चापलूसी का नहीं
न प्रतिभा मुझमें, प्रतिभा की प्रशंसा की
        नहीं समृद्ध मेरी मातृभाषा
        करने हेतु प्रशंसा ऐश्वर्यवानों की
पथ-दर्शक साहसी वीर खिवैया पुरुष,
'पुरुष तुम ही' उच्चार पाती मोटी जिह्वा।

प्राचीन मैतै साहित्य

गई कहाँ चली हे माँ !
सुवासित केतकी-सी !
वेला में तुम्हारे मुकुलन की,
उत्साह भरी तुम्हारी सन्तानें
स्वच्छन्द क्रीड़ारत
गई कहाँ चली हे माँ !

बजनेवाली गहन यामिनी में,
बाँसुरी की मधुर धुन सी,
पुकार पर 'मैं आ गई'
दौड़ी चली आईं चरणों में तुम्हारे,
एक हृदय हो, एकत्र हो
पुकारते हुए 'करेंगे अमृतपान'।

सुन शंख ध्वनि
वस्त्रादि की व्यवस्था को संकीर्तन हेतु
बच्चों को बरजने के साथ ही
प्रोत्साहन की वाणीवाली,
गई कहाँ चली हे माँ !
बरज दो अपनी सन्तान को एक बार तो।

मोइराङ्पर्व[1] की भाँति
त्याग श्रेष्ठ भवन
नींद की गोद में भग्न लुपाक्[2] में ?

---

1. मोइराङ् नामक क्षेत्र की लोक गाथाओं पर आधारित जात्रा-लीला या उसका गायन; 2. बाँस से निर्मित ढक्कनवाली वर्गाकार टोकरी।

मक्खी-मच्छरों से काटी जाती हुई
निद्रा मग्न रहोगी कब तक ?
गई कहाँ चली हे माँ !

जीर्ण-शीर्ण वस्त्रों में लिपटी
प्रवेश कर पोंगे में
रहोगी छिपी कितने बरस ?
बिसरा पाओगी कैसे हृदय की पीर ?
गई कहाँ चली हे माँ !
भरो अंक में एक बार तो सन्तानों को।

ढह गया माँ तुम्हारा मन्दिर,
उखाड़ फेंका हवा ने शजिबू[1] की,
ढक गया दूब-दूर्वा से,
बना झींगुर-टिड्डियों की क्रीड़ास्थली
वर्षा के जल से लबालब।
गई कहाँ चली हे माँ !

तुम्हारी दया से माँ
फूट पड़ी है बोली कुछ-कुछ,
रूप देखा नहीं तुम्हारा किन्तु !
सीखा नहीं बिलखने का स्वर।
गई कहाँ चली हे माँ !
भर लो माँ अंक में एक बार तो।

सोचकर, हैं सन्तानें बलहीन,
भविष्य की समस्त आशाएँ त्याग,
घेर नौ पर्वत-श्रेणियों से,
लगा दी लौह-अर्गला क्या ?
गई कहाँ चली हे माँ !
सन्तानों को भर लो एक बार तो अंक में।

1. मणिपुरी वर्ष का प्रथम माह।

सुन तुम्हारी आवाज क्रोध भरी,
पड़ गई सागर की गर्जना भी धीमी ज्यों
जनजाति-जन चले गए पर्वतों पर,
न आ सकी विदेशी बीमारी भी
उसी भाँति भयावह स्वर के साथ,
बरजो एक बार तो अपनी सन्तानों को।

तुम्हारे मृदु-मन्द कूजन के समक्ष,
चली गई कोकिल छोड़ मणिपुर,
वैसे ही मधुर स्वर से
दो उद्‌बोधन सन्तानों को एक बार।
गई कहाँ चली हे माँ !
बिसरा दिया कि सन्तानें हैं तुम्हारी ?

अमृतमयी तुम्हारी शब्दावली ज्यों,
है लादनेवाली पौधों को फलों से,
पुष्प-पौधों को भरनेवाली उत्फुल्ल पुष्पों से,
उसी मृदु शब्दावली में,
दो उद्‌बोधन सन्तानों को एक बार
गई कहाँ चली हे माँ !

सुन तुम्हारे संयम भरे शब्द
तन्वंगी नम्बुल
त्याग इच्छा सुदूर समुद्र पहुँचने की,
आत्म-समर्पिता हुई लोकताक में,
वैसी ही संयम भरी वाणी में
दो उद्‌बोधन सन्तानों को।

आज का मैतै साहित्य

खिली तमिल प्रफुल्ल तेलुगु
भारत के पुष्पोद्यान में
आ दूर समुद्र-तट से।
लाँघ उच्च हिम-श्रेणियाँ,
आ पहुँची नेपाली भारत की वाटिका में
कल की खासी भी मुकुलित भारत के प्रान्तर में।

मुर्झाया क्यों तुम्हारा चेहरा माँ सखियों मध्य ?
फूटते क्यों नहीं नव किसलय ?
मुकुलित क्यों नहीं होते नव-पुष्प ?
फैलाती क्यों नहीं शाखा-प्रशाखाएँ ?
अभाव में भरपूर सिंचन के,
विचार लिया मन में–अच्छा है सूख जाना ?
जान गया माँ, तुम ही निर्धन पुष्प,
भारत की इस वाटिका में।

देखो माँ अपनी अबोध सन्तानों को
न चढ़ा जल तुम्हारे चरणों पर,
जुटी हैं पोखर खोदने मरुभूमि में !
करतीं पीछा माया-मरीचिका का, पकड़ने उसे ! !

मातृ-तर्पण

परदेस में सुदूर
खड़े हो ब्रह्मपुत्र के तट
मुँह कर मातृभूमि की ओर,
मातृ-चरणों में अर्पित कर रहा तिल-तंडुल।

ग्रहण कर माँ मेरे हाथ से
आँसू की बूँद-बूँद के साथ
अंजलि भर जल
कर रहा अर्पित चरण कमलों में तेरे।

मन है, करूँ अर्पित स्वर्ण-रजत कितना
मन है, कराऊँ भोजन कितने दीन-दुखियों को
मन है, कितनी गायों का करूँ दान,
न कर पाता कुछ भी अभाव के वश।

माँ की स्मृति में
अपनापन भरे श्मशान पर
रहा असमर्थ स्मृति-मन्दिर बनाने में,
हुआ अक्षम स्मृति-सभा के आयोजन में।

सूख न जाएँ जब तक आँसू
बिसराऊँगा नहीं चरणारविन्द तेरे
पूजूँगा प्रतिमा तेरी,
हृदय के स्मृति-मन्दिर में।

अविरल धारावाही
हे धीर ब्रह्मपुत्र !
चढ़ाए तेरे गर्भ में ये फल-फूल,
कर देना समर्पित मातृ-चरणों पर।

खोज-खोज पाए मैंने जो
चुन उपवन से फल-फूल
चढ़ाता माँ तेरे चरण कमलों में,
कर माँ ग्रहण अपने हाथों।

तट के उस पार से
धुँधले-धुँधले दिखते
कुहासे के बीच से,
बढ़ा रही क्या हाथ माँ !

दूर दिखाई पड़ती तराई से
दिखने लगी अस्पष्ट ज्यों मातृ-मूर्ति
ज्यों विलाप सुन पड़ रहा, 'माँ है' का,
बढ़ा रही हाथ शायद ग्रहण करने फल-फूल !

निस्सीम इस जल-राशि को
'कर न सकूँगी पार' सोच
अतृप्त दृष्टि से,
क्या छटपटा रही है माँ !

प्रतीक्षा कर, माँ प्रतीक्षा,
आ मत अभी इस पार
दूर से वायु वेग से आती इस नाव की,
कर प्रतीक्षा कुछ क्षण, आऊँगा पार तेरे चरणों में।

उस निर्जन भूमि में
एक लघु द्वीप खोज

निर्मित कर एक शान्ति मन्दिर
करें उपासना माँ-बेटे ईश्वर की।

जल राशि पर तुम्हारी हे ब्रह्मपुत्र
हो अंकित स्मृति चिह्न
रहे दीर्घ काल तक,
मेरे नेत्रों से झरे आँसुओं का।

मनुष्यों के स्मृति मन्दिर कितने
खंडित कर डालतीं यों ही
नष्ट न करना मेरा स्मृति चिह्न,
जब तक सूख न जाए तुम्हारी धारा।

आयोजित कर स्मृति सभाएँ कितनी
गाते अनेक स्मृति भरे गीत
अव्यक्त स्मृति मेरे हृदय की,
होने दो विलीन अपने जीवन संगीत में, न बताओ किसी को।

अनेक भूमियाँ लाँघ
तोड़कर अनेक पहाड़
बहो सागर की दिशा में,
होने दो विलीन अपने गीत व्योम में।

अनवरत बहते ये आँसू
अनवरत बहती तुम्हारी यह धारा
मिल दोनों
करें निर्मित संगम एक
दूँ उसे नाम 'स्मृति संगम'।

बिछड़े हुए माँ से
किसी तीर्थयात्री को
लगाने दो उसमें डुबकी,
शान्त हो तनिक पीड़ा मेरी।

अपनी धारा के तार से
छूने पर आँसू के मिजराब से
गूँजने दो स्वर 'माँ' 'माँ',
अम्बर व्यापी होने दो उस स्वर को।

हृदय-स्मृति परिचित न हो कोई जिससे
स्थान किसी की भी पहुँच से परे
विलसित होने दो, न बताओ किसी को,
अमिट रहे यह स्मृति सर्वदा।

काँचीपुर के अवशेष

(प्राचीन प्रासाद (राजधानी) परिवर्तन और आधुनिक प्रासाद (राजधानी) के निर्माण के मध्य की अवस्था।)

गिरि-वस्त्रों से ढँक सिर
रक्षित सीमा गिरिजनों से
षड् ऋतुओं से शोभित
धरा का उद्यान ज्यों
स्वर्ण-भूमि मणिपुर मध्य
पद्म-बीज सी
शालिग्राम सी पुष्प-माला मध्य
विराजती प्राचीन काँची[1]।
मध्य-स्थली-सुयश को
काल-गति बलवान
ले गई विचारे बिना निशिवासर
हुई डुबाने को काले समुद्र में।
पुष्प-गन्ध-माधुरी
विलीन ज्यों समीरावृत्त में
ताम्ना की वाणी पर्वत-प्रान्त के
विलीन ज्यों विराट् व्योम में
सुगन्धित कालिन्दी नीर
ज्यों विलीन खारे जल में
सुयश भी काँची का
विलम रहा दिन-दिन।

---

1. मूल कविता में काँचीपुर को स्त्रीलिंग के रूप में प्रयोग किया गया है। हिन्दी में यह प्रयोग अटपटा सा प्रतीत हो सकता है, अतः भाषायी-स्वाभाविकता की दृष्टि से अनुवाद में 'काँचीपुर' के स्थान पर 'काँची' रखा गया है।

औ' वन-देवी काँची की
भाग्यहीनता के चलते
हुए विमुख देव-गण तक
न शेष सन्देशवाहक भी।
औ' विश्राम प्रदायिनी
कृतज्ञ नहीं सन्तानें भी
लगी डूबने चिन्ता सागर में
पिसती दो पाटों मध्य।
पकड़े जाने पर शावक, हिरणी
पीड़ा-ज्वाल सहती ज्यों छटपटा
पत्ते पर गिरी ओस-सी
तड़प बहाती दुखाश्रु।
झुंड से बिछड़े तोते-सी
नीरवता निस्तब्धता में
वन-वृक्ष, बाँसों के पास बैठ
गाती एकाकी दुख भरे गीत।
कटहल आम्रादि फल
चम्पा, हरसिंगारादि फूल
लिपट गले शाखा-प्रशाखाओं के
मौन व्यक्त करते व्यथा।
उरीरै, वसन्ती, कुन्दरै आदि
पुष्प-लता-समुदाय
त्याग सहारा वृक्षों का
धूल-धूसरित रहा लोट।
वन-कपोत, धनेषादि
रुदनरत काँची हेतु
घनी वृक्ष शाखाओं पर,
कृतज्ञता ज्ञापन बोध पक्षी-समूह को।
अभी तक कालिय-दमन की
तन्वंगी जल-धार वह
छूती पर्वत-तलहटी को
काँची के पाद-पद्म करती प्रक्षालित।

उगे काँची के उद्यान में
फल-फूलवाले सब वृक्ष
कर अर्पित सुपुष्प फल
देते धैर्य काँची वन-देवी को।
काँची-सखी के दुख में
श्री रासमंडल पोखरी ने
किए धारण मलिन वस्त्राभरण
न शेष पूर्व सी निर्मलता।
आते तब भी दाना चुगने
ङानु थङ्गोङ्[1] आदि
विचार कि ढल आई सन्ध्या
बिना तोड़े सर्वदा के मनोभाव।

---

1. बतख की प्रजाति का, किन्तु आकार में उससे छोटा पक्षी।

चिर विदाई

ज्योत्स्नाच्छादित शारदी-निशा,
नारी एक
आई घर से बाहर
लिए तोते का पिंजरा।

अर्द्ध रात्रि
पसरा सन्नाटा
पश्चिमी व्योम की शीतल चन्द्रिका
कर रही अलंकृत पर्वत शिखर।

दूर दृश्यमान पर्वत माला
ढँकी झीने मेघों से
शोभित सुप्त पर्वत ड्रैगन
ओढ़ पतली धवल चादर।

विकसी कुँई झील में
मिल मलय पवन से
नभ तारक विलोक
ज्यों मुस्कातीं व्यंग्य से।

गगन मध्य दर्पीले
तारे धुँधले
थूकते कुँई की ओर
भर मन में अवहेला।

कुमुदनियाँ क्रोध में
काँप रहीं झील मध्य
तरंगित झील जल राशि
सायास सान्त्वना देती सतह।

लख पराजय कुँई की
दुबकता पर्वत की ओट शशि
मलिन पड़े नक्षत्र
शीतल चन्द्रमुखी वक्ष।

प्रकृति देवी
लख कौतुक आनन्दित
धरा-सितार पर
तार-सी नदी खिंची
मृदु मलय पवन आघात
किया वादन मनोहर।

इस भाँति स्तब्ध निशा में
आई प्रकृति बन मूर्ति-सी
निकली नारी शान्तमना
आई आम्र-वृक्ष निकट।

उठा पिंजरा हौले से
चिपटाया शुक वक्ष से
बहते अश्रुओं के साथ
कहा देख शुक को—

"विदा ले प्रिय सखी
जा उड़ जा तू
आज रात्रि में ही
चुन इच्छित वन
त्याग प्रिय भूमि यह

कर निर्मित मन का नीड़
मनोवांछित शाखा पर
जा बैठ प्रिय सखी।

चहक गलाफू फुला-फुला
मेरी-तेरी भिन्न जातियाँ
प्रेम देने पर भी असीम
विहग ! होगी न पूर्ण कामना।

चुराया तूने मम हृदय
की मैंने कर्तव्य की अवहेला
पंछी तू तो है गूँगा
घिर गया बैरियों से।

विहग, मर न जाए तू
घेरती मन को आशंका
कर उपाय प्राण-रक्षा का
त्याग प्रिय स्थान,
अगले जन्म में
जन्में विहग बन
बैठें एक डाली गर दोनों
चुगें साथ एक झील में
मानव योनि में
ठीक नहीं जन्मना निम्न जाति में।

करते समाज-बहिष्कृत
कह 'अछूत जाति'।
धारणा नहीं जिसमें यह
जन्में उसी पुष्प जाति में
एक डाल पर खिलें साथ
न भूल जाएँ प्रिय सखी।

इस जन्म में
न भूलूँ कभी भी
लेती हूँ तेरी छवि यह
त्याग प्रिय भूमि।

निङोलका[1] में सिरहाने टाँग
नेत्र-जल से रोज
धोऊँगी तेरी छवि,
सखी, उड़ जा अब
जा इच्छित वन में
चुग दाना उद्यानों में।

जीवन-क्रीड़ा मेरी-तेरी
नयन-नीर से करें शेष।"

इतना कह पोंछ अश्रु
खोल दी पैरों की जंजीर,

–उड़ा नहीं विहग
आ बैठा कन्धे पर
बोला दुखार्त्त वाणी में
बहे आँसू लता-बेलों के भी।
दूर स्थित पर्वत माला
लगी भरने गहरे निश्वास !

कर व्यक्त मनोव्यथा
गगन हो उठा प्रतिध्वनित।
उस नारी को देख विहग
बोला करुणार्द्र स्वर में–

"कुटिल समाज वह
होगा पतित लता-सा

---

1. मणिपुर की परम्परागत गृह-व्यवस्था के अन्तर्गत घरों में कन्या के लिए निर्मित विशेष-कक्ष।

और जो उदार जाति
होगी उन्नत वृक्ष-सी।

हे मानव ! ले आश्रय विज्ञान का
खींचना छवि प्रेम-राज्य की
होना यत्नशील सीमा निर्धारण में।
व्यर्थ है, नहीं कोई लाभ
विलक्षण साधनों से विज्ञान के
हुआ हृदय तुम्हारा पाषाणवत्।
फाड़ देने पर चित्र
स्मृति-रक्षा होगी कैसे ?
यदि हो जाए मानव अंधा
देख पाएगा कैसे छवि ?
प्रेम से हीन हृदय को
लाभ क्या सौ छवियाँ टाँगने से ?
कहा जाए यदि अन्य रूप में–
भाव-धारा में मन-परिवर्तन की
चेहरे के बदलाव का
कर सकती अनुगमन तस्वीर ?
हैं हम पतित जाति
नहीं निर्मित यन्त्र-बुद्धि से
भीतर हृदय के
पड़ा प्रतिबिम्ब तुम्हारे रूप का।
मानवों में बुद्धिमान
क्या है ऐसा छविकार–
मिटा मेरा अस्तित्व
बदल सके चित्र में मेरा तन
है यदि, मेरा यह तन
बदल दे छवि के रूप में,
सिरहाने तुम्हारे भित्ति पर लटका
रात-दिन निष्पलक
रहूँगा देखता तुम्हारा रूप

सहूँगा भूख-प्यास एक भाव।

बुरी दृष्टि बैरियों की
क्रोधी शब्द ईर्ष्यालुओं के
सहूँगा हृदय में चुपचाप
निर्जीव काठ के समान,
अन्यथा लाओ वह छायाकार
निस्सीम छवियों में जिसकी
राजा-प्रजा भिक्षुक-धनवान
हों बराबर, हों समान।

अन्यथा छोड़ दो उस वन मध्य
न हो जहाँ भूख और प्यास
न हो जहाँ ईर्ष्या-द्वेष
न हो भेद पवित्र-अपवित्र का।
हे मानव, रहो यदि इसमें असमर्थ
फेंक दो हाथ में पकड़ी छवि
न उड़ूँगा कभी भी
तुम्हारे हृदय-पिंजरे से।"

अतीत की स्मृति

उन्नत नगर अनेक
सम्राटों के अनेक प्रासाद
खंडित काल प्रवाह में
समा गए काले समुद्र में।
भवन प्रासाद उद्यान उपवन
पुष्प लताएँ बेलें अनेक
मानो ढँक लिए अन्धकार ने;
और विशाल गिरिवर अनेक
हीरक मणि मुक्ता के ढेर
स्थित जैसे रत्नाकर के गर्भ में,
समय का विराट सुयश
हुआ विलीन गर्भ में विस्मृति के !
काली अँधेरी रात्रि में
जगमग उड्गन उड़ते ज्यों
बजती कहीं सुदूर जैसे
बाँसुरी मधुर ध्वनिवाली
गहन रात्रि में दूर पर्वत पर
जगमगाता दावानल जैसे
मनाकाश में स्मृतियाँ अतीत की त्यों,
उड़ान भर रहीं धुँधली-धुँधली !
उच्च पर्वत शिखर से
विलोक यह दृश्य मनोहर,
खड़े हो उच्च काल-शिखर पर
देख यह व्यतीत दृश्यावली
आह ! लगता मधुर कितना !

बह निकले न जाने कब आँसू !
शैशव की क्रीड़ाएँ अनेक
अनेक व्यतीत कथाएँ सम्बन्धों की
निरर्थक झर बिखरे पुष्प अनेक
उड़ते विस्मृति गर्भ में धुँधले-धुँधले।
शब्द न मिलेगा सुनने फिर
दृश्य न मिलेगा देखने फिर
सोच विदीर्ण हृदय, स्मृति में।
बिछड़ते समय माँ की वाणी
दृश्य किसी के मरणासन्न काल का
सोच फटने को होता कलेजा।
अथ का सुख, इति का दुख
प्रतीयमान दोनों प्रिय सखा !
अवश्य ही एक दिवस
कूद जाना विस्मृति-गर्भ में।
व्यतीत के स्मृति-सागर मध्य
यश-द्वीप निर्माण में जुटे पुरुषो !
धन्य हो बड़े
डूबते समय लूँगा आश्रय तुम्हारे द्वीप में।

असंकलित कविताएँ

('याकाइरोल' पत्रिका और 'मणिपुरी शैरेङ्' काव्य-संग्रह में प्रकाशित)

यश

फोड़ वक्ष कठोर धरा का उगता पौधा
अन्धड़ फेंकता उखाड़ बढ़ जाने पर
रोक लेता पर्वत उस आँधी को
प्रवहमान सरिता करती खंड-खंड पर्वत
निगल जाता समुद्र उसकी धारा
पी जाती पृथ्वी समुद्र का क्रोध
शासन मार्तंड का धरती की गति पर
बँधा वह भी दासता में काल की
काल की धारा इतनी सामर्थ्यवान
किन्तु जाती वह बच कर उच्च यश-शिखर से
काल-चक्र में गगनचुम्बी यश-शिखर निरन्तर
मानव का अक्षय ऐश्वर्य वही यश।

नल-वियुक्ता दमयन्ती का विलाप

(विरह संगीत)

(एक)

करें करुणा मुझ निस्सहाय पर
हिंस्र-पशु-आक्रान्त वन में
क्या निश्चय है मुझ अभागिनी के त्याग का !
निर्बल बाँहों का कंठहार
क्या हुई खंडित पुष्प-माला सी
थामा दृष्टिहीना सा, तुम्हारा पल्लू
झटक रहे क्या, फाड़ते वस्त्र ज्यों
कंटकाकीर्ण पग, ठोकर ठूँठ
हा विधाता ! अनुगमन असमर्थ
दुख पर दुख की मार, बोझ दुख का
लगता यही तुम्हारा स्वभाव !

(दो)

गूँजती निशा भयावह सन्नाटे से
मानव-रुदन, वीणा, बाँसुरी, सितार, सारंगी
पहुँच न पाती कानों तक कोई ध्वनि
सुप्त भ्रमर गुँजन, कल्लोल नहीं पंछियों की
किन्तु ध्वनि एक पड़ती सुनाई
लाँघ सीमाएँ हृदय की आत्मा की
नभ में उड़ती करती गुँजार
पथिकों का 'तामूना' क्या, होता जो ताम् ताम् !
सुनो कहता क्या गुँजन ताम् ताम् !

हे सखी तामूना ! लाई सन्देश प्रियतम का !

(तीन)

सुदूर पर्वत पर एक दहक रही दावाग्नि
शनैः-शनैः होगी शान्त आप,
अम्बर की ओस से
उतरने पर सघन रात्रि !

दहकती वियोगाग्नि हृदय में मेरे
हाँ, भड़की वियोग-ज्वाला और
झरने पर गगन से ओस
उतर आने पर सघन रात्रि !

शान्त नहीं पानी में डुबकी से भी
शान्त नहीं, चाहे बैठूँ शीतल बयार में
विलक्षण ! दग्ध भी हृदय न बनता राख
हे दयामय ! कीजिए पूर्ण निज कामना।

वीर पुरुष

शत्रु के आक्रमण से विनष्ट देश की
समर्थ नहीं रक्षा में यूथपति कोई
बाढ़ के हमले में धरती जब डूबती
रक्षा तब कर पाता कौन !
दुर्भिक्ष के मारे पेटों की मृत्यु
टाल नहीं सकता धनपति का अन्न
भयंकर चेचक से विश्व के
आबाल-वृद्ध को नष्ट होने से–
बिना सहाय, बिना उपकरण
निर्जन में मौन एकाकी,
बचानेवाला, चेचक से विश्व को
डाक्टर 'जेनर' क्या वीर पुरुष नहीं !

रात्रि पक्षी ताम्ना

ओह ! निर्जन कितना पर्वत-प्रदेश !
मौन पसरा दृष्टि की सीमा तक
लदे वृक्ष, पके फलों से कितने
गिर जाते बिन खाए व्यर्थ,
विकसित पुष्प कितने सुन्दर
गए मुर्झा, न बन पाए कानों की शोभा
मानव-हलचल, हास-रुदन
न पड़ता सुनाई कुछ
बाँसुरी, वीणा, सितार, सारंगी, मृदंग, करताल
न जाता सुना किसी का स्वर
कहीं हरिणों की बोली
कन्दरा के झरने की झर-झर
पंछियों की काकली डालों पर
पड़ता सुनाई इतना भर।
निर्जन यह प्रान्त
और निर्जन सूर्यास्त वेला में,
न चहचहाहट पक्षियों की
भ्रमरों का गुँजन भी नहीं
खोए निद्रा में जीव लगता सब,
किया शायद मौन-व्रत धारण विश्व ने।
गूँज रहा लेकिन एक स्वर निरन्तर
इस सघन निर्जन प्रान्त में।
हृदय से निकल आत्मा
क्या गा रहा उड़ व्योम में !
करते अनुभव कान 'ताम्' 'ताम्'

वही क्या पथिकों का 'तामूना' !
सुनते ही गान, विस्मृत दुख-दर्द–
जागे हृदय में पुनः
सच ही, क्या यह पक्षी का स्वर ?
या विलाप वन-देवी का
बिना सजे कान पर झरे पुष्पों के लिए
या हुए व्यर्थकाम, नष्ट फलों के लिए !
सुना स्वर, मन में जागी इच्छा देखने की
जा चढ़ा ऊँचे पर्वत शिखर पर
डाली छान निर्जन पर्वती भूमि कितनी
नहीं दिखा, नहीं दिखा किन्तु वह पक्षी
न पड़ता सुनाई दिवस को स्वर,
शयन करती निशा पल्लवों पर ज्योंही
पड़ता कानों में रह-रह वह स्वर,
कारुणिक शोक-गीत सा।
पुकारता मैं 'तामूना ओ' ज्यों अन्य करते
भरते न उड़ान दिवस को, भय पकड़े जाने का ?
कौन सी अपूर्ण-कामना के दुख में
गाते एकाकी निर्जन रात्रि में ?
ओ, निशा शोक-संगीत के महारथी !
सच ही, क्या हो वन-पाखी,
कहता कीट कोई, कोई पत्ते जैसा
माधुरी में चूर किन्तु तुम्हारा गीत,
अदेखा चेहरा शेक्सपियर का
पश्चिम के तट उसके गाए गीतों ने
मोह लिया पूर्वी-तट ज्यों
रूप-रंग में अपरिचित तामूना
करते गान मृदु स्वर में रात को
रोमांचित, मानव के देह-प्राण।
सिखाया मानव ने कहाँ शेक्सपियर को
गाए अपने ही मन से गीत,
सीखने पर भी आजीवन

अनुकरण न कर पाया विश्व में कोई,
हो कीट, हो पक्षी तामूना !
चतुर पक्षी तोता-मैना
सिखाने पर भी जीवन भर
समर्थ न होंगे अनुकरण में कभी,
गान करो बार-बार, सीख दो विश्व को
"वन इज नॉट मेड बट बोर्न ए पोएट"

देवयानी

अनुवाद : सिद्धनाथ प्रसाद

पात्र-परिचय

पुरुष-पात्र : ययाति : महाराज
शुक्र : गुरु
वृषपर्व : राजा
यदु : देवयानी से उत्पन्न ययाति का बड़ा पुत्र
तुर्व्वसु : देवयानी से उत्पन्न ययाति का छोटा पुत्र
द्रुह्यु : शर्मिष्ठा से उत्पन्न ययाति का बड़ा पुत्र
अनु : शर्मिष्ठा से उत्पन्न ययाति का मँझला पुत्र
पुरु : शर्मिष्ठा से उत्पन्न ययाति का छोटा पुत्र
महादेव
शिवि : महाराज
मन्त्री
प्रहरी

स्त्री-पात्र : देवयानी : शुक्र गुरु की कन्या
शर्मिष्ठा : वृषपर्व की कन्या
घूर्णिका : शुक्र गुरु की सेविका
पौठी : घूर्णिका की पुत्री
धात्री
सखियाँ
नर्तकियाँ

अंक : एक

पहला दृश्य

(शर्मिष्ठा का शयन-कक्ष। शर्मिष्ठा शैया पर लेटी है। उसकी सखियाँ गीत गा रही हैं।)

गीत

हम सबका पालन करतीं इस भवन में, तुम कितनी कल्याणमयी,
तुम्हारे ही दिए हैं प्राण इस जीवन में, तुम कितनी कल्याणमयी,
दिया तुम्हीं ने पिता का पितृत्व, लिया माँ के उदार आँचल में,
सखी बाँध लिया प्रेम-डोर-बन्धन में, तुम कितनी कल्याणमयी,
मोहा मोहक-मनोहारी नेत्रों को, विराट इस जगत ने तुम्हारे
सौन्दर्य की छाया ताल, कूप, वन उपवन में, तुम कितनी कल्याणमयी,
कण-कण में मन के, घर-परदेस में सदा, युग-युग में, क्षण-क्षण में,
जीवन में, मरण में, रुदन और हास में, रहेंगे तुम्हारे ही चरणों में,
तुम कितनी कल्याणमयी,

(गीत पूर्ण होते-होते देवयानी का प्रवेश)

शर्मिष्ठा : सखी देवयानी ! तुम्हारे आने से बड़ा आनन्द हुआ। आओ, आओ।

देवयानी : शर्मिष्ठा ! ऋतुराज वसन्त के आगमन की इस वेला में विशाल मैदान में खेलते, तो कितना आनन्द आता ! चैत्ररथ वन में एक सुन्दर सरोवर है, चलो वहीं जल-क्रीड़ा करें।

शर्मिष्ठा : सखी देवयानी, तुमने कितना अच्छा प्रस्ताव किया ! वसन्त के आगमन से सूर्य थोड़ा-थोड़ा गरमाने लगा है, वृक्ष-लताओं में कोंपलें फूटने लगी हैं, पुष्प खिलने लगे हैं, इस समय जल-क्रीड़ा बड़ी आनन्ददायी होगी।

देवयानी : अरे, आश्चर्य है, चैत्ररथ वन का नाम सुनते ही मेरा चित्त चंचल हो उठा। आह, दोनों बाहुएँ फरकने लगी हैं।

शर्मिष्ठा : *(सहास)* सखी, यह तो प्रेम-मिलन का संकेत है।

देवयानी : परिहास न करो ! जल्दी चलो।

(शर्मिष्ठा और देवयानी का अन्य सखियों के साथ वन को प्रस्थान)

दूसरा दृश्य

चैत्ररथ वन

(देवयानी, शर्मिष्ठा और उनकी सखियों का अपने-अपने वस्त्र सरोवर के किनारे रख केवल एक-एक झीना वस्त्र पहने जल-क्रीड़ा करना। तत्पश्चात सरोवर से बाहर निकलना। शर्मिष्ठा सबसे आगे है।)

शर्मिष्ठा : मैं चलती हूँ, तुम सब भी निकल आओ। *(स्वगत)* देवयानी बड़ी नकचढ़ी है, उसके वस्त्र पहनकर जरा परिहास करूँ ! *(देवयानी के वस्त्र पहन लेती है। इस बीच अन्य सखियाँ आकर अपने-अपने वस्त्र पहन लेती हैं, किन्तु देवयानी अपने वस्त्र नहीं खोज पाती।)*

देवयानी : अरे ! मेरे वस्त्र नहीं मिले, मेरे वस्त्र कहाँ चले गए ? अरे, मेरे वस्त्र तो शर्मिष्ठा ने पहन लिए हैं ! *(क्रोध में)* शर्मिष्ठा ! तुम शूद्र-पुत्री हो, तुमने ब्राह्मणी देवयानी के वस्त्र पहनने का साहस कैसे किया ! राज-पुत्री होने के घमंड में तुमने यह धृष्टता की है। तुम्हें जरा भी लज्जा नहीं ! तुम्हारा वही हाल है कि पिल्ले को सहलाओ, तो वह जीभ से चाटने लगता है।

शर्मिष्ठा : क्या बकती हो देवयानी ! मेरे पिता का दिया खाकर तुम्हारा जीवन चलता है। तुम तो दासी हो, तुम्हारे पिता भी मेरे पिता के दास हैं। तुम्हारे पिता दीन बनकर अच्छी-अच्छी चीजें भगवान के चढ़ावे के नाम पर ले जाते हैं। धन की तंगी के समय मन्त्रों की फूङ्-फाङ् करके मंगलाशीर्वाद के नाम पर जरा सा जल छिड़कते हैं और सोना-चाँदी ले जाते हैं। भगवान के भोग के नाम पर स्वादिष्ट फल ठगकर ले जाते हैं, जिन्हें तुम लोग खा जाते हो। देवानुष्ठान के नाम पर पर्व-त्योहारों का ढोंग करके लोगों से अनाप-शनाप फल-फूल, रुपए-पैसे चढ़वाते हो। यह सब सहन नहीं होता देवयानी, तुम लोगों से जान भी नहीं छूटती।

देवयानी : इसमें क्या है, यह तो रीति है। करे खड़ाऊँवाला, खाए जूतेवाला; काम करे सूअर, इनाम पाए कुत्ता; धन कमाए मूर्ख, बैठ खाए बुद्धिमान; खाने को ब्राह्मण, जूठन मलने को शूद्र; यही रीति है

संसार की।

शर्मिष्ठा : लेकिन क्या हम शूद्रों के हाथ-पाँव नहीं हैं ? क्या हमारे पास सुख-दुख और गुस्सा अनुभव करनेवाला हृदय नहीं है ? क्या शूद्रों के भेजे में बस गोबर भरा है ? शूद्रों को किस पाप के कारण इतना सताया जा रहा है ! ब्राह्मणों की सुख-सुविधा के लिए शूद्र अपने हाड़ तोड़ते हैं, शायद इसीलिए उन्हें इतना मूर्ख समझते हो ! जान लो, ब्राह्मण और शूद्रों में, शूद्रों की संख्या ही अधिक है।

देवयानी : इसका कारण जानती हो ! संसार में श्रेष्ठ वस्तुओं की संख्या अधिक नहीं होती। एक सम्राट के अधीन बहुत सारे राजा, एक राजा के अधीन बहुत सारी प्रजा, एक सिंह के अधीन बहुत सारे हरिण, एक पंडित के पीछे बहुत सारे मूर्ख और एक ब्राह्मण के पीछे शूद्रों का झुंड। इस रहस्य को समझे बिना मुझे चोर की तरह गीदड़ भभकी दे रही हो, पिशाचिनी कहीं की !

शर्मिष्ठा : तुम ब्राह्मण लोग हम शूद्रों को कूड़ा-कर्कट समझते हो ? किस बात पर इतना घमंड ? तुम ब्राह्मणी होने भर से अपने को बड़ी महान समझती हो ? बुद्धिमान मूर्ख को दबाएँ और बलवान, निर्बलों पर अत्याचार करें, क्या यही मनुष्य का धर्म है ? क्या तुम्हीं लोगों ने जाति भेद के नाम पर समाज को नहीं बाँट दिया है ? मनुष्य कब तक इस अतिचार को सहेगा ! हम अनार्य, आर्यों से जबान नहीं लड़ा सकते, शूद्रों की जबान मोटी होती है, हममें उचित-अनुचित का बोध कम है, लेकिन हिम्मत है, तो दो-दो हाथ करके देखो। ध्यान रखो, मूर्ख में भी बल होता है, तुम्हारी हड्डी-पसली एक कर दूँगी।

(कहते-कहते देवयानी की ओर बढ़ती है)

देवयानी : आओ, आओ ! सोचती हो डर जाऊँगी ! तुम्हारे बाल नोच लूँगी।

(गुत्थमगुत्था होकर एक-दूसरे के बाल खींचने लगती हैं। सखियाँ शर्मिष्ठा को बचाती हैं और देवयानी को एक कुएँ में धकेल देती हैं।)

एक सखी : जाओ, इसी कुएँ की कीचड़ में मरो, तुम्हें गिद्ध फाड़ खाएँ, तुम्हारे शव को सियार घसीटें। अब अपने आप पर खूब इतराओ, घमंड करो, जी भर गालियाँ दो। तुम जैसे लोग बस गालियाँ देना ही जानते हैं। शूद्रों को तुम लोग कुत्ता समझते हो। सामने पड़े नहीं कि चिल्ला पड़ते हो, 'अह ऽऽ छू जाएगा,' 'छू जाएगा', 'हटाओ', 'हटाओ'। हमसे ये सब सहा नहीं जाता।

दूसरी सखी : *(हथेली पर मुक्का मारते हुए)* बड़ा मजा आया, मरो। ब्राह्मणों ने

हमें तबाह कर डाला। याचक ब्राह्मण, सबसे आगे बैठनेवाले ब्राह्मण, स्वादिष्ट भोजन डकारनेवाले ब्राह्मण...और जूठन खानेवाले शूद्र, बर्तन माँजनेवाले शूद्र। ब्राह्मण, क्षत्रिय कन्या को घर में रख सकता है, लेकिन उससे पैदा सन्तान को माँ के हाथ का बना भोजन नहीं खाने देता। आज तक सहते रहे, लेकिन अब और नहीं।

(सभी राजमहल लौट जाती हैं।)

देवयानी : *(कुएँ के भीतर से)* अगर मैं भी ब्राह्मण की जाई हूँ, तो बाहर निकलकर तुम सबके सिर फोड़ डालूँगी और अगर मैं यहाँ मर भी गई, तो मेरी हड्डियाँ तुम्हें बींध डालेंगी।

(महाराज ययाति सैनिकों के साथ शिकार करने आते हैं।)

ययाति : आज क्या हो गया ! पूरे दिन में एक भी शिकार हाथ नहीं लगा। इतनी देर में कोई पशु तक दिखाई नहीं दिया। प्यास के मारे प्राण गले को आ रहे हैं, किन्तु आसपास न कुआँ न कोई जलाशय ! सैनिको, पानी की खोज में जाओ, तब तक हम इस पेड़ की छाया में थोड़ा विश्राम करते हैं।

(सैनिकों का प्रस्थान। थोड़ी दूर जाते ही उन्हें एक आवाज सुनाई पड़ती है।)

देवयानी : *(सैनिकों की बातचीत सुनकर)* ओह, कौन है, मेरी रक्षा करो, मुझे बचाओ।

पहला सैनिक : यह आवाज कहाँ से आ रही है !

दूसरा सैनिक : वनमानुष होगा ! चलो, भाग चलें *(भागना चाहता है)* कहते हैं, इस वन में बहुत वनमानुष हैं।

पहला सैनिक : चुप रहो, मूर्ख कहीं के। यह मनुष्य की आवाज है, कान लगाकर सुनो।

तीसरा सैनिक : वो, सामने कुआँ दिखाई दे रहा है। लगता है, आवाज उसी के भीतर से आ रही है, आओ, देखें।

(सैनिक कुएँ के पास जाते हैं।)

पहला सैनिक : *(कुएँ के भीतर झाँकते हुए)* कुएँ में कोई गिरा-पड़ा है।

तीसरा सैनिक : इस कुएँ से पानी भरना चाहिए या नहीं, इसके लिए महाराज की आज्ञा लेना अनिवार्य है।

दूसरा सैनिक : सही है, आज्ञा लेना आवश्यक है। *(अन्य सैनिकों से आगे बढ़ते हुए स्वगत)* इस बार तो पदोन्नति होनी ही चाहिए। *(ययाति को प्रणाम करता है)* महाराज ! कुआँ भी है, पानी भी है और उसमें कोई गिरा भी पड़ा है।

ययाति : अरे, क्या कहा ! पानी को क्या हुआ, कुएँ में कौन गिरा-पड़ा है ? कहाँ ?

दूसरा सैनिक : *(बहुत भयभीत स्वर में)* सेवक कुछ नहीं जानता। उस सैनिक ने जो बताया, उसी के अनुसार सूचना दे रहा है।

ययाति : तो भी, कुएँ में एक व्यक्ति तो गिरा है। कहाँ है वह ? साफ-साफ कहो। तुम सैनिक होकर भी दूसरे के जीवन की चिन्ता छोड़ अपनी भलाई की चिन्ता कर रहे हो !

तीसरा सैनिक : महाराज कुआँ उधर है *(संकेत करता है। ययाति कुएँ पर जाता है और बेचैनी के साथ उसमें झाँकता है।)*

ययाति : ओह, सर्वनाश ! सर्वनाश ! एक व्यक्ति डूब रहा है। जरा भी विलम्ब हुआ तो मर जाएगा। किसी उपाय से इसे बचाना चाहिए। अरे, तुम कौन हो ? हाथ ऊपर उठा सकते हो ? उठाओ, हम तुम्हें खींच लेंगे।

(देवयानी दायाँ हाथ ऊपर उठाती है। ययाति कुएँ के पासवाली जमीन में एड़ी जमाकर एक हाथ से एक छोटा पेड़ पकड़ता है और दूसरे हाथ से देवयानी की कलाई पकड़कर उसे ऊपर खींचता है। पूरी तरह भीगी देवयानी कुएँ से बाहर निकलकर खड़ी हो जाती है।)

ययाति : *(आश्चर्य से स्वगत)* अरे, यह तो सुन्दरी कन्या है। लक्ष्मी है या सरस्वती ! या फिर वन-देवी है ! काले मेघों में चमकती तड़ित् सी, गुदड़ी से निकली मणि सी, आकाश से टूटे तारे सी—यह तो इस कुएँ से एक सुन्दर युवती निकल आई ! *(प्रकट में)* देवी ! तुम मानवी हो या देवकन्या ! क्या हम जान सकते हैं कि तुम इस कुएँ में कैसे आ गईं।

देवयानी : *(कनखियों से देखते हुए)* मैं मानवी हूँ। किसी ने मुझे इस कुएँ में धकेल दिया था।

ययाति : तो देवी, उस निष्ठुर ने तुम्हें किस कारण धकेल दिया ?

देवयानी : क्या करेंगे जानकर ? अभी तो मन और बुद्धि थकन से टूटे हुए हैं। बाद में किसी दिन शान्त मन से बताऊँगी एकान्त में।

ययाति : किसी निर्दोष के साथ निष्ठुर व्यवहार करनेवाले को राजा के सामने उपस्थित करके उचित दंड दिलवाएँगे। ठीक है, देवी, नहीं बताना चाहती तो जाने दो, किन्तु क्या तुम अपना परिचय भी नहीं दोगी ? किसी कारण मार्ग भूल गई हो तो हम पहुँचा देंगे।

देवयानी : घर तो यहीं है। धीरज रखिए, परिचय भी मिल जाएगा। अभी तो आपने मेरी कलाई थामी है न !

ययाति : परिहास मत करो देवी ! संकट में पड़े व्यक्ति की सहायता करना मनुष्य का धर्म है। हमने अपना धर्म निभाया है, तुम्हारे असीम सौन्दर्य पर रीझकर तुम्हें कुएँ के बाहर नहीं निकाला है।

देवयानी : मेरे प्राण बचाने के साथ-साथ आपने मेरी जो प्रशंसा की है, उसके लिए मेरे पास खुशी और कृतज्ञता प्रकट करनेवाले शब्द नहीं हैं। लेकिन मेरे परिचय का अब कोई अर्थ नहीं बचा। मेरे निराश जीवन को यूँ ही नष्ट हो जाने दीजिए। मुझे इसी कुएँ में कूदकर मर जाने दीजिए।

ययाति : जिद्दी ! इस अधीर को मत सताओ। परिचय नहीं देना चाहती तो साफ-साफ मना कर दो।

देवयानी : लगता है, कुएँ से निकालते समय आपने जान-बूझकर मेरा हाथ मरोड़ दिया है। दाईं कलाई में बहुत दर्द हो रहा है, कहीं टूट न गई हो *(बाएँ हाथ से दाईं कलाई को मलती है)* ।

ययाति : विचित्र बात है। प्राण बचाने का प्रयत्न किया और हाथ तोड़ने के अपराधी बन गए। खैर कोई बात नहीं, दंड के रूप में हाथ काटकर देने को कहोगी तो वह भी करेंगे, किन्तु देवी ! अपना परिचय तो दो।

देवयानी : इससे बात नहीं बनेगी। मेरे हाथ की जगह एक पुरुष का हाथ जुड़ा देखकर देखनेवाले क्या समझेंगे ! ना, इसकी कोई तुक नहीं।

ययाति : तो, अब और क्या करने को बचा, केवल दास बनना शेष है !

देवयानी : *(स्वगत)* यही तो मेरी इच्छा है। *(प्रकट में)* इसीलिए कुछ तो करना ही पड़ेगा न !

ययाति : देवी ! लगता है अपना परिचय नहीं दोगी, हम चले जाते हैं।

देवयानी : आपको आक्रमणकारी की सी उतावली क्यों है ? कुएँ में गिरने के बाद से क्षण-भर को भी विश्राम नहीं मिला, जरा साँस तो ले लूँ।

ययाति : तुम्हारा परिचय कितना लम्बा है ? बताने में कितना समय लगेगा ? इस स्थान पर लोग तुम्हें हमारे साथ देखेंगे, तो क्या उचित होगा ?

देवयानी : आप बड़े हठी हैं। ठीक है, बता देती हूँ। मैं देवयानी हूँ, शुक्र गुरु की कन्या।

ययाति : अरे ! गुरु शुक्र की कन्या ! ओजस्वी ब्राह्मण की कन्या ! सर्वनाश ! सत्यानाश !! मैंने किसका स्पर्श कर लिया ! सैनिको, चलो, यहाँ अधिक ठहरना उचित नहीं। *(प्रस्थान)*

दूसरा सैनिक : *(चलते-चलते)* मैं तो इस कन्या की सुग्गे-जैसी नाक और बडरी आँखें देखकर ही समझ गया था कि यह कोई ब्राह्मण की जाई है,

लेकिन डर के मारे कुछ बोल नहीं सका।

देवयानी : *(स्वगत)* कौन हो सकता है यह ? कोई राज-पुरुष प्रतीत होता है। मन हुआ था कि परिचय पूछूँ, लेकिन क्या करूँ, दुविधा में ही पड़ी रही। कितनी मूर्ख हूँ मैं, जो कहना था कहा नहीं, बस बक-बक करती चली गई। ठीक है, जो हुआ सो हुआ, उसका जो भी नाम है, होने दो; वह मेरे हृदय में बस गया है। कहीं वह नहीं आया होता तो कौन जाने मेरी जीवन लीला यहीं पूरी हो जाती ! लेकिन पिताजी से भला लोग इतना डरते क्यों हैं ? क्या वे कोई विषधर जैसे हैं ? कभी-कभी तो लगता है कि मैं उनकी पुत्री क्यों हूँ ! नहीं, दोष पिताजी का नहीं है। मेरा नाम ही अशुभ है। लोग सुनते ही काँप उठते हैं। मुझे नाम बदल डालना ठीक रहेगा।

यह पुरुष जाति भी कितनी निष्ठुर होती है ! 'मैंने किसका स्पर्श कर लिया'—कह कर चला गया। अपने आप ही चला जाता तो भी कोई बात नहीं थी, वह तो अपने साथ मेरा हृदय भी ले गया। ऐसा प्रेम-कंगन पहना गया, जिससे मुक्ति नहीं। हृदय में वियोग की अग्नि दहका गया। मैं इसे कैसे झेल पाऊँगी; मुझमें तो शर्मिष्ठा के दर्प ने क्रोध की लपटें पहले से ही भड़का रखी हैं। प्रेम की दाहकता सहूँ या फिर क्रोध में जलूँ ? आह ! सह नहीं सकती। शिकारी के जाल में फँसी, विष बुझे तीर से बिंधी, शावक से बिछुड़ी हिरणी की दशा क्या ऐसी ही होती होगी ! इस संसार के तापों में विरहाग्नि के ताप और पराजय के ताप के मेल से बनी दाहकता से बढ़कर कोई और ताप भी होता है ? शायद इसीलिए मनुष्य इतनी आसानी से आत्मघात कर लेता है ! इससे तो कुएँ में ही कहीं अच्छा था; व्यर्थ है, मैं फिर से उसी कुएँ में छलाँग लगा लूँगी। *(कूदने को होती है)*

घूर्णिका : *(पीछे से देवयानी की कमर बाँहों में लपेट लेती है)* ठहरिए देवी, सँभलिए, कुएँ में डूबना अच्छा है या मेंढक बन जाना चाहती हैं ! यह कैसा कुंड है ? क्या यही प्रेम सरोवर है ? इसमें डूब मरने से प्रेम-मिलन हो जाएगा ? यदि सचमुच ऐसा है, तो आपके साथ मैं भी डूब मरूँ ?

देवयानी : छोड़ दो मुझे, तुम कौन हो ? कुंड ऽऽऽ सरोवर क्या कह रही हो ? अरे, घूर्णिका ! तुम यहाँ क्या कर रही हो ? मैं बहुत क्रोध में हूँ, मेरे सामने मत पड़ो, जाओ यहाँ से चली जाओ।

घूर्णिका : क्रोध मत कीजिए देवी, शान्त हो जाइए। असमय परिहास करके सेविका ने अपराध किया है, क्षमा कर दीजिए। मैं तो गुरुदेव की

आज्ञा से आपकी खोज में निकली थी।

देवयानी : *(आँसू पोंछते हुए)* घूर्णिका मैं वापस नहीं जाऊँगी। यहीं मृत्यु को प्राप्त करूँगी, यदि शर्मिष्ठा रहेगी तो इस संसार में नहीं रहूँगी। उसने मुझे कुएँ में ढकेला। अपवित्र, शूद्र, लात मारी। मैं जीवित नहीं रहूँगी।

घूर्णिका : उसका भी न्याय होगा देवी ! अभी तो आप चलिए। आप यहाँ अकेली रह भी जाएँगी तो वह लौटकर आनेवाला नहीं है।

देवयानी : 'वह' किसे कह रही हो ?

घूर्णिका : नहीं समझीं, रहने दीजिए। आप अच्छी तरह जानती हैं। साफ ही कहलवाना चाहती हैं तो 'वह' महाराज ययाति हैं।

देवयानी : तब तो मामला और भी उलझ गया। महाराज ययाति कौन हैं ?

घूर्णिका : देवयानी के पति। अब तो समझ गईं न ! जानते-बूझते अनजान बन रही हैं। मैंने शुरू से अन्त तक सब देखा है। कल महारानी बनकर मुझे भूल मत जाइए।

देवयानी : चल हट् ! अपनी बेटी को ही महारानी बना दे न !

घूर्णिका : मेरी बेटी की बात रहने दीजिए। अभी तक तो मुझे कोई पुरुष ही नहीं मिला।

देवयानी : मैं कल तुझे काठ का एक पति बना दूँगी, अब जल्दी से चली जा।

घूर्णिका : बेकार की बातें छोड़िए। मैं गुरुदेव से सब कुछ बता दूँगी। चलती हूँ।

(घूर्णिका आँखें मटकाते हुए, हँसते हुए दौड़ जाती है। शुक्र को समाचार देती है।)

देवयानी : *(स्वगत)* अच्छा, मुझे बाहर निकालनेवाले ययाति महाराज हैं। अवश्य वही होंगे। देखने में साधारण नहीं लगते थे। तो उन्हें जादू भी आता है क्या ? जब उन्होंने मेरी कलाई पकड़ी, शरीर रोमांचित हो उठा। मैं आतंकित हो गई, मानो बिजली कड़की हो। उनके चरणों में यह वनस्पति तक नतमस्तक थी। फिर मैं तो नारी थी, भला कैसे सहन कर पाती ! ठीक है, अगर मैं सचमुच ब्राह्मण कुल में जन्मी हूँ तो ययाति महाराज से निश्चय ही विवाह करूँगी। उसके बाद शर्मिष्ठा को अपनी दासी बनाऊँगी। यदि ऐसा न कर सकी तो मृत्यु को गले लगा लूँगी। *(शुक्र को आता हुआ देख विलाप करने लगती है।)*

आह ! कितना उद्धत व्यवहार ! पराधीनता में कितना दैन्य भरा है ! ऐसे में भला क्यों जीवित हूँ !

शुक्र : *(उत्तरीय के छोर से देवयानी के आँसू पोंछते हुए)* बेटी देवयानी !

तुम यह भी भूल गईं कि तुम्हें आश्रम लौटना है। आओ चलो, तुम्हें भूख-प्यास नहीं सताती क्या ?

देवयानी : *(रोते हुए)* पिताजी, मैं आश्रम नहीं लौटूँगी। आज शर्मिष्ठा ने मेरे साथ उद्दंड व्यवहार किया है। उस शूद्रा शर्मिष्ठा ने मुझ ब्राह्मणी के वस्त्र पहन लिए; अपनी सेविकाओं के साथ पैरों से रौंदा और मृत समझकर कुएँ में ढकेल दिया। उसने आपको भी अपने पिता का दास कहा। मैं सहन नहीं कर सकती। यह जीवन व्यर्थ है, मैं मृत्यु को प्राप्त करूँगी।

शुक्र : ओह ! उसने मेरी पुत्री के साथ ऐसा व्यवहार किया ! शान्त हो जाओ, क्रोध मत करो। क्रोध के समान मनुष्य का कोई शत्रु नहीं। कहा जाता है, सौ वर्ष तप करने वाले और क्रोध को वश में करने वाले–दोनों को बराबर फल मिलता है। समझी बेटी ! तुम्हारी किसी भूल के कारण ही तुम्हारे साथ कठोर व्यवहार हुआ होगा। हम लोग प्रजा हैं, उसके पिता राजा हैं, फिर दास कहे जाने में कैसा अपमान। क्रोध मत करो बेटी। आओ घर चलें।

देवयानी : यह सब मैं स्वयं समझती हूँ। क्या मैं आपकी पुत्री नहीं हूँ ? क्या मैंने माँ के साथ आपका झगड़ा नहीं देखा ? क्रोध पर भला कौन विजय पा सका है ? संसार त्यागी, मोह विरत वैरागी और धर्म को तपस्या समझने वाले योगी और ऋषि ही क्रोध का संवरण कर सकते हैं। साँप के काटने पर यदि शरीर के उस अंग को काट दिया जाए तो आदमी ठीक हो जाता है, कोई विषपान कर ले तो तुरन्त उल्टी करने से ठीक हो सकता है, लेकिन मेरी नस-नस में और मस्तिष्क में शर्मिष्ठा की उद्दंडता भरी बातें फैल गईं हैं। मैं उनमें जली जा रही हूँ। सहन नहीं कर सकती और न जीवन-भर भूल सकती हूँ।

शुक्र : तो फिर क्या उपाय है ? तुम्हारे दुख के निवारण के लिए क्या करना होगा ?

देवयानी : शर्मिष्ठा को उसकी हजार सेविकाओं सहित मेरी दासी बनाना होगा, तभी यह अग्नि शान्त होगी। पिताजी, मैं मृत्यु का वरण कर लूँ या आप शर्मिष्ठा को मेरी दासी बनाएँगे, निश्चय कीजिए।

शुक्र : *(स्वगत)* पुत्री को जन्म देकर तो संकट में पड़ गया हूँ, जब तक इसकी इच्छा पूरी नहीं होगी तब तक लाख मारो, समझाओ, यह नहीं मानेगी। न प्रताड़ना का भय, न डाँट की लज्जा और न समझाने का ही असर, तो क्या किया जाए ? टूटे पत्थर को फिर से जोड़ना आसान है। जल और तेल को मिला देना भी किसी

सीमा तक सम्भव है, लेकिन देवयानी को समझाना पूर्णतः निष्फल है। *(प्रकट में)* अच्छा बेटी, मैं राजा के पास जाऊँगा। अब तो आश्रम चलें।

तीसरा दृश्य

राज प्रासाद

(राजा वृषपर्व पाँसे खेल रहे हैं। गुरु शुक्र को आते देख उठकर प्रणाम करते हैं तथा उन्हें और देवयानी को आसन पर बैठाते हैं।)

वृषपर्व : प्रणाम गुरुदेव ! कैसे कष्ट किया ? आज्ञा कीजिए।

शुक्र : महाराज वृषपर्व, हमें विदा कीजिए, हम पिता-पुत्री आज ही आपकी यह राजधानी त्याग कर चले जाएँगे, वन में कन्दमूल खाकर जीवन व्यतीत करेंगे। आप आनन्दपूर्वक शासन चलाइए।

वृषपर्व : ओह गुरुदेव ! यह क्या आज्ञा दे रहे हैं ! दास से क्या अपराध हुआ, क्या मेरे राज्य में कोई अन्याय हुआ ! बताइए गुरुदेव।

शुक्र : वृषपर्व; आपके इस राज्य में दीन-हीनों का कोई स्थान नहीं रहा। यहाँ केवल बलवानों की चलती है। राजकुमारी शर्मिष्ठा ने देवयानी को छल से घने जंगल में ले जाकर अपनी सेविकाओं के साथ कुएँ में ढकेल दिया और मारने की चेष्टा की। यदि शिकारी इसे न निकालते तो यह मृत्यु को प्राप्त हो जाती। जहाँ अपने-पराए का भेदभाव हो, राजपुत्री होने के दर्प में उच्छृंखलता की जाए; ऐसे अन्यायी राज्य में रहना व्यर्थ है। देवयानी उठो, वन को चलें। राजा के ऐश्वर्य भोग से अच्छा है कि वन में कन्दमूल खाकर जिएँ। *(उठने का प्रयास)*

वृषपर्व : *(गुरु शुक्र का हाथ पकड़कर रोकते हुए)* गुरुदेव ! सेवक को इस विषय में कुछ भी ज्ञात नहीं है। मेरी पुत्री ने ऐसा व्यवहार किया ! वह मर्यादा भूल गई ! यदि शर्मिष्ठा ने ऐसा किया है तो उसे उचित दंड मिलेगा। मेरी पुत्री होकर भी वह बच नहीं सकती गुरुदेव !

शुक्र : महाराज ! करने की बात नहीं, राजकुमारी ऐसा कर चुकी है। देवयानी मृत्यु के मुँह से निकलकर आई है। अधिक कहने से क्या लाभ, मार्ग दीजिए, मैं जा रहा हूँ।

वृषपर्व : शान्त होइए गुरुदेव ! आपके चले जाने से यह राज्य नष्ट हो जाएगा। इन्द्र आदि देवताओं के छल-कपट से पूरी तरह बिखर जाएगा। सारा राज-कोष आपके चरणों में अर्पित करता हूँ। मुझ

पर क्रोध करते हुए भी अभागे देशवासियों और निर्बलों पर दया करके शान्त हो जाइए।

शुक्र : *(क्रोध पर नियन्त्रण करके शान्त हो मुस्कुराते हुए)* महाराज, राजकोष का मैं क्या करूँगा ? वह मुझे नहीं चाहिए। मुझे आप पर क्रोध नहीं है, किन्तु राजकुमारी शर्मिष्ठा बहुत स्वेच्छाचारी है। देवयानी की हत्या का उसका प्रयास भारी अन्याय है। ठीक है, जो हो चुका उसका क्या सोचना मेरे लिए अपने-पराए में कोई भेद नहीं है, फिर भी देवयानी को समझाइए। वह तैयार है तो मुझे कोई आपत्ति नहीं।

वृषपर्व : बेटी देवयानी, तुमने रक्षा नहीं की तो यह राज्य नष्ट हो जाएगा। तुम्हें मुझसे अथवा शर्मिष्ठा से सहानुभूति न भी हो, तो भी राज्य और प्रजा पर दया करो।

देवयानी : महाराज, चाहे राज्य की सारी प्रजा नष्ट हो जाए, सूर्य पूर्व दिशा के स्थान पर पश्चिम से उदय होने लगे, हिमालय बिखरकर समुद्र को पाट दे, यह धरती बाती बन जाए और जल तेल बन जाए और उससे यह सृष्टि जल जाए, शूद्र ब्राह्मण के बराबर हो जाएँ फिर भी गुरु शुक्र की पुत्री ब्राह्मणी देवयानी अपनी प्रतिज्ञा पर अटल है। उसकी मृत्यु या शर्मिष्ठा को उचित दंड।

वृषपर्व : ठीक है पुत्री, यही उचित है। शर्मिष्ठा का उचित दंड है–उसका आज ही राज्य से निष्कासन।

देवयानी : शर्मिष्ठा को निष्कासन का दंड पर्याप्त नहीं है। वह तो दूसरे राज्य के किसी राजकुमार से विवाह करके महारानी बनी आनन्द करेगी–ऐसे दंड का क्या अर्थ ? यह तो उसके लिए पुरस्कार होगा। उसका उचित दंड है, उसे आजीवन मेरी दासी बनाना। वह जीवन-भर विवाह नहीं कर सकेगी, सन्तान का मुख नहीं देख सकेगी, उसे दिन-रात बिना सोए मेरे पाँव दबाने होंगे। हर समय मेरे तीखे शब्द सुनने होंगे, मेरा क्रोध भरा भयंकर रूप सहना होगा, तीखी दृष्टि सहनी होगी। विषधर के समान व्यंग्य भरे शब्दों से उसका हृदय जलेगा–तब कहीं मेरा क्रोध तनिक शान्त होगा।

वृषपर्व : पुत्री ! तुम जो चाहती हो वही होगा। शर्मिष्ठा को अपने अपराध का प्रायश्चित करना होगा। धात्री ! शर्मिष्ठा को बुलाओ। *(स्वगत)* ओह ! देश का राजा ! देश के सामने व्यक्तिगत इच्छा की रक्षा ! असम्भव ! *(शर्मिष्ठा का सखियों के साथ प्रवेश तथा गुरु शुक्र और पिता को प्रणाम)*

शर्मिष्ठा : गुरुदेव ! पिता महाराज ! शर्मिष्ठा प्रणाम करती है पिताजी। मुझे

असमय बुलाने का क्या कारण है ?

वृषपर्व : पुत्री, राज्य पर संकट आ जाने के कारण तुम्हें सहायता के लिए बुलाया गया है। बेटी शर्मिष्ठा, तुम मेरी हृदय वाटिका की एकमात्र कली हो। वृषपर्व के कुल में आगे से पीछे तक बस तुम्हीं हो शर्मिष्ठा। मेरे इस नष्टप्राय वंश में तुम, अमावस्या की रात्रि में टिमटिमाते खद्योत के समान हो, लेकिन बेटी शर्मिष्ठा, तुम यह क्या कर बैठीं ? *(तनिक क्रोधपूर्वक)* राज-काज में, प्रेम में अपने-पराए का महत्त्व नहीं होता। तुमने देवयानी को कुएँ में ढकेलकर एक व्यक्ति का जीवन नष्ट करने की कोशिश की है, इस कारण देवयानी तुमसे रुष्ट है। गुरुदेव, पिता-पुत्री राज्य त्याग कर जाने को तैयार बैठे हैं। गुरुदेव चले गए तो देवताओं का छल-कपट इस राज्य को नष्ट कर डालेगा। प्रजा मारी-मारी फिरेगी, इसलिए तुम्हें तुम्हारे अपराध का दंड दिया जा रहा है। तुम आज से देवयानी की दासी रहोगी। बेटी, तुम्हें दंड सुनाने से मेरे हृदय में तुम्हारा प्रेम कम नहीं हो गया है। यह दंड तुम्हें राज्य के मंगल और प्रजा को संकट से बचाने के लिए भोगना होगा शर्मिष्ठा !

शर्मिष्ठा : पिताजी ! इतनी सी बात के लिए आप क्यों दुखी हैं ! जो आपने कहा वह तो अच्छा ही है। मुझे आपकी आज्ञा शिरोधार्य है। यदि आपकी पुत्री दासी बनकर भी राज्य की रक्षा कर सके तो वह उसका सौभाग्य होगा। ऐसा सौभाग्य जो आज तक किसी नारी को प्राप्त नहीं हुआ। जीवन के विलास की अपेक्षा–चाहे थोड़ा ही क्यों न हो, राष्ट्र का कल्याण करना चाहती हूँ। मुझे स्वीकार है पिताजी, मैं देवयानी की दासी बनूँगी।

वृषपर्व : धन्य हो शर्मिष्ठा ! तुम्हारा निश्चय सुनकर मुझे सन्तोष हुआ। मेरी हठीली मानिनी बेटी शर्मिष्ठा, तुम बिना किसी अभाव के राजभवन में पली हो। मुझे अनुमान भी नहीं था कि तुम अपनी जाति को, अपनी मातृभूमि को इतना प्रेम करती होगी। आज तुम्हारा हृदय समझ पाया हूँ। बेटी तुम्हें तो किशोर अवस्था में ही तत्त्व-ज्ञान मिल गया है। नारी होते हुए भी राज-पुत्री के नाते तुममें अच्छे गुण भरे हैं। मातृभूमि के लिए तुमने मृत्यु से भी अधिक भयावह दंड को हँसते-हँसते स्वीकार कर लिया। शत्रु की दासी बनने से बड़ा और क्या दंड हो सकता है ! शूद्रों में तुम जैसी नारी का जन्म नहीं हुआ। तुम्हारे जन्म से देश का मंगल हो, युग-युगों तक तुम्हारा नाम रहे। जाओ पुत्री, मान लेना कि तुम्हें दंड देनेवाला राजा तो जीवित है किन्तु जन्म देनेवाला पिता आज से

मर गया। *(आँसू पोंछता है)*

शर्मिष्ठा : विदा कीजिए पिता महाराज ! प्रणाम। *(शर्मिष्ठा पीछे घूमकर दासी के वस्त्र पहनती है)* धाय ! मेरे स्वर्ण कंगन, मणि-मुक्ता-माला, हीरक नाइन, पद्‌मराग नाशिका, तुम रख लो। ये अब मेरे लिए व्यर्थ हैं। मैं जा रही हूँ दासी बनने।

धाय : राजकुमारी ! आपको अपनी पुत्री के समान बचपन से ही अपनी पीठ पर बाँधकर बड़ा किया। मैं आपको छोड़कर नहीं रह सकती। आपके साथ चलूँगी।

शर्मिष्ठा : *(सखियों की ओर देखते हुए)* प्रिय सखियो ! विदा करो, मैं अब देवयानी के पास रहूँगी।

सखियाँ : सखी शर्मिष्ठा ! हम इतने दिन तुम्हारे साथ रही हैं, तुमने हमें बहुत प्यार दिया है, फिर अब क्यों छोड़ती हो ? तुम्हारा सुख-दुख ही हमारा सुख-दुख है, हम सब भी तुम्हारे साथ ही चलेंगी।

शर्मिष्ठा : मैं अपनी आँखों से तुम्हारा दुख नहीं देख सकती। ठीक है, तुम लोग जिद पर अड़ी हो तो चलो। माँ को प्रणाम कर लूँ। इस विदा-वेला में माँ से भी विदा ले लूँ। *(जाने को उद्धत)*

देवयानी : अरी, दासी ! तुमने जिस क्षण दासत्व स्वीकार कर लिया, उसी क्षण से तुम मेरी दासी हो गई, अब महारानी की बेटी नहीं हो। तुम्हारी प्रतीक्षा करते-करते कितना समय व्यर्थ हो गया। शीघ्रता करो, मेरे पैर दबाओ। *(शर्मिष्ठा की सखियों से)* अरी कलमुहियो ! क्या तुम्हें मक्खियाँ दिखाई नहीं देतीं ? आओ चँवर डुलाओ।

शर्मिष्ठा : *(स्वगत)* मेरे कानों ! तुम बहरे हो जाओ, नेत्रों ! देखते हुए भी अन्धे हो जाओ, शिराओं में बहते गर्म रक्त ! ठंडे पड़ जाओ, हृदय ! देवयानी के विषाक्त कटु शब्दों को सूखा काष्ठ चीरने की भाँति सहो। हा ईश्वर ! मूर्ख शूद्रों की आँखें कब खुलेंगी ! *(प्रकट में)* स्वामिनी, पैर दबाती हूँ। *(पैर दबाती है, धाय छिपते हुए जाकर महारानी से शर्मिष्ठा की दशा बताती है।)*

महारानी : *(व्याकुल होकर इधर-उधर डोलते हुए अपने वक्ष पर मुक्के से आघात करती है)* हाय ! यह क्या हो गया ? सर्वनाश, यह स्वप्न है या सत्य। प्यारी शर्मिष्ठा आओ मेरे साथ राजमहल में चलो। मैं तुम्हें यहाँ नहीं छोड़ सकती। *(शर्मिष्ठा का हाथ पकड़कर खींचती है)*

शर्मिष्ठा : माँ ! शान्त हो जाइए। मुझे आपसे बिछड़ना ही होगा। मैं अब देवयानी की दासी हूँ। यदि अस्वीकार करूँगी तो यह राज्य नष्ट हो जाएगा। यह दंड मैंने राज्य के कल्याण हेतु स्वयं स्वीकार किया है।

महारानी : राज्य नष्ट हो जाएगा—क्या इसीलिए अपनी बेटी को दासी बना

दूँ ! असम्भव ! एक राज्य की बात छोड़ो, यह सारी पृथ्वी भी मेरी बेटी के एक कपोल के समक्ष हलकी है। *(शर्मिष्ठा का चुम्बन लेती है)* चलो बेटी, तुम्हें एक-पल न देखूँ तो सारा संसार अन्धकारमय लगने लगता है। ऐसे जगत से भला मेरी बेटी की तुलना कैसे हो सकती है !

शर्मिष्ठा : यह राजदंड है माँ। देवयानी को कुएँ में ढकेलने का दंड। विदा करना ही होगा।

महारानी : दंड देनेवाला कौन है ? तुम्हारे पिता ही न ! सन्तान-प्रेम बस इतना ही है ! माँ तो अपनी सन्तान को प्राणों से भी अधिक चाहती है। यदि उपाय नहीं है तो तुम्हारी माँ भी तुम्हारे साथ चलेगी और दासी बनेगी। मैं तुम्हें नहीं छोड़ सकती, क्षण-भर न देखूँ तो पागल हो जाती हूँ।

देवयानी : अगर माँ-बेटी साथ रहीं, तो दासी होने का दुख ही क्या मिलेगा। महारानी के डर से शर्मिष्ठा को एक कड़वी बात तक न सुना सकूँगी। चलिए पिताजी, मैं ऐसे ही मर जाऊँ तो अच्छा है।

वृषपर्व : ठहरो देवयानी ! महारानी सन्तान-मोह में कह रही हैं। वे वैसा कुछ नहीं करेंगी। *(महारानी से)* महारानी तुम्हारे निर्णय लेने का समय आ गया है; संसार में कौन किसका है ? तुम्हारा-हमारा बस कुछ समय की बात है, अन्त में तो अकेले ही जाना है। कोई किसी के साथ नहीं जाएगा। परोपकार के लिए किया गया संकल्प कभी व्यर्थ नहीं जाता। तुम्हारी बेटी की मृत्यु तो नहीं हुई है न ! उसके सामने तुम्हें लज्जा आनी चाहिए। यह कल की लड़की कितनी बुद्धिमती है ! लगता है, तुम्हें तो कुछ बोध ही नहीं है। कोई लाभ नहीं, आओ चलें।

महारानी : महाराज ! मैं भीतर जाकर किसे देखकर जिऊँगी। सन्तान भी तो दो नहीं हैं। प्यारी शर्मिष्ठा ! शर्मिष्ठा !

वृषपर्व : महारानी, कैसे कह रही हो कि केवल एक ही सन्तान है। क्या इतने सारे प्रजाजन हमारी सन्तान नहीं ! आओ चलें। *(महारानी का हाथ पकड़कर खींचता है।)*

(गुरु शुक्र से) गुरुदेव अब पुत्री और दासियों के साथ लौट जाइए। हम लोग भी विदा लेते हैं।

शुक्र : मंगल हो, मंगल हो, महाराज वृषपर्व का मंगल हो ! *(सबका प्रस्थान)*

महारानी : प्यारी शर्मिष्ठा ! मैं बेटी के बिना नहीं रह पाऊँगी। आज से मैं एक बेला ही खाऊँगी। शर्मिष्ठा ! शर्मिष्ठा ! *(अचेत होकर गिर जाती है)*

अंक : दो

पहला दृश्य

राज प्रासाद

ययाति : *(स्वगत)* ययाति ! तेरा मन बार-बार चैत्ररथ वन जाने को क्यों व्याकुल है ! क्या जंगल के उस कुएँ में ही मेरा हृदय रह गया है ? वह वन तुझे हाथ के संकेत से बार-बार बुलाता सा लगता है। आह, देवयानी ! वह कितनी सौन्दर्यमयी है। भीगे-भीगे हवा के झोंकों से उठती जल-तरंगों की भाँति पूर्ण विकसित तन का सौन्दर्य। वस्त्रालंकारों की बाधा को तोड़ उठती स्वच्छन्द लहरों में ययाति डुबकी लगा रहा था। कुएँ के भीतर से बढ़ाया उसका हाथ, विकसित श्वेत कमल जैसा था। वह हाथ पकड़कर ऊपर जो खींचा तो अब तक मेरे हाथों में सुगन्ध शेष है। *(हाथ सूँघकर)* वाह, कितना सुगन्धित ! लालिम-लालिम पतले-पतले चंचल अधर हिलते तो लगता जैसे ओस कणों पर सूर्य का प्रकाश पड़ रहा हो। वह दृश्य अब तक मेरी आँखों में है। मेरे वक्ष पर शोभायमान मणि-मुक्ताओं में से एक भी उसके दाँतों के समान सुन्दर नहीं। मेरी कुरूप छाया उसके चमकते दाँतों पर पड़ी, इससे मैं लज्जित हूँ। सम्राट होते हुए भी मेरा धनुष उसकी भौंहों के सामने कुछ नहीं है। सबसे भयावह तो उसके चंचल-चपल तीक्ष्ण पद्म-लोचन हैं। मेरे तरकश में उसकी तीक्षण दृष्टि के समान एक भी बाण नहीं। उसका कनखियों से देखना मेरे हृदय में अभी तक चुभ रहा है। शरीर में अनेक बाण चुभें हैं, अनेक तलवारों ने अंगों को बेधा है, फिर भी उसकी कनखियों की चुभन जैसी पीड़ा नहीं हुई; और उससे प्रेम पहले और परिचय बाद में हुआ। पहली दृष्टि का प्रेम सह्य था लेकिन जब पता चला कि सामाजिक बन्धन के कारण हमारा मिलन असम्भव है तो यह प्रेम दावानल की जलन से कहीं अधिक बढ़ गया। असम्भाव्य जानते हुए भी प्रेम उमड़ रहा है, यह

कैसा जादू है ! मत देखो कहने पर अधिक देखने की इच्छा, मत खाओ कहने पर और अधिक खाने की चाह–यह शायद मानव की जन्मजात निर्बलता है। यदि इससे मुक्ति का उपाय हो तो दुखों की मात्रा कुछ कम हो जाए। उँह ! गुरु शुक्र की इस कन्या के ध्यान में डूबना उचित नहीं। ओह ! मेरे मन में बुरे विचार प्रवेश कर गए हैं, इन्हें भुलाने के लिए आखेट पर जाना होगा। *(प्रकट में)* सेनापति।

सेनापति : महाराज ! क्या आज्ञा है ? *(प्रणाम करता है)*

ययाति : हमें आखेट पर निकलना है। पिछले आखेट में एक भी पशु हाथ नहीं लगा था। आज कोई-न-कोई आखेट मिलना ही चाहिए। सैनिकों को शीघ्र तैयार करो।

सेनापति : जो आज्ञा।

दूसरा दृश्य

(देवयानी का शयन-कक्ष)

(सखियाँ काम निबटाकर सो जाती हैं। देवयानी को नींद नहीं आती।)

देवयानी : *(स्वगत)* मन व्याकुल हो रहा है, अनिष्ट की आशंका घेर रही है, शर्मिष्ठा पर जो क्रोध था, उसकी ज्वाला भी ठंडी हो गई है। दासियाँ दिन-रात सेवा में ज़ुटी हैं। मनचाहा खान-पान, मनचाहा पहनावा, फिर भी मन में न सुख न चैन। एक अजीब-सा अभाव और सूनापन घेर रहा है। यह सब क्या है ! चैत्ररथ वन भुलाए नहीं भूलता, लगता है मन उसी से जुड़ गया है। उसी जंगल में थोड़ी देर साथ रहने के कारण मेरे मन में शत्रु शर्मिष्ठा के प्रति भी प्रेम-भाव सा उत्पन्न हो रहा है। उस जंगल से इतने नेह का क्या कारण हो सकता है। हो सकता है, उसकी पद-धूलि के कुछ कण वहाँ गिरे हों, इसी से उसके प्रति इतना प्रेम उमड़ रहा हो ! वह पुरुष प्रेम का स्रोत हो शायद ! पहले कितनी प्रसन्न, कितनी स्वच्छन्द थी ! लगता है ययाति को देखनेवाले दिन मेरे हृदय को प्रेम-कीट ने काटकर टुकड़े-टुकड़े कर दिया, लगता है तन में कोई रोग लग गया, वह स्वच्छन्दता न जाने कहाँ खो गई ! मैं चिन्ता की दासी हो गई हूँ, पागल हो गई हूँ। कहाँ जाऊँ ! लेकिन उसने तो कनखियों से भी नहीं देखा। डरकर ऐसे भागा जैसे किसी

राक्षसी से सामना हो गया हो। क्या मेरी बातचीत में, व्यवहार में कोई भूल हो गई ! मेरा जीवन व्यर्थ है। पहले मौत से बड़ा डर लगता था, लेकिन अब वह बड़ी आसान लगती है। कोई रास्ता दिखाई नहीं देता, किससे पूछूँ, मेरा साथ देनेवाला कौन है ? दूसरों की बात जाने दो, मेरी इन्द्रियाँ तक मेरे पक्ष में नहीं रहीं, खुद उनमें एकता नहीं। जो मन कहना चाहता है, होंठ उसे नहीं कह सकते। मन कहता है कोई लाभ नहीं छोड़ दो, पर हृदय मानने को तैयार नहीं। कान सन्देश के लिए, आँखें रूप के लिए और पैर उसके पास जाने के लिए रस्से तुड़ा रहे हैं। कोई चुप बैठना नहीं चाहता। क्यों हो रहा है ऐसा ? क्या उसने मेरे दुखों को तनिक भी नहीं समझा; मेरी तरह उसके पास भी तो हृदय होगा और वह पत्थर का तो नहीं होगा। इतने सुन्दर व्यक्ति का हृदय पत्थर का कैसे हो सकता है ! उसमें थोड़ी सी कोमलता तो अवश्य होगी। ठीक है, उनका कुछ सन्देश तो अवश्य सुनूँगी, यदि बोले कि मैं तुम्हें प्रेम नहीं करता, तो उनके सामने ही विष खा लूँगी। *(प्रकट में)* शर्मिष्ठा ! मुझे किसी के जादू-टोने ने पागल कर दिया है, पता नहीं क्यों, वन में भटकने की इच्छा हो रही है। सखियों से कहो, वन में क्रीड़ा करने चलें। तुम तो राज-कन्या हो। शृंगारिक चेष्टाओं में, बातचीत में, राज-व्यवहार में कुशल होगी, मेरा खूब शृंगार करो, मेरे रूप को सुन्दर बनाओ। रसभरी बातों से मुझे आनन्दित करो।

शर्मिष्ठा : ठीक है स्वामिनी ! आपका शृंगार अवश्य करूँगी, लेकिन रसभरी बातें नहीं आतीं। मैं शायद रसाभासवाली बातें ही करूँ। *(सखियों से)* स्वामिनी आज चैत्ररथ वन में शिकार पर जाएँगी, मृग पकड़ना है। वह मृग यों ही पकड़ में आनेवाला नहीं है। अस्त्र-शस्त्र, धनुष-बाण से भी पकड़ा जानेवाला नहीं। उस मृग को मनमोहक गीत से आमन्त्रित करके, केश-पाश का जाल बिछाकर, काम-मन्त्र से अभिषिक्त कनखी के तीर को भौंहों के धनुष पर चढ़ाकर ऐसा निशाना लगाना है कि वह जीवित ही पकड़ा जाए। जितनी सामर्थ्य है, उतना शृंगार कर लो। जितना सम्भव है अपने में कोमलता भर लो। केशों के छोर नितम्बों तक झुला लो। कानों में नाइन कर्णफूल, केशों में केशपाश पुष्प, उत्तुंग वक्ष पर स्वर्णहार, अँगुलियों में रत्न-मुद्रिका, पैरों में नूपुर–तनिक भी अभाव न रहे। स्वामिनी की सेवा में कैसा संकोच ! वक्र दृष्टि से देखना है, तोते की चाल चलना है, वस्त्राभरण को बार-बार सँभालना है। झीना उत्तरीय

धारण करना है। मन्द-मुस्कान से हँसना है। समझ लो न बुलाने पर भी बोलना होगा। बिना देखे देखना होगा। युवती सुलभ एक भी अस्त्र छूट न जाए। *(सखियाँ हलचल मचाते हुए वस्त्राभूषण धारण करती हैं, शर्मिष्ठा देवयानी के केश सँवारती है। वस्त्र पहनाती है, उसके बाद एक बड़ा सा दर्पण सामने कर देती है और हँसते हुए कहती है।)*

शर्मिष्ठा : स्वामिनी ! आज आप बहुत सुन्दर लग रही हैं। पूर्णिमा के पूर्ण सौन्दर्यवान चन्द्रमा की भाँति आपकी सुन्दरता भी पूर्णता को प्राप्त हो रही है। गर्भवती सर्पिणी के समान बीच में उभरी केश राशि, गुलाब की भाँति लाल कपोल, नटखट-चंचल पद्म लोचन, देखते हुए भी न देखने का आभास देनेवाली कनखी। यौवन के कारण स्वच्छन्द उभरा वक्ष, अनायास निमन्त्रण देते होंठ–सब कुछ पूर्ण है, कहीं कोई अभाव नहीं। आज तो वज्रपात होगा। मृग फँसता है फन्दे में, मछली जाल में, मक्खी गन्ने के रस में और पुरुष रूप में। इस रूप के जाल में न फँसनेवाला पुरुष–पुरुष है ही नहीं, सौन्दर्य का मूल्य न जाननेवाला, मूर्ख है। पुरुष को तो छोड़िए मैं भी मर मिटी हूँ आप पर। देखते-देखते मन भर ही नहीं रहा।

देवयानी : हट् ! ऐसा परिहास मत करो, मैं तो कुरूपा हूँ, तुम अपने ही जाल में फँसाओ।

शर्मिष्ठा : हाँ ऽ ऽ ऽ, कभी ऐसा भी समय आ सकता है।

(सभी का चैत्ररथ वन की ओर प्रस्थान)

तीसरा दृश्य

चैत्ररथ वन

देवयानी : सखियो ! एक सघन कुँज खोजो। नव लता-पत्रों से सुन्दर शैया तैयार करो। पुष्पों का कोमल तकिया बनाओ। मैं तनिक विश्राम लूँगी। दूर से चलकर आने के कारण थक गई हूँ। सिर चकरा रहा है।

(सखियाँ शैया बनाने का उपक्रम करती हैं।)

एक सखी : स्वामिनी ! शैया तैयार है।

देवयानी : शर्मिष्ठा ! मैं तनिक विश्राम करूँगी। तुम पैर दबाओ।

शर्मिष्ठा : जो आज्ञा स्वामिनी !

(देवयानी लेट जाती है; शर्मिष्ठा पैर दबाने लगती है।)

देवयानी : सखियो ! तुम सब नृत्य करो। शृंगारिक गीत गाओ, प्रेम की धारा

बहाओ; देखो कहीं ताल न टूट जाए।

(सखियाँ नृत्य करते हुए गीत गाती हैं।)

गीत

दूर पर्वत पर दहक रही दावाग्नि
गहराई रात, गहराई रात
झर-झर आएगी अम्बर से ओस
बुझ जाएगी आग, अपने-आप
प्रमदा के अन्तस में जलती दावाग्नि
गहराई रात, गहराई रात
झर-झर जो आती अम्बर से ओस
बढ़ जाता ताप, बढ़ जाता ताप
बाट जोहते कान, देखते राह
आया नहीं लेकिन प्रिय का सन्देश
लगन लगी आँखों को देखेंगी–
नहीं दिखता लेकिन प्रियतम का रूप

(दौड़ते हुए उनके बीच एक हिरणी का प्रवेश। चौंककर गीत और नृत्य बन्द कर देती हैं।)

शर्मिष्ठा : सखियो ! तुम्हारे गीत पर मोहित होकर हिरणी तक पागल होकर भागी चली आई है, किन्तु वह अब तक नहीं आया... !

एक सखी : गीत पर मोहित होकर नहीं आई होगी। शेर या फिर कोई शिकारी इसका पीछा कर रहा होगा। रुक-रुककर साँसें ले रही है।

देवयानी : इसे पकड़कर बाँध लो। शेर हो चाहे मनुष्य, होने दो। चाहे देवता हो, होने दो; देखती हूँ इसे मुझसे कौन छीन सकता है ?

(घोड़े पर सवार ययाति आते हुए दिखाई देते हैं। घोड़े को एक पेड़ से बाँधने के बाद प्रवेश।)

ययाति : देवियो ! मैं एक मृग का पीछा कर रहा था, वह इसी ओर आया है। क्या किसी ने देखा है ?

देवयानी : *(शैया से उठते हुए)* मृग तो मैंने बाँध रखा है। आपको केवल भागता हुआ मृग चाहिए, शरण में आया मृग नहीं !

ययाति : *(आश्चर्य में भरकर)* अरे ! गुरु शुक्र की कन्या देवयानी है ! देवी, कहाँ है मेरा हिरण, दो, मैं जाऊँगा।

देवयानी : ''गुरु शुक्र की कन्या देवयानी''–यह तो बहुत दूर के सम्बन्ध का सम्बोधन हुआ। क्या उससे निकट का कोई सम्बन्ध नहीं ! तनिक सोचकर देखिए, मैं कुएँ में गिरकर मर रही थी, आप न निकालते

तो अपने आप ही मर जाती, फिर किसी को कष्ट उठाने की क्या आवश्यकता रहती ! आप ही ने मुझे जीवन दिया। यदि यह सच है, तो मेरे देह-प्राण जीवन बचानेवाले व्यक्ति के नहीं हुए ? इसे भी छोड़िए, उस दिन कुएँ से निकालते समय मेरी दाईं कलाई पकड़नेवाला व्यक्ति कौन था ? यह भी भूल गए ! हम कन्याओं की तो जो पुरुष कलाई पकड़ लेता है, वही उनका पति बन गया माना जाता है। यदि इतना भी पता नहीं तो इस समय बड़े मन से जिस हिरणी का पीछा कर रहे हैं, मैंने अपने प्राण देकर भी उसकी रक्षा की प्रतिज्ञा कर ली है; इसलिए हिरणी के बदले आपको मुझे ही अपने साथ ले जाना पड़ेगा। शर्मिष्ठा ! उस हिरणी को छोड़ दो।

(शर्मिष्ठा हिरणी को छोड़ देती है, किन्तु वह दौड़कर शर्मिष्ठा के निकट बैठ जाती है।)

शर्मिष्ठा : स्वामिनी, यह तो भगाने पर भी नहीं भागती।

देवयानी : नहीं, वह मेरे बदले इसी वन में रहेगी।

ययाति : देवयानी ! तुम्हारे हृदय स्पर्शी शब्दों ने इस वन के पशु-पक्षियों तक को मोहित कर लिया है। यौवन की इच्छाओं से पूर्ण मैं इन शब्दों से व्याकुल हो गया हूँ, लेकिन तुम ब्राह्मण श्रेष्ठ गुरु शुक्र की कन्या हो और मैं चन्द्रवंशीय क्षत्रिय, हम दोनों का मिलन नहीं हो सकता। मैं गुरु शुक्र का अपराधी नहीं बन सकता।

देवयानी : आज तक कुल-जाति और वंश के बारे में न सोचा, न जाना। मेरा भोला मन तो यह सोचकर आनन्द सागर में गोते लगाता रहा कि मुझे जीवन का सच्चा साथी मिल गया है। मैं सोचती रही कि मेरे प्राणों का सच्चा धन दूर जाने पर भी लौट आएगा। इसी आशा में राह देखती रही और आज मेरे आशा-स्वप्न, मेरे सामने खड़े हैं। अब कुल और जाति की शंका त्याग दीजिए। अपना परिचय दीजिए और प्रेम-आसन ग्रहण कीजिए।

ययाति : देवी ! शौर्यहीन न होने पर भी आज पुरुषार्थहीन हुआ मैं, क्षत्रिय जाति के चन्द्रवंशीय महाराज नहुष का पुत्र ययाति हूँ, इस कारण मेरा-तुम्हारा विवाह नहीं हो सकता।

देवयानी : इतने दिनों तक मेरी इच्छा मानो किसी बौने की चाँद को छूने की कोशिश थी, लेकिन महाराज मैंने आपको उच्च कुल में जन्मा कोई बड़ा राजा जानकर यह इच्छा नहीं पाली थी। मैं तो विधि का विधान जानकर ही प्रेम-ग्रन्थि में बँधी दासी बनना चाहती थी।

ययाति : देवी ! मुझे अनुचित न समझो। उच्च वंश का होने के कारण

तुम्हारे साथ मेरा विवाह नहीं हो सकता, ऐसी बात नहीं, बल्कि मैं क्षत्रिय होकर ब्राह्मण कन्या से विवाह नहीं कर सकता।

देवयानी : ओह ! मैं देवयानी के रूप में नहीं रहना चाहती। शर्मिष्ठा, तुम देवयानी बन जाओ, मैं शर्मिष्ठा बनूँगी।

शर्मिष्ठा : कौन कह सकता है, यह असम्भव है ! स्वामिनी आप काम-बाण लग जाने से मत्त हो गई हैं। पहले तो भूलवश कपड़े पहन लेने भर से मुझे शूद्र की सन्तान, कुतिया, बिल्ली आदि कहकर बुरी-बुरी गालियाँ दी थीं और अब आप स्वयं शूद्र कन्या बनने को तैयार हैं। प्रेम-देव भी बड़ा विचित्र है, वह छोटे को बड़ा बना देता है, बड़े को छोटा; निकट को दूर कर देता है, दूर को निकट; दास को मालिक बना देता है, मालिक को दास; प्रेमदेव कुल-जात, निर्धन-धनवान सबको समान बना देता है। महाराज, स्वामिनी देवयानी की यह अवस्था हो गई है तो तनिक सोचने का समय आ पहुँचा है।

ययाति : देवी ! इस दशा में बुद्धि और हृदय एक-दूसरे का साथ नहीं देते। हृदय जो चाहता है उसे बुद्धि स्वीकार नहीं करती। *(शर्मिष्ठा की ओर संकेत करके)* तुम्हारी यह प्रिय सखी कौन है ?

देवयानी : राजा वृषपर्व की इकलौती सन्तान शर्मिष्ठा। अब यह मेरी दासी है। मैं इसी के कारण कुएँ में गिरी थी। क्या सोचने लगे महाराज ! चुप क्यों हो गए ! मैं तो आपका अनुगमन करूँगी।

ययाति : *(सिर खुजलाते हुए)* क्या उत्तर दूँ, समझ नहीं पाता। देवी, मेरी बुद्धि भ्रमित हो रही है। समाज की रीति, धर्म और परम्परा का रक्षक राजा भला स्वयं ही इतने मजबूत सामाजिक बन्धन को कैसे तोड़ सकता है ? देवी, शास्त्र ब्राह्मण और क्षत्रिय का विवाह स्वीकार नहीं करता।

देवयानी : महाराज, आप धर्म के रक्षक हैं, समाज के नियम-विधान भी अच्छी तरह जानते हैं। इस विषय में आपसे तर्क करना मेरी बुद्धि के परे है, लेकिन जब शास्त्र की बात उठी है तो विवाह हो सकने या न हो सकने का नियम समाज ने ही तो बनाया होगा, जबकि यह प्रेम प्रकृति का जाया है, मनुष्य द्वारा निर्मित नहीं। समाज की रीति-नीति, परिवर्तनशील है, प्रकृति के नियम कभी नहीं बदलते। दृढ़ स्वभाववाली प्रकृति का पुत्र 'प्रेम' चंचल स्वभाववाले समाज की पुत्री 'रीति' के अधीन रहे—यह कैसे सम्भव है ! समाज के नियम के अन्तर्गत छुआ-छूत और विवाह-व्यवस्था सम्बन्धी रीति-रिवाज की यह धारा प्रकृति के स्रोत से उत्पन्न न होने के

कारण समय के शक्तिशाली तूफान के सामने अपने आप ही बदल जाएगी। महाराज यह अपरिवर्तनशील प्राकृतिक प्रेम अन्धा, बहरा, निरंकुश और स्वेच्छाचारी होता है। यौवन आने पर यह कुछ अधिक ही पागल हो जाता है और जहाँ मन चाहे प्रवेश करता है। इस निरंकुश प्रेम के वश में हो जाने के कारण मुझ अबला का तन-मन सब आपको अर्पित है। मैं अब लौटूँगी नहीं। आपका अनुगमन करूँगी।

ययाति : देवी ! मुझे प्रेम से अनजान मत जानो। इसी प्रेम के वशीभूत मैं भी आज यहाँ पहुँचा हूँ, फिर भी प्रेमधारा में बने बाँध से उत्पन्न बाधा को लेकर चिन्तित हूँ। अब जो होना है, वह तो होना ही है किन्तु फिर भी हे प्रिय ! यदि हमने तुम्हारे पिता शुक्र गुरु की आज्ञा न ली तो दोनों ही संस्कारहीन और असभ्य कहलाएँगे।

देवयानी : उसके लिए मैं, जो भी होगा करूँगी। अभी इसी क्षण पिताजी से आग्रह करूँगी। वे मेरे कहने पर अवश्य मान जाएँगे। यदि न माने तो हठ करके मनाऊँगी। महाराज आप यहीं ठहरिए। शर्मिष्ठा, सखियो, चलो, आओ।

(देवयानी, शर्मिष्ठा और सखियों का प्रस्थान)

ययाति : *(स्वगत)* मेरा हृदय इतना चंचल क्यों हो उठा ! एकदम स्थिरता नहीं। मेरे वर्षाकाल के मन-सरोवर में एक कुमुदिनी और कमल खिले हैं। कमल के डंठल पर अछूत कहे जानेवाले सामाजिक रीति-रिवाज के काँटे लगे हैं और कुमुदिनी अधम दासी की प्रकाशहीन पर्तों से ढँकी है। वह लज्जा की महीन चादर में लिपटी है। उराका दुखी गन काले पर्दे रो ढँका लगता है। इस कगल के पास वस्त्र अलंकार कुछ नहीं; आँखें प्रकाशित अन्तःकरण को देखती हैं। कुमुदिनी के वस्त्रों से परत-दर-परत ढँके होने से उसका असली रूप दिखाई नहीं देता। मन होता है कि सारे श्याम-आवरण उतारकर देख डालूँ। सचमुच मेरे मन में आकाश के मध्य प्रकाशित पूर्णिमा के चन्द्र की अपेक्षा दक्षिण-पश्चिम में हरियाली भरे पहाड़ की ओट से कुछ समय के लिए चमकनेवाले, निकट ही ढँकने को प्रयासरत काले बादलवाले द्वितीया के चन्द्रमा को देखने की इच्छा उत्पन्न हो रही है। मेरे हृदय को वही आकर्षित कर रहा है। हे जगदीश्वर, विधाता ने क्या निश्चित कर रखा है। विधाता ही जानता है कि इस क्षण मेरे मन में दोनों पुष्पों के प्रति जो आकर्षण है, वह भविष्य में भी जीवन-भर रहेगा या नहीं !

चौथा दृश्य

गुरु शुक्र का आश्रम

(शुक्र वेद-पाठ कर रहे हैं। देवयानी का प्रवेश)

देवयानी : *(शुक्र के निकट पहुँचकर)* पिताजी ! आपको याद है, एक दिन मुझे चैत्ररथ वन में शर्मिष्ठा ने कुएँ में ढकेल दिया था और मैं मरनेवाली थी !

शुक्र : हाँ, हाँ, तो अब क्या हुआ ?

देवयानी : हुआ क्या, उस दिन मुझे बचानेवाले ययाति महाराज थे। वे न आते तो मैं जीवित न बचती।

शुक्र : तो फिर ? तुम्हारी एक हठ ने एक राजा की कन्या को दासी बना दिया। उसके माँ-बाप छुड़वा दिए। अब एक-दूसरे बड़े राजा की बात चला रही हो। अब फिर कौन सी हठ करने की ठान चुकी हो ?

देवयानी : पिताजी, यह हठ की बात नहीं, मैंने संकल्प लिया है कि मैं ययाति महाराज के साथ ही विवाह करूँगी। वे इस समय चैत्ररथ वन में ही हैं। यदि इसी क्षण उनसे मेरा विवाह न हुआ तो मेरी मृत्यु ही उचित है।

शुक्र : *(स्वगत)* जिसका डर था वही हुआ। लड़की का जन्म तो संकट मोल लेना है। जब देखो हठ। जितना भी तर्क-वितर्क करो उसी की जीत होगी। इच्छा पूरी न करो तो मरने की धमकी देगी, हर समय कोई-न-कोई हठ। डाँट-फटकार करो तो मनाना मुश्किल ! एक पुत्री के जन्म से इतनी मुसीबत है तो अधिक के जन्म से क्या होता होगा ! अब भी मान गई तो मान गई अन्यथा क्या उपाय है ! *(प्रकट में)* तुमने कितनी भारी बात बड़ी आसानी से कह दी ! ययाति इतने साहसी, इतने गुणी, इतने बड़े सम्राट हैं, कहीं न माने तो क्या होगा ? मेरी तो जीते-जी मौत हो जाएगी।

देवयानी : पिताजी ! बस आप मान जाइए। उन्होंने अस्वीकार किया तो मैं सँभाल लूँगी।

शुक्र : *(स्वगत)* इसे समझाने से तो अच्छा है, ययाति से ही प्रस्ताव करूँ। लज्जित ही होना है तो उन्हीं के सामने होऊँ। यदि इसके कहे अनुसार न चला तो पता नहीं कितने ताने सुनने पड़ेंगे। *(प्रकट में)* आओ, चलो ययाति महाराज के पास चलें।

पाँचवाँ दृश्य

चैत्ररथ वन

(गुरु शुक्र, देवयानी, शर्मिष्ठा और सखियों का प्रवेश)

ययाति : प्रणाम गुरुदेव !

शुक्र : *(दाएँ हाथ से जनेऊ का स्पर्श कर, प्रसन्न वदन, मंगलाशीष देते हुए)* मंगल हो, मंगल हो महाराज ! आपके पराक्रम और सद्गुणों के कारण प्रजाजन सुखी जीवन बिता रहे हैं। ब्राह्मणों को भरपूर दान मिलता है। महाराज मैं एक प्रस्ताव लेकर आया हूँ, अस्वीकार न करें। आपके सामने खड़ी यह कन्या, मेरी पुत्री देवयानी है। शिक्षा, बुद्धि, ज्ञान, रूप और गुण में किसी से कम नहीं। कुएँ से निकालकर महाराज ने ही उसकी प्राण रक्षा की है। आपके उपकार का ऋण कभी नहीं चुका सकता; इसलिए उसे ही महाराज को अर्पित करना चाहता हूँ, निःसंकोच स्वीकार करें।

ययाति : *(स्वगत)* मैंने जो चाहा था, वह मुझे अनायास प्राप्त हो रहा है, मैं कितना भाग्यवान हूँ। इसे कहते हैं बिल्ली के भागों छींका टूटना। फिर भी जब प्रस्ताव किया किया जा रहा है तो कुछ तो मना करना चाहिए। (प्रकट में) यह तो मेरा सौभाग्य है गुरुदेव, फिर भी मेरे मन में एक आशंका है। गुरुदेव तो भला-बुरा अच्छी तरह जानते हैं। क्षत्रिय का ब्राह्मण कन्या से विवाह होने में कोई दोष नहीं होगा ?

शुक : सत्य है। ऐसा नहीं हो सकता—फिर भी विवाह होगा या नहीं, या छुआछूत या गोत्र—वर्ण अर्थात् ये जो भी नियम हैं, सभी हम ब्राह्मणों के बनाए हैं; इसीलिए अगर मैं कहता हूँ कि हो सकता है तो हो जाएगा।

ययाति : *(स्वगत)* हाँ, यदि ब्राह्मण चाहे तो सब कुछ हो सकता है। ये लोग समाज के रीति-रिवाजों की धारा को कितनी आसानी से मोड़ सकते हैं ! सारी लोक-रीति इन्हीं लोगों की मर्जी पर चलती है न !

जब शुक्र स्वयं अपनी कन्या मुझे सौंप रहे हैं, तो किसी क्षत्रिय का विवाह ब्राह्मण कन्या से हो सकता है या नहीं इस बात का कोई अर्थ नहीं रह जाता। सच है जात-पाँत, ऊँच-नीच, वर्ण-भेद सब उन्हीं की स्वार्थ सिद्धि के लिए बने हैं।

(प्रकट में) गुरुदेव ! वही जानने के लिए निवेदन किया था। देवयानी को स्वीकार करके मैं आज प्रजाजनों को बता दूँगा कि

ब्राह्मण कन्या का विवाह क्षत्रिय से हो सकता है। गुरुदेव की कृपा मेरे पुण्य का ही फल है। आपका यह सेवक भी प्रथम दृष्टि में ही देवयानी पर मुग्ध हो गया था।

शुक्र : ठीक है ! शुभ कार्य में विलम्ब कैसा ! देवयानी यह सर्वश्रेष्ठ लग्न है, अपने स्वामी को माल्यार्पण करो।

देवयानी : ईश्वर की कृपा से प्राप्त प्रियतम को प्रेम की यह वरमाला अर्पित करती हूँ।

(देवयानी द्वारा ययाति को माल्यार्पण। नेपथ्य में मंगल-ध्वनि)

शुक्र : महाराज ! कन्यादान के अवसर पर राजा वृषपर्व की पुत्री शर्मिष्ठा और उसकी एक हजार सखियाँ दहेज के रूप में आपको भेंट करता हूँ। यह भी स्पष्ट निवेदन करता हूँ कि शर्मिष्ठा दासी के रूप में दहेज में दी जा रही है, पत्नी के रूप में नहीं, इस बात को आप गाँठ बाँधकर रखिए। इससे कभी एकान्त में वार्तालाप न कीजिए, शयन के समय सेवा के लिए न बुलाइए और न अकेले क्षणों में उसका ध्यान कीजिए। भूलिएगा मत। मैं जाता हूँ। *(प्रस्थान)*

ययाति : *(स्वगत)* हुँह, शर्मिष्ठा को पाने की आशा तो जड़ से उखाड़ दी, उसकी आशा के जिन पंखों के सहारे मैं नन्दन-कानन की दिशा में उड़ रहा था, उन्हें बीच में ही काटकर पृथ्वी पर गिरा दिया। कम-से-कम पंख रहते नन्दन-कानन की आस तो बनी रहती। जब पंख ही कट गए तो उस प्यास को सहना ही कठिन होगा। ठीक ही कहा जाता है, तीर्थयात्रा करने की अपेक्षा घर में रहने से अधिक फल मिलता है। मनुष्य कुछ सोचता है, ईश्वर की करनी कुछ और होती है। आशा में बाधा आती ही है, सब व्यर्थ है। आशा टूट गई, पंख कट गए, सोचने से क्या लाभ। अमूल्य वस्तु आसानी से नहीं मिलती।

छठा दृश्य

गुरु शुक्र का आश्रम

(शुक्र वेद-पाठ में लीन हैं। घूर्णिका का प्रवेश)

घूर्णिका : *(स्वगत)* भविष्य कौन जान सकता है कि क्या होगा ! क्या विश्वास था ! परिहास-परिहास में ही देवयानी महारानी बन गई। मेरा किया परिहास सच हो गया, लेकिन उसने भी तो परिहास

किया था कि "अपनी बेटी को ही महारानी बना दो" क्या यह सच नहीं होगा ? कहा जाता है, ब्राह्मण का परिहास-वाक्य भी व्यर्थ नहीं जाता। ठीक है, गुरु शुक्र से पूछती हूँ। *(प्रकट में)* गुरुदेव, देवयानी को खोजने जब मैं चैत्ररथ वन गई थी तो वह बोली थी कि अपनी बेटी को ही महारानी बना दो। आप कहते हैं, ब्राह्मण का वचन व्यर्थ नहीं जाता। मैंने तो कन्या जन्मी ही नहीं तो फिर कैसे अपनी बेटी को महारानी बना सकूँगी ?

शुक्र : एक मुसीबत टली नहीं, दूसरी सिर पर सवार हो गई। मेरी बेटी भी पागल, तुम भी पागल। अब तुम चलीं अपनी बेटी को महारानी बनाने। हरे-हरे ! कहीं गाय मोल लेने से पहले भी बिल्ली मारी जाती है। वाह ! बच्चे ने जन्म नहीं लिया, पालना तैयार ! विचार तो उत्तम है, तुम्हारे पतिदेव कौन हैं ?

घूर्णिका : अभी तो कोई भी नहीं, अगर होते तो भला मैं दुखी क्यों होती।

शुक्र : तब तुम सन्तानवती कैसे होगी ?

घूर्णिका : वही सब जानने तो गुरुदेव के पास आई हूँ। मैं स्वयं समझ पाती तो गुरुदेव के बराबर नहीं हो जाती।

शुक्र : वह तो मैं भी नहीं जानता। कैसे बताऊँ ? वह सब जानने की इच्छा है तो महादेव की आराधना करो, तभी मंगल होगा।

घूर्णिका : तो इतने दिन गुरुदेव की दासी बनकर रहना व्यर्थ गया ! दासी होने के कारण न कभी मेरे विवाह की चिन्ता की, न बाल-बच्चों की। सच है, ब्राह्मण की दासी बनना कोल्हू में पिलना है। ब्राह्मण बस दास से काम लेने की चिन्ता में मगन रहता है, दास की भलाई की एकदम नहीं सोचता। आज से मैं भी मुक्त हो गई; दासी नहीं रही। अब मैं कामना पूर्ण करनेवाले महादेव की ही पूजा-अर्चना करूँगी। मैं जा रही हूँ।

शुक्र : वही हुआ न ! यह इस पगली की आदत है। आज इससे शान्तिपूर्वक बातें नहीं की जा सकेंगी। रोका भी नहीं जा सकता। घूर्णिका, लौट आओ न !

घूर्णिका : नहीं लौटूँगी, नहीं लौटूँगी। ब्राह्मण की दासी कभी नहीं बनूँगी। खाने के लिए जूठन और बातें बड़ी-बड़ी। दिन-रात खटना और कुत्ते-बिल्ली की तरह गालियाँ। अब और नहीं सह सकती।

सातवाँ दृश्य

शिव मन्दिर

(घूर्णिका का प्रवेश, शिव को प्रणाम करना। कुछ क्षण के उपरान्त शिव का आगमन)

शिव : बालिके ! तुम नित्य मेरी आराधना करती हो, कहो क्या वरदान चाहिए।

घूर्णिका : हे, महेश्वर ! मेरी भक्ति स्वीकार कीजिए। मुझे वरदान देकर मेरी कन्या को महारानी बना दीजिए।

शिव : हूँ ऽ ऽ ऽ तुम्हारी कन्या कितनी बड़ी है ? उसका क्या नाम है ?

घूर्णिका : नाम की बात छोड़िए, अभी तो कन्या पैदा ही नहीं हुई।

शिव : *(हँसते हुए)* आ ऽ ऽ ऽ हा ऽ ऽ हा ऽ ऽ हा ऽ ऽ ! तो सन्तान कैसे होगी ? मैं तुम्हारी बात सुनकर अचम्भे में पड़ गया हूँ। क्या ऐसा बेढंगा अनुरोध उचित है ?

घूर्णिका : हे भूतनाथ ! यदि इतना भी नहीं कर सकते तो फिर आप देव काहे के हैं ? मेरी बारी आते ही सब काम मुश्किल हो जाते हैं। कहाँ है मेरी पूजा-सामग्री, जा रही हूँ। *(सामग्री समेटकर जाने लगती है)*

शिव : *(शान्त स्वर में)* ठहरो-ठहरो। पूजा-सामग्री भले ही ले जाओ, लेकिन तुम्हें वर तो दे दूँ।

घूर्णिका : बस-बस, हो गया वरदान-उरदान ! *(कहते-कहते चली जाती है।)*

शिव : बक-बक करते चली ही गई। वर भी नहीं दिया जा सका।...सुनो घूर्णिका, कन्या होने पर अवश्य ही महारानी बनेगी, लेकिन कन्या को पाने के लिए शिवि महाराज से निवेदन करो, उनका दिया वर अवश्य पूरा होगा।

घूर्णिका : *(स्वगत)* क्या करूँ ! एक से कहती हूँ तो उत्तर मिलता है, दूसरे के पास जाओ। दूसरे के पास जाती हूँ, तो कहता है तीसरे से कहो। मुझे स्वर्ग, मर्त्य, पाताल, तीनों लोकों में चक्कर ही काटते रहना होगा। इस देवलोक के रीति-रिवाज भी सांसारिक रीति-रिवाजों जैसे ही हैं। ठीक है, शिवि महाराज से निवेदन करूँगी। दानियों और परदुखकातर लोगों में महाराज शिवि और ययाति का नाम सबसे पहले आता है। देवयानी के रहते ययाति महाराज से तो आशा नहीं करनी चाहिए। शर्मिष्ठा को देवयानी जैसे रात-दिन सता रही है, उसे देखते हुए तो मैं ययाति की

राजधानी में घुसने तक की बात नहीं सोच सकती। नारी के रूप में जन्म लेकर सन्तान का मुख देखने की इच्छा तो स्वाभाविक ही है; इसलिए शिवि महाराज से ही निवेदन करना होगा।

आठवाँ दृश्य

शिवि की राजधानी

(शिवि महाराज पासे खेल रहे हैं। घूर्णिका का प्रवेश)

घूर्णिका : *(प्रणाम करते हुए)* महाराज ! मेरा पति ही नहीं है तो सन्तान कहाँ से होती ! फिर भी महादेव की आराधना की तो बोले मेरी पुत्री महारानी बनेगी और फिर बोले कि पुत्री चाहती हो तो शिवि महाराज से वर माँगो। मैं वही निवेदन लेकर आपकी सेवा में आई हूँ।

शिवि : अपनी पुत्री को महारानी बनाने के लिए इतनी उतावली क्यों हो ?

घूर्णिका : पुत्री को महारानी क्यों बनाना चाहती हूँ, यह तो मुझे भी नहीं पता। एक दिन की बात है, मैंने शुक्र गुरु की पुत्री देवयानी से परिहास में कहा, ''कल महारानी बनने के बाद मुझे भूल मत जाना''–उसने उत्तर दिया, ''तुम अपनी बेटी को ही महारानी बना दो–'' अब देवयानी तो सचमुच महारानी बन गई। उसी दिन से मैं भी सोच रही हूँ कि मेरी पुत्री भी महारानी बन सकती है। यह कुछ असम्भव तो नहीं और फिर आज के इस शक्ति और बल के युग में हम लोग दासी ही बनी रहें, यह कुछ अच्छा नहीं लगता।

शिवि : *(प्रसन्नता से)* कितनी ईमानदार स्त्री है यह ! ठीक है, मेरे वरदान से तुम्हें एक सुन्दर कन्या प्राप्त होगी।

घूर्णिका : कामना पूर्ण हुई महाराज। गुरुदेव भी नहीं जानते, महादेव भी नहीं, मेरे प्राणनाथ तो आप ही हैं। आज से सोते-जागते हर क्षण अपना प्राणेश्वर जानकर आपकी पूजा करूँगी।

शिवि : *(स्वगत)* कितना अटूट विश्वास है। इसी विश्वास के बल पर इस स्त्री को मुक्ति प्राप्त होगी। (प्रकट में) देवी ! तुम्हारा घर कहाँ है ?

घूर्णिका : कोई निश्चित नहीं। शुक्र गुरु के घर कहकर आई हूँ कि वहाँ नहीं रहूँगी। देवयानी के पास भी नहीं जाना चाहती।

शिवि : तो जब तक इच्छा हो, तुम मेरे महल में रह सकती हो।

घूर्णिका : महाराज की कृपा है।

अंक : तीन

पहला दृश्य

कुँजवन

(शर्मिष्ठा फूलों से लदे एक पौधे से पीठ ठिकाए विचार-मग्न खड़ी है)

शर्मिष्ठा : मैं कितनी अभागी हूँ ! एक युवती का यौवन व्यर्थ जा रहा है। जंगल में खिलने और मुर्झा कर बिखर जानेवाले हरसिंगार की तरह मेरा नारी-जन्म भी पति का मुख देखे बिना ही दासी रूप में यों ही नष्ट हो रहा है। हे विधाता ! तुम्हारी लीला बड़ी विचित्र है। व्यर्थ ही नष्ट होना था तो हरसिंगार को इतनी सुन्दरता, इतनी कला क्यों दी। न अन्धी बनाया, न लँगड़ी। रूप सौन्दर्य में कोई खोट नहीं, जन्मी भी राजकुमारी बनकर, किन्तु यौवन ऐसा बनाया कि वह व्यर्थ चला जाए। यही होना था तो मुझे मनुष्य ही क्यों बनाया। परोपकार के प्रयास में पश्चाताप की आग में जल रही हूँ। देवयानी, तुम कितनी भाग्यशालिनी हो। पूर्ण यौवना, सुन्दरी, अंग-प्रत्यंग जल से पूर्ण कुम्भ के समान, जरा छुओ तो छलक जाए। मनोनुकूल पति की सेवा करते हुए, प्रेमालाप करते हुए कितने आनन्द से जी रही हो ! गोद में पुत्र है, तुम्हारी सुन्दरता भी कितनी बढ़ गई है, मानो आकाश में चन्द्रमा निकल आया हो।

अभागी शर्मिष्ठा के भाग्य में यह सब कहाँ ? प्रेमालाप किससे करे ? मन की व्यथा किससे कहे ? नारी के लिए श्रेष्ठ धन, पुत्र का मुख कहाँ देखने को मिलेगा। प्रकृति का चक्र तो अपनी चाल से चल रहा है। वह यौवन-यज्ञ में पूर्णाहुति देने को बार-बार संकेत से आह्वान कर रहे हैं, किन्तु बुद्धि इस आह्वान को अनसुना करने को बाध्य करती है। दूसरी ओर हृदय तनिक भी स्वीकार नहीं करता। लता, निकट के वृक्ष से लिपटने की कोशिश करती है, जल ढलान की ओर बहने की कोशिश करता है, वैसे

ही प्रकृति की स्वच्छन्द शक्ति मेरे शून्य हृदय को लगातार किसी की ओर खींच रही है। मुझ अबला के पास नियन्त्रण का कोई उपाय नहीं। ठीक है, अपनी अमूल्य यौवन-धारा को देवयानी की जीवन-धारा की संगम-स्थली ययाति के हृदय-समुद्र की ओर बहने से अब नहीं रोकूँगी। समुद्र हाथ के संकेत से नहीं बुलाएगा, नदी की धारा को ही बहना होगा।

(शर्मिष्ठा गीत गाती है।)

गीत

बड़ी आशा लिए आज तुम्हारे द्वार
खड़ी हूँ मैं दीन, मैं भिखारिणी
हृदय के नौ द्वार खोले
सोचती हूँ दोगे प्रेम की भिक्षा
यदि इस बार नहीं दी भिक्षा
तो नहीं आऊँगी तुम्हारे द्वार
समझ लो बुझ गई आज ही
झलमल जलती प्राण दीपिका
रहे सुनाता जगत सारा
कह निराश्रिता अभागी मुझे।

(ययाति टहलते हुए आते हैं, वृक्ष की ओट में छिपकर शर्मिष्ठा का गीत सुनते हैं। गीत समाप्त होने पर शर्मिष्ठा के निकट आते हैं।)

ययाति : शर्मिष्ठा ! तुम्हारे संवेदना भरे गीत ने मेरे हृदय में हलचल मचा दी है। कहो किसके लिए इतनी दुखी हो ? तुम्हारे गीत ने मेरे मन में दुख की लहरें उत्पन्न कर दी हैं और उनके टकराने से मेरा मन-सरोवर किनारे टूट जाने के कारण दुख के समुद्र में मिल गया है। तुम पूर्ण-यौवना राजपुत्री हो, कामदेव के बाण तुम्हें आहत कर रहे हैं, दूसरी ओर तुम दासी के रूप में देवयानी के दुर्वचन सहने को विवश हो। तुम्हारे दुख-सागर की हर बूँद तरंगों के रूप में मेरे हृदय पर बार-बार आघात कर रही हैं।

शर्मिष्ठा : महाराज ! अभागी शर्मिष्ठा का है ही कौन ! कितने वसन्त बीत गए, कितने शरद् चले गए, किन्तु शर्मिष्ठा के जीवन में एक बार भी आनन्द के अंकुर नहीं फूटे। जीवन-भर की दासी बन गई हूँ। महलों का सुख भूल गई हूँ। मान-मर्यादा छोड़ दी है। शत्रु के समक्ष गुणों की अवहेलना को भी महत्त्व नहीं देती। कटु-वचन

सुनने की आदत पड़ गई है। आँखें रातों को न सोने की अभ्यस्त बन गई हैं। उपवास ही उपासना है। राजाज्ञा के चलते प्रजा की भलाई के लिए मैं अपनी इच्छाएँ भूलकर मामूली लड़की की तरह सारा दुख सह रही हूँ। किन्तु एक बात असहनीय है महाराज, कभी पक्षपात न करनेवाली प्रकृति, मेरी रिक्त हृदय वाटिका के स्वामी का अभाव बार-बार स्मरण करा रही है, इस अभाव को सहने की जितनी कोशिश करती हूँ, यह उतना ही बढ़ता जाता है। महाराज आप तो स्वामिनी के भी स्वामी हैं, दासी के भी स्वामी, मेरा आपके अलावा कौन है ? प्रकृति से उपहार में मिला मेरा यौवन व्यर्थ नष्ट हो रहा है। आज मैंने आँसुओं के मनकों को यौवन की सूई से प्रेम के धागे में लज्जा के हाथों से पिरोकर स्वामी के गले में डालने के लिए एक वरमाला तैयार की है। इस माला में मुझ अभागी की सारी आशाएँ पिरोई हुई हैं। इसे आपके गले में पहनाना चाहती हूँ, अस्वीकार मत कीजिए। महाराज यह अमूल्य उपहार है, इसे पाने में साम्राज्य नष्ट हो जाते हैं। अनेक सम्राट प्राण न्यौछावर कर देते हैं। प्रेम के लिए प्रार्थना करके मैं उसे मूल्यहीन नहीं करना चाहती। मैं जो आई हूँ यह इन्द्रियों की विवशता नहीं है, बल्कि प्रकृति की निरंकुश शक्ति का प्रभाव है। महाराज मैं अबोध बालिका हूँ। किसी को आकर्षित करने की विद्या नहीं जानती। शक्ति को बाधा देने का कौशल भी मुझमें नहीं है। मन की कामना पूरी न हो तो हम बेचारी नारियों के पास एक ही हथियार बचता है, वह है–आत्महत्या।

ययाति : बस-बस शर्मिष्ठा, शान्त हो जाओ। मेरे सोचने और तुम्हारे कहने में कोई अन्तर नहीं। मैं भी तुम्हारे लिए हर-पल दुखी रहता हूँ, पर क्या करूँ, देवयानी से विवाह के दिन गुरु शुक्र ने जो कहा था, वह तो तुमने भी सुना था न। शर्मिष्ठा, तुम्हारा-मेरा प्रेम उचित नहीं है। मैं ही लोगों को अनुचित कार्य के लिए दंड देता हूँ और मैं ही यदि राजा होकर अनुचित आचरण करूँ तो प्रजा पर शासन कैसे करूँगा ?

शर्मिष्ठा : महाराज, यह कार्य अनुचित कैसे हुआ ? यह तो प्रकृति के साथ ही शास्त्र के नियम का भी पालन करना है। जो मेरी स्वामिनी के स्वामी हैं मेरे भी स्वामी हैं। स्त्री, पुत्र और दास तीनों पर स्वामी का समान अधिकार होता है। इनके लिए असत्य भाषण में भी पाप नहीं। शास्त्र कहता है कि विवाह में, सारी सम्पत्ति नष्ट हो जाने पर, आमोद-प्रमोद में, राजनीति में, स्त्रियों से विहार करने में,

मृत्यु के क्षण झूठ बोलने में कोई दोष नहीं।

ययाति : *(गर्दन के पीछे खुजलाते हुए–स्वगत)* ओह ! क्या किया जाए ? कैसा संकट है। यौवन का यह आह्वान कितना शक्तिशाली है ! देश-हित के लिए माँ-बाप को त्याग कर शत्रु की दासी बन सकने की सामर्थ्य रखनेवाली इस युवती ने पत्थर जैसा अपना हृदय यौवन के आह्वान पर कितनी सरलता से पिघला लिया। युवती, माता-पिता के लिए, मित्रों के लिए प्राण नहीं दे सकती, किन्तु प्रेमी के लिए आसानी से मर सकती है। माता का पुत्र के लिए और स्त्री का पति के लिए स्वार्थ त्याग का दूसरा उदाहरण इस संसार में आसानी से नहीं मिल सकता। यदि कहीं मैंने स्वीकार नहीं किया, तो शर्मिष्ठा अवश्य ही प्राण दे देगी।

देवयानी ग्रीष्म की निरभ्र दोपहरी के सूर्य-जैसी है और यह शर्मिष्ठा शरद्-पूर्णिमा के भोर की चन्द्रमा-जैसी। सूर्य की धूप में तपने पर देर रात्रि की कोमल चाँदनी में विश्राम अच्छा है। दूसरों के दुख बाँटना, छाया में विश्राम करना, मुर्झाते पौधे को सींचना, गिरे वृक्ष को सहारा देना जैसे अच्छा है, वैसे ही व्यर्थ नष्ट होनेवाले जीवन को बचाना भी कोई बुरा कार्य नहीं।

(प्रकट में) शर्मिष्ठा, तुम्हारे निश्चय की दृढ़ता को जाँचने के लिए ही व्यर्थ की बातें बनाता रहा। मैं स्वयं कब से तुम्हारे प्रेम का प्यासा हूँ ! तुम्हारी वरमाला के लिए प्रस्तुत हूँ। आओ माल्यार्पण करो।

(शर्मिष्ठा का ययाति को वरमाला अर्पित करना, प्रणाम करना और दाएँ-बाएं साथ-साथ बैठना)

दूसरा दृश्य

राजमहल

(देवयानी अपने शयन-कक्ष में लेटी है। शर्मिष्ठा का प्रवेश)

शर्मिष्ठा : स्वामिनी ! आज-कल आपकी सेवा अच्छी तरह नहीं कर पा रही हूँ। मेरी तबीयत ठीक नहीं है। भीड़ में सिर चकराने लगता है और घबराहट से पसीना आ जाता है। उल्टी-उल्टी सी लगी रहती है। आपकी सेवा में बार-बार उपस्थित होने में भी कष्ट अनुभव होता है। आज्ञा हो तो मैं कुछ दिन अकेली रहकर इलाज करवा लूँ।

देवयानी : ठीक है, शर्मिष्ठा तुम्हारे मुख पर लालिमा की जगह पीलापन छाता

जा रहा है। तुम्हारा शरीर इतना शिथिल पड़ गया है कि जैसे शक्ति ही न हो। हर समय जम्भाई लेती रहती हो। क्या तुम्हारा पेट भी ठीक नहीं है ? देखने में उभरा-उभरा सा लगता है। तुम कुछ दिन भगवान का भजन करो और अपने रोग से छुटकारा पाओ।

शर्मिष्ठा : स्वामिनी, आपके दयालु स्वभाव से मुझे बहुत प्रसन्नता हुई। मुझे आज्ञा दीजिए। स्वस्थ होते ही सेवा में उपस्थित हो जाऊँगी। *(प्रस्थान)*

देवयानी : *(स्वगत)* शर्मिष्ठा को दासी बनाकर मेरी मनोकामना पूरी हो गई। अब इसे थोड़ा दूर रखना ही ठीक है। उसका महाराज से बार-बार मिलना अच्छा नहीं। पुरुष स्वच्छन्द और सुन्दर स्त्री को यूँ ही नहीं छोड़ देता। शर्मिष्ठा थोड़ी कुरूप होती। यह तो सिवार के बीच कमल सी और भी सुन्दर हो गई है। इसका रूप देखकर महाराज के मन में चाह पैदा न हो, यह असम्भव है। वह जब मेरे ही निकट होती है तो मेरा मुख प्रातःकालीन सूर्य के समक्ष अस्ताचलगामी चन्द्रमा-सा हो जाता है। शर्मिष्ठा को देखकर मुझे बड़ी आशंका होती है। गर्भवती सी भी लगती है, कौन जाने ! मैंने व्यर्थ में ही उसे दासी क्यों बना लिया ! *(प्रकट में)* धाय !

धाय : *(हाथ जोड़े प्रवेश)* क्या आज्ञा है स्वामिनी ?

देवयानी : मेरी बात ध्यान से सुनो, तुम्हें पता लगाना है कि महाराज ययाति शर्मिष्ठा के पास चोरी-छिपे जाते हैं या नहीं ? कभी देखो तो मुझे तुरन्त सूचना दो। समझ गई न !

धाय : जी स्वामिनी, वैसा ही करूँगी। *(प्रस्थान)*

तीसरा दृश्य

शर्मिष्ठा की कुटिया

(शर्मिष्ठा कुटिया के सामने है, उसकी गोद में एक शिशु है)

शर्मिष्ठा : ईश्वर की अनुकम्पा से एक सन्तान तो प्राप्त हुई, किन्तु अपने ही कोख जाए को अपनी गोद में लेते हुए मन कितना आशंकित है ! इतना डर लग रहा है कि जैसे मैंने किसी का बालक चुरा लिया हो *(शिशु को देखते हुए)* बड़ा अभागा है, मेरे लाल, विधिवत विवाह करके तुझे जन्मा होता तो तेरे पैदा होने पर धूमधाम से खुशियाँ मनाई जातीं। मेरे माता-पिता अपने नाती के जन्म की खुशी में कितना हर्षोल्लास मनाते ! दरबारी, नौकर-चाकर सभी

लोग प्रसन्न होकर दौड़-धूप करते। और मैं न चाहते हुए भी कितना आराम पाती ! बड़े-बूढ़े, मित्र-सखियाँ आशीर्वाद देते, किन्तु आह ! इस क्षण यह सब कहाँ ? इच्छाएँ कहाँ पूरी होती हैं, चुपचाप कितना दर्द सह रही हूँ । अपने लाल को ऊँचे स्वर में पुकार भी नहीं सकती। इतना कि प्रसव-काल तक में जोर से चीख तक नहीं सकी कि कोई सुन न ले। किसी तरह वह भयानक दर्द सहा *(दूर से आती धाय को देखती है)* अरे ! कोई आता दिख रहा है, लगता है देवयानी की धाय-दासी है। कहीं इस बालक को देख लिया तो ! *(तुरन्त भीतर जाकर बच्चे को बिस्तर पर लिटा देती है और अकेली बाहर आती है।)*

शर्मिष्ठा : धाय ! अचानक कैसे आना हुआ ?

धाय : बहन, बस तुमसे मिलने चली आई। कई दिन से दिखाई नहीं दी न ! हाल-चाल ठीक-ठाक है ? अरे ! क्या बात है ? चेहरे से बीमार लग रही हो !

शर्मिष्ठा : नहीं, कोई विशेष बात नहीं। नारी जात एक दिन भी सुख से कहाँ रह पाती है। सदा कोई-न-कोई हारी-बीमारी लगी ही रहती है। महारानी कैसी हैं ?

धाय : महारानी आनन्द से हैं। उन्हें कुछ नहीं हुआ।

शर्मिष्ठा : कुछ देर बैठते बातचीत करते तो अच्छा रहता, लेकिन मुझे नहाने जाना है। अभी उसी के लिए निकली थी।

धाय : ठीक है, बहन, तुम नहाओ मैं चलती हूँ। *(शर्मिष्ठा और धाय विपरीत दिशाओं में जाती है। कुटिया में से बालक के रोने की आवाज आती है। धाय दौड़कर भीतर जाती है और शिशु को गोद में उठाए बाहर निकलती है। शर्मिष्ठा भी लज्जा, भय और क्रोध के भाव से साथ लौटती दिखाई देती है।)*

धाय : बहन शर्मिष्ठा, यह किसका बालक है ? बड़ा सुन्दर है।

शर्मिष्ठा : *(स्वगत)* अब छिपाने से कोई लाभ नहीं। सब कुछ सच-सच बता देती हूँ। *(प्रकट में)* धाय, यह बालक मेरी ही कोख से जन्मा है।

धाय : बहन, इतना सुन्दर पुत्र जन्मा और षष्ठि पूजा तक का निमन्त्रण नहीं दिया। हम भी सामर्थ्य के अनुसार कुछ भेंट लाते। इसका पिता कौन है ? इतने दिनों में हमने तो एक बार भी नहीं देखा।

शर्मिष्ठा : *(लज्जा से सिर झुकाकर)* पिता को बालक का चेहरा देखकर जान लो।

धाय : चेहरे से तो यह बालक महाराज ययाति पर गया दिख रहा है। यह देवयानी के पुत्र से भी मिलता-जुलता लगता है। अरे हाँ, आँख,

नाक तो एकदम समान है। बतख की पूँछ की तरह लम्बे सिर के पिछले भागवाले केश भी एक जैसे ही हैं।

शर्मिष्ठा : *(धाय के निकट जाकर)* धाय, इस बार तुमने मुझे नहीं बचाया तो मुझे लज्जा से मर जाना पड़ेगा। देखो देवयानी से कुछ मत कहना। किसी को भी कुछ मत बताना।

धाय : मेरी प्यारी शर्मिष्ठा ! तुमने कभी मेरे मुख से एक भी बात निकलती सुनी है ? मैं औरों की तरह थोड़े ही हूँ। दूसरों के बारे में बातें बनाना तो दूर, मैं तो अपना ही काम नहीं कर पाती, और सुनो किसी से मत बताना, *(बहुत निकट होते हुए)* देवयानी को मैं कुछ नहीं मानती, वह तो राजकन्या तक नहीं है। भला महारानी बनने योग्य कैसे होगी ! उसकी हर बात कड़वाहट भरी होती है। मुँह से एक भी कोमल बात नहीं निकलती ! अरे हाँ ! मैं तो जल्दी से लौटने को आई थी, बातों में कितनी देर हो गई। चलती हूँ *(बालक शर्मिष्ठा को थमा देती है)* देवयानी गालियाँ देती होगी। तुम जरा भी नहीं घबराना *(तर्जनी से ललाट छूती है)* मनुष्य के भाग्य को भला कौन जान सका है ? जान भी कौन सकता है !...*(जाने को उद्धत होती है)*

शर्मिष्ठा : *(हाथ पकड़कर रोकते हुए)* थोड़ा और ठहरो न। कुछ बातचीत करें। आते ही जाने की पड़ गई।

धाय : बहन, तुम क्या जानो ! देवयानी मेरे बाल नोच लेगी कि कहाँ गई थी। जो कह दिया कि शर्मिष्ठा के पास, तो मुझे जीवित ही निगल जाएगी।

शर्मिष्ठा : ऐसा है तो जाओ। कुछ बताना मत, मेरी बात भूल मत जाना।

धाय : ठीक है, नहीं भूलूँगी। *(प्रस्थान)*

चौथा दृश्य

देवयानी का शयन-कक्ष

(देवयानी शैया पर लेटी है। दो दासियाँ पैर दबा रही हैं। धाय का प्रवेश)

धाय : *(स्वगत)* फूल रहा है, बहुत फूल रहा है, मेरा पेट बहुत फूल रहा है। पचा नहीं पा रही हूँ। पेट गड़बड़ा रहा है। अगर इसी समय मैंने अपने पेट की बात न बताई तो विश्वास नहीं कि कल तक जीवित भी रहूँगी कि नहीं। *(पैर दबाती एक दासी को देखकर*

प्रकट में) अरी ! शर्मिष्ठा का पुत्र तो महारानी के पुत्र से एकदम मिलता है, तुम लोगों ने नहीं देखा क्या ?

देवयानी : अरे ! क्या कह रही है ! क्या शर्मिष्ठा को बच्चा हुआ है ?

धाय : जी हाँ, महारानी, उसने एक सुन्दर बेटा जन्मा है।

देवयानी : कहाँ ?...कैसे... ? किसके साथ...जन्मा है ?

एक दासी : *(मुस्कुराते हुए)* महारानी, मैंने सुना था कि एक दिन जब शर्मिष्ठा मैदान में टहल रही थी तो एक तारा टूटकर गिरा। सुना है, वह उसे उठाकर खा गई और गर्भवती हो गई।

दूसरी दासी : नहीं री ! मैंने सुना था कि एक दिन शर्मिष्ठा के सपने में एक ऋषि ने वरदान का एक गोला फेंका था। बदहवासी में शर्मिष्ठा उसे निगल गई। वह उसी से गर्भवती हो गई। *(दोनों दासियाँ एक-दूसरे को देखकर हँसती हैं।)*

धाय : लेकिन मैंने जो सुना है, वह कुछ दूसरा है। एक दिन ययाति महाराज, महादेव की पूजा के समय भाँग खाकर मत्त हो गए थे, तब उन्होंने वह रात शर्मिष्ठा की कुटिया में बिताई। उसी की सेवा-टहल से उन्हें होश भी आया। तुम लोग जानती हो, उसी दिन से शर्मिष्ठा को घमंड हो गया था। अब तो अगर शर्मिष्ठा जी न कहें तो बात का उत्तर भी नहीं देती। उसका चलन पहले जैसा नहीं रहा। बहुत इतराने लगी है।

दूसरी दासी : दासी को बहनजी क्यों कहेंगे ? उसके साथ आई सहेलियाँ ही उसे बहनजी बुलाएँ।

देवयानी : *(होंठ काटते हुए)* चुप रहो ! झूठी कहीं की। तुम्हें इतने दिनों तक यही देखने के लिए काम से छूट दी थी कि महाराज उस दासी से मिलते हैं या नहीं। ठीक है न कुलच्छनी ! *(कान खींचते हुए)* चली जा मेरी आँखों के सामने से। *(धक्का देती है, अन्य दासियों की ओर घूमकर)* तुम सबने सुनने के बाद भी मुझे नहीं बताया ! तुम भी जाओ उसी दासी के पास। मेरे पास मत रहो *(स्वगत)* आह ! आखिर वही जीत गई। विवाह मैंने किया और सन्तान उत्पन्न करने में सहभागिनी वह बनी। उसे व्यर्थ ही दासी बनाया। मुझे तो पहले ही उसकी बातों में मीठापन और आँखो में हँसी देखकर शंका हो रही थी। *(आँचल कमर में बाँध लेती है और दाँतों से होंठ चबाने लगती है)* ठीक है, दासी, ठहरो तुम्हें मजा चखाऊँगी। पापिनी, चोरनी, कलंकिनी, अपने हाथ से तुम्हारी पिटाई करूँगी। भुरली की तरह कुचल डालूँगी *(तेजी से चली जाती है, दो दासियाँ पीछे जाती हैं, धाय वहीं ठिठक जाती है।)*

धाय : बस, सब बताने के बाद पेट का भारीपन हलका हो गया। बाल नुचे तो नुचे, डाँट-डपट हुई सो हुई। कभी महाराज का सन्देश दे दूँगी तो फिर खुश हो जाएगी। शर्मिष्ठा के सामने तो शर्म उठानी पड़ेगी। वह जरूर कह देगी कि सब कुछ धाय के मुँह से ही सुना है। ठीक है, कहे तो कहे। शर्मिष्ठा से कभी मिलूँगी ही नहीं। लाज तो तभी आएगी जब आँखों से आँखें मिलेंगी वर्ना अन्धे के सामने ढीढ़वाले को क्या शर्म !

पाँचवाँ दृश्य

शर्मिष्ठा की कुटी

(शर्मिष्ठा बरामदे में दीवार की ओर मुँह किए बच्चे को सुला रही है, देवयानी का चुपके से दासियों के साथ प्रवेश)

देवयानी : *(क्रोधित स्वर में)* शर्मिष्ठा ! तुम्हारा यह बालक कैसे हुआ ? इसका पिता कौन है ?

शर्मिष्ठा : *(चौंककर घूमते हुए)* महारानी ! आप यहाँ ! पधारिए। दासी को इस बच्चे को पाने की कहानी बताने में भारी लाज आ रही है। एक बार ऋतु स्नान के दिन मेरा चित्त भारी दुख में डूबा था कि यौवन व्यर्थ में ही बीत रहा है। उसी क्षण तेज वीर्य से प्रकाशमान एक ऋषि प्रकट हुए, उन्हें मेरी दशा पर दया आ गई और मुझे पुत्र का वरदान दे दिया।

देवयानी : हाँ, दूसरे लोग भी ऐसा ही कह रहे हैं। भला क्या उम्र होगी ऋषि की ?

शर्मिष्ठा : महाराज ययाति की आयु के होंगे। कद-काठी भी उन्हीं जैसी थी।

देवयानी : ऋषि का नाम क्या है ? कहाँ रहते हैं ?

शर्मिष्ठा : ऋषिवर का तेज अग्नि के समान था और रूप कामदेव जैसा। मैं देखते ही मुग्ध हो गई। उनके तेज से मेरा शरीर रोमांचित हो गया। मैं अचेत हो गई। नाम और पता पूछना तो भूल ही गई। वे बिना रुके चले गए।

देवयानी : ईश्वर की बड़ी कृपा है, तुम्हारा भाग्य अच्छा है शर्मिष्ठा ! और, धाय बता रही थी कि महाराज ययाति एक रात भाँग के नशे में तुम्हारी कुटिया के पास अचेत हो गए थे और तुम्हारी ही सेवा-टहल से उन्हें चेत हुआ था। क्या यह सच है ?

शर्मिष्ठा : कहाँ महारानी ! पूरा झूठ है, यदि ऐसा होता तो मैं क्या आपको

नहीं बताती। मैं बड़ी अधम हूँ। कोई मेरा अपना नहीं है, यही जानकर वे जो चाहे बक देती हैं। केवल महारानी हैं, जो मुझे अपनी दासी समझकर थोड़ा स्नेह करती हैं। और भला कौन मुझे प्यार देगा ?

देवयानी : ठीक है, ठीक है। वह धाय तो दिन-भर इधर की उधर हाँकती रहती है। तुम्हारी ऋषिवाली बात सच है, तो अच्छा है। तुम एक नहीं तीन-तीन पुत्रों को जन्म दो *(बच्चे को उठा लेती है)* वाह ! यह बच्चा तो एकदम मेरे बेटे जैसा है ! *(बच्चे को चूमती है और हवा में उछालकर खिलाती है)* जल्दी-जल्दी बड़ा हो जा, खूब लम्बा हो जा। सूरज के चढ़ने जैसे बढ़ता जा। जितना ऊँचा सूरज है उतना ही ऊँचा हो जा। पिता के समान बन, दादा के समान बन। टिङ्...डिङ्...टिङ्।

एक दासी : महारानी, अधिक हिलाने-झुलाने से बालक का हाथ उतर जाएगा।

देवयानी : यह बड़ा प्यारा बालक है *(बच्चा शर्मिष्ठा को थमाती है)* अच्छा हम चलते हैं।

शर्मिष्ठा : बहुत अच्छा महारानी, *(साँस खींचते हुए स्वगत)* एक बच्चे का संकट हल नहीं हुआ, तीन का वरदान दे गई।

छठा दृश्य

कुँज वन

(देवयानी और ययाति वाटिका में बैठे बातचीत कर रहे हैं।)

ययाति : महारानी ! कितना अच्छा मौसम है, देखो वाटिका भी कितनी सुन्दर लग रही है ! अनेक फूल खिल रहे हैं। मधुपान के लिए कितने भँवरे गुँजार करते उड़ रहे हैं। अनेक पक्षी शाखाओं पर किलोल कर रहे हैं। मृग-शावक प्रसन्नता से फूलों के बीच चौकड़ी भरते हुए खेल रहे हैं, लगता है यह वाटिका नहीं, वन है। मृग-शावक तो भूल ही गए हैं कि उन्हें यहाँ पकड़कर लाया गया था। देखो हंस और बतख अपने बच्चों की रक्षा के लिए हरिण शावकों को काटने हेतु उनका पीछा कर रहे हैं, वहाँ उधर मोर भी नाच रहे हैं, सब कुछ कितना सुन्दर लग रहा है। उधर; वहाँ देखो, बहुत समय तक साथ रहने के कारण सारस और मोर साथ-साथ दाना चुग रहे हैं।

देवयानी : महाराज, इस वाटिका की सुन्दरता को देखकर चैत्ररथ वन की

यादें उभर रही हैं। मन भावुक हो रहा है। वह वन मेरे लिए दुख का वन था, श्मशान जैसा था, लेकिन मेरे सुख का स्रोत भी वही वन है। माँ के समान वह वन मेरे दुख हरने वाला है। वहीं तो मैंने हठ की थी। समय जाते पता नहीं चलता। मैंने अपनी आँखों से दो पुत्र देख लिए। सुना है, शर्मिष्ठा ने भी किसी ऋषि के वरदान से तीन पुत्र जन्मे हैं। बुढ़ापे के बाद हम सबके जीवन का अन्त हो जाए। मेरी यही इच्छा है कि जन्म-जन्मान्तर तक महाराज को ही पति के रूप में प्राप्त करूँ।

ययाति : यदि तुम्हारा मन नहीं बदला तो तुम्हारी कामना पूरी क्यों नहीं होगी !

(शर्मिष्ठा अपने तीनों पुत्रों के साथ वाटिका में प्रवेश करती है। देवयानी और ययाति को देखते ही एक पुष्प-वृक्ष की ओट में हो जाती है। आँखों के संकेत से पुत्रों को भी बुलाती है, किन्तु वे ध्यान नहीं देते।)

तीनों बालक : देखो-देखो, उधर पिताजी हैं, पिताजी।

(तीनों दौड़कर ययाति के पास पहुँच जाते हैं।)

बड़ा बालक : पिताजी ! मैं गोद में चढ़ूँगा।

मँझला बालक : पिताजी ! मुझे फूल तोड़ दीजिए।

छोटा बालक : पिताजी ! मुझे तो...मेरे लिए तो एक चिड़िया पकड़ दीजिए। *(गले में लिपटता है, ययाति मुँह फेरकर चुपचाप बैठे रहते हैं।)*

देवयानी : अरे-अरे ! यह सब क्या हो रहा है ? *(बहुत क्रोध में)* महाराज, ये तीनों किसके बच्चे हैं ?

(ययाति सिर झुकाए मौन)

देवयानी : *(बड़े बालक से)* क्या नाम है तुम्हारा ?

बड़ा बालक : द्रुह्यु।

देवयानी : *(मँझले बालक से)* तुम्हारा ?

मँझला : अनु

देवयानी : *(छोटे से)* और तुम्हारा ?

छोटा : मेरा नाम पुरु है।

देवयानी : तुम तीनों सगे भाई हो ?

तीनों बालक : *(एक साथ)* हाँ, हाँ।

देवयानी : तुम्हारी माँ का क्या नाम है ?

छोटा बालक : शर्मिष्ठा, वो यहीं है, उधर, उधर है, वहाँ।

(अँगुली से संकेत करता है।)

देवयानी : पिता कौन है ?

छोटा : *(ययाति की ओर अँगुली का संकेत करके)* यही हैं।

देवयानी : *(बड़े से)* सही है।

बड़ा : *(सिर हिलाकर)* हाँ।

देवयानी : हाँ, आज तो चोर पकड़ लिया न ! दस दिन चोर के एक दिन शाह का। ओह ! यह लीला कब से चल रही है ? ठीक है, आज पता चल जाएगा। *(शर्मिष्ठा की दिशा में बढ़ते हुए)* ऋषि की पत्नीजी, कोमल कंठी, आँखें मटकाकर हँसनेवाली ! आओ फूलों की ओट में छिपने से बच नहीं पाओगी, बाहर निकलो, राजपुत्री को छल-छन्द बहुत आता है। ओह ! तीन-सन्तानें हो जाने पर भी मुझसे छल करती रही, आश्चर्य है ! मुझ अंकशायिनी को दो ही पुत्र हुए। आओ-आओ, बाहर आओ श्रीमती सर्वाधिकारिणी ! कुछ तो बताओ, कौन सा मन्त्र फूँककर तुमने महाराज को पागल बना दिया ?

शर्मिष्ठा : महारानीजी, मेरी बात सुनिए—यह सब प्रेम देवता की प्रेरणा से हुआ। प्रेम-देव की प्रेरणा से आपने समाज की शृंखलाएँ तोड़ प्रेम की अपार मुक्त-भूमि पर दौड़ते हुए ब्राह्मण होने का अपना अहंकार भूलकर अपने से निम्न क्षत्रिय के चरणों में आश्रय लेकर अपना जीवन समर्पित कर दिया। उसी देव के कारण मैंने भी लोक-लाज त्याग कर आपके क्षेत्र में प्रवेश किया। स्वामिनी ! मैं पहले भी आपकी दासी थी और अब भी हूँ। इसी नाते मेरी रक्षा कीजिए।

देवयानी : गिड़गिड़ाना तो खूब जानती हो ! महाराज ययाति को छीनने के अलावा तुम्हें और कोई नहीं बचा था। बहुतेरे कुंवारे और विधुर घूम रहे हैं, किसी को भी छाँटकर पकड़ लेती। बस केवल महाराज का ही पीछा करती रही। अपने ही लोग धोखा करते रहे। क्या एक ही गुफा में दो शेर रह सकते हैं ? मैं कुँवारी थी तो मेरे कपड़े छीन लेती थी, विवाह हो गया तो पति को छीन लिया, बूढ़ी हो जाओगी तो पिता को छीन लोगी। छिः, बहुत हो गया। अगर किसी देश में तुम जैसी दो-तीन हो जाएँ तो कोई भी पति-पत्नी साथ-साथ नहीं रह सकते। कैसी हो तुम ! ठीक है, इसे उचित दंड न दिया गया तो यह बहुत बढ़ जाएगी। मैं इसकी पिटाई करती हूँ, देखूँ कौन बचाएगा ! ठहरो ऋषि-पत्नी, बेहया !

(पल्लू कमर में खोंसते हुए झपटती है। तीनों बालक दौड़कर शर्मिष्ठा को घेर लेते हैं।)

ययाति : *(देवयानी को पकड़ते हुए)* महारानी, नाराज मत होइए, धैर्य मत

खोइए, शान्त होकर बात सुनिए।

देवयानी : *(ययाति का हाथ झटकते हुए)* मुझे मत पकड़िए महाराज, आपको शूद्रा का पति होना अच्छा लगता है, मुझे मत छूइए। मैं नहीं जानती थी, आपका स्वभाव संन्यासी बिलाव सा है। आँखें मिचका-मिचकाकर स्त्रियों पर डोरे डालना खूब जानते हैं ! मैं आप पर आसक्त हूँ, यही सोचकर नीच वर्ग में उत्पन्न आप बहुत फूल गए हैं। जब आप मुझे प्रेम करते थे तब मुझे भी महारानी होने का सुख था। अब तो हर तरह से मुझसे अधिक प्रिय एक और है, तो ठीक है उसी के साथ आराम से रहिए। मुझे नहीं चाहिए महारानी का वैभव। दुराचारी पति के साथ की अपेक्षा तो विधवा की तरह रहूँगी। एक जून खाकर भी अपने पिता के पास गुजारा करूँगी। पिताजी ने बार-बार शर्मिष्ठा की ओर ना देखने के लिए चेताया था, तब भी आपने ऐसा किया। पिताजी से ही इसका न्याय करवाऊँगी।

धाय, मेरे दोनों बेटों को ले आओ। अपनी सन्तान सौतेली माँ के हाथ नहीं सौंपनी चाहिए। अब तो मैं पुत्रों का मुख देखकर भी जीवन बिता सकती हूँ।

(धाय दोनों बच्चे लाती है।)

धाय : *(स्वगत)* पति-पत्नी के झगड़े, बकरों की मुठभेड़, सुबह के बादलों और ऋषियों के श्राद्ध में कोई सार नहीं होता। गुस्सा ये करें मुसीबत हम उठाएँ ! गुस्सा गया कि पति-पत्नी एक हो जाते हैं। हम दासियों पर ही बैर, बस !

देवयानी : *(नाराज होकर जाती है। स्वगत)* ये क्षत्रिय और शूद्र, ब्राह्मण की लीला नहीं जानते, जल्दी ही जान जाएँगे। दोनों को भस्म कर दूँगी।

(शर्मिष्ठा पुत्रों के साथ तेजी से चली जाती है, ययाति भय से काँपते हुए देवयानी के पीछे जाते हैं।)

ययाति : देवयानी, रुक जाओ। थोड़ा सोचो तो, इतनी नाराज हो जाओगी तो काम नहीं चलेगा। *(स्वगत)* यदि वरदान से यह दशा है तो दो-तीन स्त्रियों का वरण करने पर क्या होगा। जन्म-जन्मान्तर तक अपनी पत्नी के अलावा किसी स्त्री की ओर आँख नहीं उठाऊँगा। यह ब्राह्मणी क्षत्रिय से विवाह के कारण इतने क्रोध में है क्या ! चिड़चिड़ी आदत की भी है। क्षत्राणी होती तो अधिक पत्नियों के होने पर भी आपे से बाहर नहीं होती। विजातीय विवाह का यही दुष्परिणाम है। प्रेम होने पर भिन्न-जाति और रीति-रिवाज के

चलते एक नहीं हो सकते। बराबर झगड़ा होता है। घर में शान्ति नहीं रहती।

सातवाँ दृश्य

शुक्र का आश्रम

(गुरु शुक्र वेद-पाठ कर रहे हैं, देवयानी का प्रवेश, उसके पीछे ययाति हैं।)

देवयानी : *(शुक्र के सामने जाकर आँसू पोंछते हुए)* पिताजी ! मेरा इस दुनिया में न रहना ही ठीक है। ययाति महाराज का आचरण बहुत बुरा है। विवाह के दिन आपने उन्हें चेताया था कि शर्मिष्ठा से एकान्त में न बातें करें, न मिलें, किन्तु उन्होंने उससे छिपे-छिपे मिलकर तीन पुत्रों को जन्म दे दिया। पिताजी, मैं अब उनके साथ नहीं रह सकती। *(माथे पर हाथ मारते हुए)* कैसा भाग्य है मेरा ! पहले जानती कि इतने चंचल निकलेंगे तो भूलकर भी विवाह न करती, अब तो महारानी रहने की अपेक्षा भीख माँगकर खाना अच्छा है।

शुक्र : क्या ! तुम्हीं ने जिद की थी न कि ययाति के बिना मर जाऊँगी; इसीलिए मैंने कन्यादान किया था, अब मरना चाहो मरो, जीना चाहो जियो। जो इच्छा हो वही करो।

देवयानी : उस समय क्या पता था कि ये गुल खिलेगा। पिताजी न्याय कीजिए, फिर मुझे मरना पड़ा तो मर जाऊँगी।

शुक्र : *(ययाति को क्रोधपूर्वक देखते हुए)* महाराज ! क्या इसका कहा सच है ?

ययाति : *(हाथ जोड़े काँपते हुए)* हाँ...स...सच, शायद सच है...गु... गुरुदेव...सपना...हाँ...कि...कैसे...अनजाने में...हो गया, पता नहीं !

शुक्र : क्या ! मुझे दिए वचन का उल्लंघन ! ब्रह्मा, विष्णु और इन्द्र तक मेरा वचन नहीं टाल सकते। बहुत बड़े सम्राट हो, इसीलिए मेरी आज्ञा की अवहेलना का साहस हुआ !

ययाति : *(कम्पित स्वर में)* गुरुदेव, मैंने अहंकारवश आपकी अवहेलना नहीं की, मैंने तो शर्मिष्ठा के निवेदन पर उसके वंश की रक्षा की है। शास्त्र कहता है कि यदि कोई युवती ऋतुमती अवस्था में किसी व्यक्ति से वंश-रक्षा का वरदान माँगे और वह उसकी अवहेलना करे तो मृत्यु के पश्चात नरकवास भोगता है और अगले जन्म में

नपुंसक के रूप में पैदा होता है और फिर आपके इस सेवक ने तो प्रतिज्ञा की है कि कोई उससे जो भी माँगेगा वह उसे देगा। इस प्रतिज्ञा के कारण ही यह भूल हो गई।

शुक्र : वाह ! महाराज शास्त्र के तो आप पंडित हैं ! स्त्री के प्रति तो आपका धर्म बनता ही है। ऐसा कोई पुरुष नहीं, जिसमें सुन्दर फूल को देख तोड़ने की, अच्छा फल देख खाने की और सुन्दर स्त्री देख न देखने की इच्छा उत्पन्न न होती हो। आपमें शास्त्र का डर भी है, धर्म का भी आपको ध्यान है, बस, मेरी आज्ञा की अवहेलना का ही भय नहीं। पुराण, शास्त्र, धर्म-कर्म सबकी व्यवस्था देनेवाला मैं ही हूँ—क्या आपको नहीं पता ? आपने देवयानी और मेरे प्रति अपराध किया है। मैं शाप देता हूँ कि आप इसी क्षण वृद्ध हो जाएँ।

देवयानी : ओह ! सर्वनाश ! शाप दे डाला ! पिताजी भी कितनी जल्दी उद्वेलित हो जाते हैं। अब मेरा क्या होगा ? मैंने तो अभी गृहस्थ आश्रम में कदम ही रखा है। अभी तो छोटी-छोटी दो ही सन्तानें हैं। महाराज वृद्ध होकर निर्बल हो जाएँगे, तो मैं गृहस्थ धर्म का पालन कैसे करूँगी। मेरा तो सर्वनाश हो गया। इससे तो अच्छा है मर ही जाऊँ। *(छाती पीटती है)*

शुक्र : अरे-अरे ! क्या कर रही है ? झूठी, चंचल-चित्त, बिना समझ-बूझ के काम करनेवाली; इतना ही प्रेम था तो मेरे पास शिकायत लेकर क्यों आई थी ? वहीं रहती, चली जा यहाँ से, तेरी सूरत नहीं देखना चाहता *(स्वगत)* किसी ने सही कहा है, पति-पत्नी के झगड़े में नहीं पड़ना चाहिए। लड़कियाँ बड़ा संकट खड़ा करती हैं, उनके लिए, दूसरों के आगे सिर झुकाना पड़ता है। ये लड़कियाँ न माँ-बाप की मर्यादा का ध्यान रखती हैं, न भाई-बहन की, तभी तो कहावत है कि लड़कियाँ बीमार-बाप का हाल पूछने आएँ तो बाएँ हाथ से आँसू पोंछती हैं और दाएँ हाथ से तकिए के नीचे से सोना-चाँदी खिसकाती हैं।

देवयानी : *(आँसू पोंछते हुए)* पिताजी ! आप मेरी सूरत भले ही न देखना चाहें, लेकिन अपने इन नातियों पर तो दया कीजिए।

शुक्र : *(स्वगत)* ओह ! कैसी उद्दंड लड़की है ! भला मुझे इसकी चिन्ता क्यों न होगी ! मुसीबत में पड़ जाएगी तो रात-दिन मेरे ही कान तो पकेंगे। *(प्रकट में)* मुँह से निकली बात लौटाई नहीं जा सकती, मेरा शाप व्यर्थ नहीं जाएगा, तो भी एक उपाय बताता हूँ, *(ययाति की ओर देखकर)* देखिए महाराज, बड़ों ने कहा है, विवाह रचना

सरल है, त्याग देना कठिन, सन्तान होने के बाद उत्तेजना में परित्याग नहीं किया जा सकता। आपके कल्याण का एक उपाय बताता हूँ—आपकी वृद्धावस्था किसी दूसरे व्यक्ति में स्थानान्तरित की जा सकती है, वह वृद्ध बहुत समय तक जिएगा, शक्ति-सम्पन्न होगा, संसार में उसका नाम रहेगा और वह महान राजा बनेगा।

देवयानी : *(ययाति को देखते हुए हथेली पर मुक्का मारती है)* आपके चरित्र के हिसाब से तो आपको बूढ़ा होकर जीना ही अच्छा है। मुझे उसी में सन्तोष होगा। अब जाइए उसी बड़े-बड़े नितम्बोंवाली शूद्रा के पास।

अंक : चार

पहला दृश्य

राजमहल

(शयन-कक्ष। ययाति वृद्ध के रूप में हैं।)

ययाति : *(स्वगत)* आह ! त्वचा शिथिल होकर झूलने लगी है, दाँत टूट गए, बस दाढ़ें बची हैं। कानों ने सुनना बन्द कर दिया है, मैल से ठस पड़ गए हैं। सिर के सारे बाल सफेद पड़ गए हैं। देवयानी से मिलना चाहता हूँ, परन्तु कोई मार्ग नहीं सूझता। इस वृद्धावस्था में कोई पास नहीं लगना चाहता। जब युवक था, रूपवान था, तो देवयानी कहती थी—कलाई थामी है तो विवाह के बिना नहीं रह सकती। शर्मिष्ठा भी कहती थी—वंश की रक्षा कीजिए। दिन-रात आसपास मँडराती रहती थी, अब इस बुढ़ापे में किसी की झलक तक नहीं देख सकता। ओह ! यही है मनुष्य का जीवन, सबको एक-न-एक दिन इस दशा का सामना करना है। उस समय मन की इच्छा पूर्ति में शरीर साथ नहीं देगा, बुद्धि भी साथ छोड़ जाएगी। *(प्रकट में)* द्वारपाल ! देवयानी को आने की सूचना दो।

(द्वारपाल का प्रस्थान, देवयानी का प्रवेश।)

देवयानी : क्या आज्ञा है महाराज ?

ययाति : कोई आज्ञा न हो तो तुम्हें बुला नहीं सकता ! तुम मेरे पास बैठना नहीं चाहतीं ? महारानी तुम्हें मेरे पास आने की तनिक भी इच्छा नहीं होती ? मैं वृद्ध हो गया हूँ, तुम तो अब भी यौवनवती हो। प्रसन्न हो न ! खुश रहो वीरांगना। चूहे के लिए घर जला डालनेवाली, अब जाओ, अपनी इच्छा पूर्ति के लिए वन में चली जाओ, वहीं विहार करो।

देवयानी : अपनी प्रिया शर्मिष्ठा को बुलाकर सेवा करवा लीजिए न ! उसी के कारण तो वृद्ध होना पड़ा है। अब तो मुड़कर भी नहीं देखती होगी ! अन्त में देवयानी के सिवाय आपका और कौन है ? मैं तो

कुएँ में कूदना हो तो साथ कूदूँगी, आग में जलना हो तो साथ जलूँगी। अरे ! शर्मिष्ठा ने तनिक सैन चलाकर, खें-खें करके आपको पागल बना दिया। वह शर्मिष्ठा राक्षसी की जाई है, मायाविनी, हर पल दूसरों के लिए गड्ढा खोदती है। सोच-सोचकर कलेजा जलने लगता है। अपनी प्यारी शर्मिष्ठा से बातें कीजिए, मैं चली, मुझे मत बुलाइए।

ययाति : *(दाँतों से होंठ काटते हुए)* आह ! मैं कितना अधम हूँ, कितना लाचार ! बुलाने पर भी पास नहीं आना चाहती। अगर कहीं पहले सी शक्ति होती ! ठीक है, अपनी यह वृद्धावस्था किसी और को दे दूँ। इतनी कष्ट भरी अवस्था को लेना भी कौन चाहेगा ? कोई भी स्वीकार नहीं करेगा। पर, मेरे पाँच पुत्र तो हैं ही, उनमें से जो ले सके उसे ही दे दूँ। कोई है !" यदु को बलाओ।

(द्वारपाल प्रणाम कर प्रस्थान करता है। यदु का प्रवेश।)

यदु : प्रणाम पिताजी ! अरे, आप तो अचानक वृद्ध हो गए !

ययाति : हाँ पुत्र, तेरे पिता वृद्ध हो गए हैं, मैंने तुम्हें एक कारणवश बुलाया है। तुम्हारे पिता कुछ दिन के लिए संसार का सुख भोगना चाहते हैं, इसलिए हे पुत्र, मेरी यह वृद्धावस्था तुम ले लो। मैं कुछ समय के लिए तुम्हारा यौवन लेना चाहता हूँ। देखो पिता की बात मानोगे तो आयु बढ़ेगी, यश मिलेगा, बड़े राजा बनोगे, यह गुरु शुक्राचार्य का वचन है।

यदु : नहीं, नहीं पिताजी, मुझे वृद्धावस्था नहीं चाहिए। न दौड़ सकूँगा, न कूद सकूँगा, फिर अस्त्र-शस्त्र चलाना कैसे सीखूँगा, शिकार पर कैसे जाऊँगा, दाँतों के बिना खाऊँगा कैसे ? जब आँखें देखेंगी ही नहीं तो चलूँगा कैसे ? वृद्ध होकर हजार साल जीने के बदले युवा होकर सौ साल ही जीऊँगा। नहीं पिताजी मुझे मत कहिए; मैं चलता हूँ। राजा नहीं बनना, कुछ भी नहीं चाहता।

ययाति : ओह ! इतनी अवहेलना ! तुम मेरी ही सन्तान हो न ! तुम्हारी तो पिटाई करनी चाहिए। कहाँ है मेरी छड़ी *(इधर-उधर देखता है)* मेरा श्राप है, तुम्हारे वंश में कोई राजा न बने। द्वारपाल, तुर्व्वसु को बुलाओ। *(द्वारपाल का प्रस्थान और तुर्व्वसु के साथ प्रवेश)*

तुर्व्वसु : *(द्वारपाल से)* क्या ! ये मेरे पिता महाराज हैं !

ययाति : हाँ पुत्र।

तुर्व्वसु : अरे ! क्या इतनी जल्दी वृद्ध हो गए !

ययाति : हाँ पुत्र, मैं बूढ़ा हो गया हूँ। मैंने तुम्हें इसलिए बुलाया है कि तुम कुछ समय के लिए मेरा बुढ़ापा ले लो और अपना यौवन मुझे दे

दो। मैं थोड़ा सांसारिक भोग करना चाहता हूँ।

तुर्व्वसु : पिताजी, आप अभी से बूढ़े कैसे हो गए ?

ययाति : जानकर क्या करोगे पुत्र ? शर्मिष्ठा से प्रेम के कारण तुम्हारे नाना ने श्राप दे दिया है।

तुर्व्वसु : यह तो उचित ही हुआ, नानाजी ने कोई बड़ा श्राप नहीं दिया है। मुझे बुढ़ापा नहीं चाहिए इसलिए मुझसे कुछ मत कहिए, मैं चलता हूँ।

ययाति : *(पैर पटकते हुए)* पहले सा बल होता तो मार-मारकर भुर्ता बना डालता, किधर गया...*(छड़ी फेंकता है)* तुम्हारा पैर टूट जाए।

तुर्व्वसु : नहीं लगा, नहीं लगा *(खिल्ली उड़ाते हुए भाग जाता है)*

ययाति : नहीं लगा ! ठीक है मेरा श्राप है कि तुम म्लेच्छ देश के राजा बनो। तुम्हारे वंश में मूर्ख सन्तानें जन्म लें और अखाद्य भोजन करें। *(स्वगत)* देवयानी की कोख से जन्मे इन दोनों पुत्रों में एक भी आज्ञाकारी नहीं निकला। ब्राह्मण और क्षत्रिय से उत्पन्न ये वर्ण-संकर सन्तानें बड़े दुष्ट चरित्र की हैं। ऐसी सन्तानें माता-पिता के सद्‌गुणों की अपेक्षा अवगुणों को अपनाती हैं। कोई बात नहीं, देखता हूँ शर्मिष्ठा के तीनों बेटे कैसे हैं ? द्वारपाल द्रुह्यु को बुलाओ।

(द्वारपाल का प्रस्थान और द्रुह्यु के साथ प्रवेश।)

द्रुह्यु : क्या आज्ञा है पिताजी !

ययाति : तुम द्रुह्यु हो न ! तुम्हारी माँ क्या कर रही है ? निकट आओ, तुम्हारा मुख तो देखूँ, साफ दिखाई नहीं देता। आ जाओ, तुम्हें गोद में बैठाकर प्यार करूँ।

द्रुह्यु : मत चूमिए पिताजी ! घिन लगती है, आँख की ढीड़ लग जाएगी। साँस से भी दुर्गन्ध निकलती होगी।

ययाति : अरे ! कैसी बातें करते हो, क्या मेरा कहा नहीं सुनोगे ?

द्रुह्यु : कहिए क्या है ? सुनकर बताऊँगा कि मानूँगा या नहीं।

ययाति : बेटा, तुम हजार वर्ष के लिए मेरा यह बुढ़ापा ले लो और अपनी युवावस्था मुझे दे दो।

द्रुह्यु : पिताजी, मुझे कहीं आपको पीठ पर लादकर ले जाना है ?

ययाति : ओहो ! नहीं, मेरा मतलब है तुम हजार वर्ष तक बूढ़े बनकर रहो और मैं युवा रहूँ।

द्रुह्यु : ओह ! मैं इतनी घृणित अवस्था अपना लूँ ! नहीं-नहीं पिताजी, मुझे आज्ञा दीजिए।

ययाति : अशिष्ट, पिता की अवहेलना करनेवाला अधर्मी, पापी मैं तुम्हें श्राप

देता हूँ कि तुम्हारी कोई मनोकामना पूर्ण न हो। तुम उस देश के राजा बनो, जहाँ वर्ण-भेद न हो। *(स्वगत)* कोई भी मानने को तैयार नहीं। *(प्रकट में)* द्वारपाल, अनु को बुलाओ।

(द्वारपाल अनु को बुलाकर लाता है।)

अनु : पिताजी, आपने मुझे बुलाया ! क्या मक्खन खाने को देंगे ? जल्दी कीजिए मुझे पतंग उड़ानी है।

ययाति : अरे ! तुम मक्खन खाना चाहते हो। मैंने तो जो दूध परसों पिया था, वह भी अभी तक नहीं पचा।

अनु : पिताजी, मेरा पेट तो ऐसा है कि खाया और पच गया। हमेशा खाने का ही मन करता रहता है।

ययाति : ठीक है, तर्क-वितर्क बाद में करेंगे, तुम जो खाना चाहोगे वही मिलेगा। मैं तुमसे जो कह रहा हूँ, उसके लिए मना मत करना।

अनु : पहले कहिए, तब बताऊँगा कि मना करूँगा या नहीं।

ययाति : सुनो, बात यह है कि हजार वर्ष के लिए मेरी यह वृद्धावस्था तुम ले लो और अपनी युवा अवस्था मुझे दे दो, बोलो स्वीकार है ?

अनु : अरे-अरे ! आप चाहते हैं कि मैं वही बूढ़ा हो जाऊँ जो खाकर पचा भी नहीं सकता ! नहीं-नहीं, मुझसे मत कहिए। मैं तो मक्खन खाने आया था और आप मुझे बूढ़ा बनने के लिए कह रहे हैं। पिताजी, क्या आपकी बुद्धि भ्रष्ट हो गई है ?

ययाति : देखो, कल का पैदा हुआ छोकरा, मेरा उपहास कर रहा है। मेरे सामने से दूर हो जा पापी ! तुम्हारी शक्ल नहीं देखना चाहता।

अनु : मैं यहाँ कोई स्वयं आया था ! आपने ही बुलाया था।

ययाति : अरे ! मिथ्यावादी, तुम्हारी बातों से मेरा कलेजा जल रहा है, मैं श्राप देता हूँ कि तुम जीवन-भर अपच के रोग से परेशान रहो। सौ-पुत्रों को जन्म दो, जो युवा होते ही मृत्यु को प्राप्त हो जाएँ। द्वारपाल, इसे धक्के मारकर बाहर निकाल दो।

अनु : नहीं भी निकालोगे तब भी मेरे पैर हैं, जा रहा हूँ।

ययाति : ओह ! बुढ़ापे में गुस्सा कुछ अधिक ही बढ़ गया है। व्यर्थ ही पुत्रों को श्राप दे दिया। पाँच में से चार बेटों ने मेरी बात नहीं मानी। वर्ण-संकर होने के कारण सभी अवज्ञाकारी हैं, किसी क्षत्राणी से पैदा होते तो ऐसा नहीं होता; अब तो केवल छोटे बेटे पुरु से ही आशा है। उसमें शायद अपनी माँ की शान्ति, कोमलता, करुणा और स्वार्थ-त्याग की किंचित भावना हो ! लेकिन यदि वह भी नहीं माना तो क्या होगा ? हे शुक्राचार्य यह कैसा श्राप दे दिया, इससे तो मरने का श्राप देते तो अच्छा होता। छोटे बेटे ने भी बात न

मानी तो सिर मुँडाकर संन्यासी बन, जंगल की राह लूँगा। द्वारपाल, पुरु को बुलाओ।

(द्वारपाल पुरु को लेकर आता है।)

पुरु : *(प्रणाम करके)* क्या आज्ञा है पिताजी ?

ययाति : बेटा पुरु, अपने पिताजी की गोद में आओ, *(गोद में खींचते हुए)* मैंने तुम्हें सबसे अधिक लाड़-प्यार दिया है। आज मैं तुमसे एक बात चाहता हूँ। मैं इस संसार का थोड़ा सुख भोगना चाहता हूँ। केवल हजार वर्ष के लिए मेरी वृद्धावस्था तुम ले लो और अपनी युवावस्था मुझे दे दो।

पुरु : पिताजी ! इसमें चिन्ता की कौन सी बात है ? मैं आपकी आज्ञा मानने को प्रस्तुत हूँ। जो पिता की आज्ञा का उल्लंघन करता है, वह घोर नर्क में पड़ता है। आप इसी क्षण अपनी वृद्धावस्था मुझे दे दीजिए।

ययाति : कितना आदर्श-पुत्र है ! रूप में सुन्दर, व्यवहार में गम्भीर, बातचीत में मधुर। तुम ही मेरे सच्चे पुत्र हो। उन चारों में एक भी मेरा पुत्र नहीं है। प्रिय पुत्र, तुम दीर्घायु हो, शत्रुओं पर विजय प्राप्त करो। तुम्हारा वंश पृथ्वी-भर में यश का भागी बने, तुम्हारी कीर्ति चतुर्दिक हो—यह गुरु शुक्राचार्य का वचन है। आओ, तुम्हें गले लगा लूँ।

दूसरा दृश्य

शिव मन्दिर

(घूर्णिका, पुष्प आदि अर्पित करके शिव की पूजा में मग्न है।)

शिव : *(प्रकट होकर)* घूर्णिका, इतने दिनों के मौन के बाद आज फिर आ गई हो, क्या कहना है ?

घूर्णिका : शूलपाणि प्रभु ! पहले मेरा कोई कार्य नहीं था, अब आ पड़ा है तो आई हूँ।

शिव : काम पड़े तो याद करना, न पड़े तो भूल जाना ऐसा करके भगवान के चरण कैसे प्राप्त होंगे।

घूर्णिका : हे प्रभु ! आप तो मेरे ईश्वर नहीं हैं।

शिव : तो फिर तुम्हारा ईश्वर कौन है ?

घूर्णिका : मेरे देव तो शिवि महाराज हैं, वे ही मेरे धन हैं। दिन-रात उनके ही चरणों का स्मरण करती रहती हूँ।

शिव : अगर शिवि महाराज से ही तुम्हारी मनोकामना पूरी हुई है तो अब भी उन्हीं से कहो न ! यहाँ क्यों आई हो ?

घूर्णिका : मैं केवल यह कहने आई हूँ कि आपका वरदान व्यर्थ है, फलता नहीं। शिवि महाराज की कृपा से एक कन्या प्राप्त हो गई और बड़ी भी हो गई, लेकिन महारानी अब तक नहीं बन पाई, कारण क्या है शूलपाणि प्रभु ?

शिव : *(मुस्कुराते हुए)* अरी बावली, जाओ यहाँ से, तुम्हारी कन्या अवश्य ही महारानी बनेगी। कोई साधारण महारानी नहीं, पृथ्वी-भर में श्रेष्ठ राजवंश की महारानी ! अपनी पुत्री को देवयानी के पास छोड़ दो। (शिव अन्तर्ध्यान हो जाते हैं)

घूर्णिका : महादेव तो अन्तर्ध्यान हो गए। मेरी बिटिया महारानी कैसे बन जाएगी ! अभी तक तो कोई राजा आया नहीं। ययाति महाराज को प्रस्ताव दिया जाता तो मान जाते, लेकिन वे तो मेरी पुत्री की आयु के नहीं हैं, बूढ़े हो गए हैं। आज-कल में उनकी सन्तानों में से भी राजा बननेवाला कोई नहीं है। मन में बड़ी शंका है। छोटे लोगों का बड़े बनने का सपना बड़ा कष्टदायक होता है। भाग-दौड़ का कहीं अन्त नहीं।

तीसरा दृश्य

ययाति का शयन-कक्ष

(वे युवावस्था में हैं।)

ययाति : *(स्वगत)* ओह ! कितना आनन्द है, शरीर हलका-फुलका हो गया *(हाथ फेरते हुए)* एकदम तरो-ताजा। बुढ़ापा कितना कष्टदायी होता है ! शरीर भारी-भारी, आलस्य से भरा रहता है। खाना तक नहीं पचता। घूमने की इच्छा होने पर भी घूमा नहीं जा सकता। बूढ़ा तो सभी को होना है, तो अगर जवानी में इच्छानुसार न खाया, न पिया, न घूमा, न जी-भर देखा तो बुढ़ापे में तो देहरी तक लाँघना मुश्किल हो जाएगा। *(प्रकट में)* मन्त्री !

मन्त्री : *(प्रणाम करके)* मैं उपस्थित हूँ महाराज !

ययाति : मन्त्रीवर, देख रहे हो न ! मैं आज युवा हो गया हूँ। मेरा मन बहुत प्रसन्न है। जगह-जगह धूम-धाम से उत्सव मनाओ, दीन-दुखियों को सोना-चाँदी दान करवाओ। लँगड़े-अन्धे, कमजोर-बीमार, स्त्री, बच्चे सबको पेट-भर भोजन करवाओ। गली-गली ईश्वर का भजन

करवाओ। ब्राह्मणों से वेद-पाठ करवाओ। कोई भी ब्राह्मण नाराज न हो जाए। मैं डरता हूँ केवल ब्राह्मणों से। ब्राह्मण अछूत बनाना चाहे-अछूत बना दें, फिर शुद्ध करना चाहे तो पल-भर में शुद्ध करके ऊँचा बना दें, ऐसा कुछ नहीं जो ब्राह्मण चाहे और न हो। वह समाज के रीति-रिवाज बना भी सकता है और बदल भी सकता है। ब्राह्मण के श्राप से पिता महाराज के समय में भी अनेक दुख सहने पड़े और अपने समय में भी। इसीलिए हे मन्त्रीवर सभी को प्रसन्न करने का प्रयास करें।

मन्त्री : जी महाराज, आपकी आज्ञा का पालन होगा। *(प्रणाम कर प्रस्थान)*

ययाति : धाय ! महारानी देवयानी को बुलाओ, अब तो खुशी-खुशी आएगी। नर्तकियों को बुलाओ और रात-दिन नृत्य-गीत का आयोजन कराओ *(स्वगत)* शर्मिष्ठा के पास तो आज रात चुपके से जाना होगा *(देवयानी का प्रवेश, ययाति उसे देखकर)* देवयानी, पहले तो आने से मना करती थी, अब दौड़ी चली आ रही हो, अब मैं कुछ अधिक जवान हो गया हूँ न ! महारानी ही देखने में बूढ़ी-सी लग रही है। ऐसे में तो मुझे कुछ अभिमान करना चाहिए।

देवयानी : *(तिरछी दृष्टि से)* स्वाभाविक है, अवसर मिला है तो अभिमान भी कीजिए। दासी देवयानी ने भला अपने प्राणनाथ की सेवा में कब कोई त्रुटि की है। युवा अवस्था में भी दासी, वृद्धावस्था में भी दासी, अब भी दासी ही हूँ। *(दोनों साथ-साथ सिंहासन पर बैठते हैं।)*

(नर्तकियों के दो दल दाएँ-बाएँ द्वारों से गीत गाते, नृत्य करते प्रवेश करते हैं।)

गीत

करें सानन्द शासन सम्राट,
बढ़े इस पृथ्वी पर यश-मान,
बँधे सप्त रत्नाकार जल-राशि,
ख्याति के स्थापित हों मान,
जो है सप्त-द्वीप नव-खंड
फहराए विजय पताका फर-फर
देवयानी स्तम्भ शिखर पर
और ययाति ध्वजा पर।
देखे यह जग सानन्द
चमकते जब तक सूरज-चाँद।

चौथा दृश्य

राजसभा

(महाराज, महारानी, पुरु, मन्त्रीगण अपने-अपने आसन पर विराजमान हैं।)

ययाति : ओह ! हजार वर्ष बीत गए, सुख भोगते हुए, कितने आनन्ददायी कौतुक देख लिए। मधुर संगीत, सुगन्धियाँ, सुन्दर वस्त्राभूषण–इस जगत में ऐसी कोई श्रेष्ठ वस्तु नहीं, जिसका मैंने भोग न किया हो, लेकिन क्या मेरे मन को सुख-शान्ति और सन्तोष मिला ? नहीं, कुछ नहीं मिला। इसके विपरीत मन की व्याकुलता और अशान्ति बढ़ गई। मुझ पर आलस्य ने अधिकार कर लिया। जान गया कि मनुष्य को इच्छित वस्तु की प्राप्ति पर भी कभी सन्तोष नहीं मिलता। आग में घी डालने पर जैसे लपटें भड़कने लगती हैं, वैसे ही इच्छाएँ पूरी होने पर अधिक बढ़ती जाती हैं। ऐश्वर्य और इन्द्रिय-सुख में कोई सार नहीं। ये भोग, सुरापान के समान हैं, इनमें सन्तोष नहीं, गहरे समुद्र में हाथ-पैर मारकर मर जाना है। यह मूल्यहीन जीवन व्यर्थ चला जाता है। क्या मैं इतने बड़े साम्राज्य, कुबेर-जैसे धन-दौलत और इन्द्र के समान ऐश्वर्य को मरते समय साथ ले जा सकूँगा ? कितने सम्राट मृत्यु के मुख में चले गए, कितने धनवान जीवन शेष हो गए–कोई भी कुछ नहीं ले जा सका। जो साम्राज्य आज मेरा है कल वह दूसरे का हो जाएगा। वैभव पर कल किसी और का अधिकार होगा, इसीलिए ऋषि-मुनियों का कहना है कि भोग में डूबना व्यर्थ है। ऐसे सुख नहीं कमाया जा सकता, वह तो धर्मानुसार कार्य करने और जीवन के उच्चतम लक्ष्य मोक्ष की खोज में स्वयं चला आता है। सत्यं-शिवं-सुन्दरम् रूपी श्रेष्ठतम वैभव की साधना में सच्चा सुख स्वयं मिलनेवाले फल के समान है। अपने बीते हुए काल में मैं कितना मूर्ख था। मैंने मुक्ति के लिए कुछ भी नहीं किया। जाना ही नहीं कि मुक्ति ही आदर्श लक्ष्य है। भोग के मद में हजार वर्ष तक सुन्दर और युवा पुरु को भी बूढ़ा बनाए रखा। ओह ! मेरे पुत्र को बड़ा कष्ट हुआ होगा, फिर भी देश का राजा बननेवाले इस पुरु को पहले थोड़ा दुख पहुँचाना उचित है, क्योंकि दुख-दर्द का प्रत्यक्ष अनुभव करनेवाला व्यक्ति ही दूसरों के दुख-दर्द को समझ सकता है। प्रजा में केवल धनवान ही नहीं होते, बल्कि अति निर्धन और जन्म से ही सुख को न जाननेवाले भी होते हैं।

धनवानों के हित के साथ ही निर्धन और दीन प्रजाजनों की सहायता करके उन्हें समान स्तर पर लाना भी राजा का कर्तव्य है। समाज के पिछड़े और वंचित लोगों के पक्ष में खड़े होने पर भी राज्य का कल्याण सम्भव है। मैंने दुख और पीड़ा को समझने के लिए ही पुरु को एक हजार वर्ष तक वृद्ध बनाए रखा। आज उसे उसका यौवन लौटा रहा हूँ और उससे अपनी वृद्धावस्था ले रहा हूँ।

पुरु श्रेष्ठ गुणों से अलंकृत है, अपने सुख के बदले दूसरों की भलाई करता है। गुरुजनों का उपदेश और राजा की आज्ञा मानता है। मैंने एक-एक कर सभी पुत्रों से अपनी वृद्धावस्था लेने को कहा था, किन्तु किसी ने नहीं माना, केवल पुरु ने स्वीकार किया। *(देवयानी से)* महारानी, यह सिंहासन पुरु को सौंपकर हम दोनों वन में चलें और भगवान की आराधना करें।

देवयानी : महाराज, आपका निश्चय उचित है। पुत्र पुरु ही राजा बनने योग्य है, उसे सिंहासन सौंपकर अपना शेष जीवन भक्ति-मार्ग में व्यतीत करें।

ययाति : मन्त्री, सामन्तों और सभासदों का क्या विचार है ?

सभा के सदस्य : *(एक स्वर में)* महाराज की इच्छा ही हमारी इच्छा है। महारानी देवयानी की जय ! महाराज ययाति की जय !

ययाति : द्वारपाल, शर्मिष्ठा को बुलाओ।

(शर्मिष्ठा का प्रवेश)

देवयानी : प्यारी सखी, अनुजा, शर्मिष्ठा, पधारो। तुम भावी महाराज पुरु की राजमाता हो, आओ अपना आसन ग्रहण करो। मैंने तुम्हारा भारी अपराध किया है। यौवन-काल की बुद्धि और रक्त की ऊष्णता के आवेश में तुम्हें दासी बनाकर तुम्हारा जीवन कष्टमय बना दिया। दुष्टतापूर्वक तुम्हें शूद्रा कहकर कितनी गालियाँ दीं ! मेरी प्यारी सखी, सच तो यह है कि मैंने तुम्हारे ही कारण ययाति महाराज को पति के रूप में पाया। तुमने उस समय मुझे चैत्ररथ वन में कुएँ में ढकेल दिया और ययाति महाराज ने अनायास मेरी कलाई पकड़कर ऊपर खींच लिया, उसी का लाभ उठाकर मैं महारानी बन बैठी। वह घटना न होती तो मैं भला कहाँ से महाराज को प्राप्त कर पाती ! हे प्यारी सखी, जैसे सूर्योदय होते ही अन्धकार लुप्त हो जाता है, वैसे ही ययाति महाराज के साथ रहने से इस ढलती आयु में मेरे मन का दर्प और अहंकार समाप्त हो गया है। हे सखी, भला कौन ब्राह्मण और कौन शूद्र ? कोई

अन्तर नहीं; सभी समान हैं। सभी ईश्वर की सन्तान हैं। उसकी आँखों में न कोई छोटा है–न बड़ा। ब्राह्मण और क्षत्रिय का अहंकार अब नहीं बचा। क्या ब्राह्मण होने भर से मृत्यु नहीं होगी ! क्या क्षत्रिय होने भर से बुढ़ापा नहीं आएगा ! प्यारी सखी, जैसे गंगा-यमुना का संगम श्रेष्ठ तीर्थ बन जाता है, वैसे ही मेरी और तुम्हारी जीवनधारा एक साथ महाराज के शान्त और विशाल हृदय तीर्थ में बह रही है। सखी, तुम्हारा हृदय बड़ा विराट है, तुम दयालु और धर्म-परायणा हो। आज तुम्हारी विजय हुई। यदि तुमने मेरी भूलों को क्षमा नहीं किया तो मुझे मुक्ति नहीं मिलेगी। प्रिय सखी, आज से तुम्हें दासी नहीं, महारानी पुकारूँगी। आओ गले मिलें। *(परस्पर गले मिलना)*

शर्मिष्ठा : महारानी, मुझ नीच दासी को इतना ऊँचा स्थान देकर सम्मानित करने से मेरा मन आनन्द तथा लज्जा में गदगद हो रहा है। भूल तो मुझसे हुई थी। मैंने आपको कुएँ में ढकेलकर अक्षम्य अपराध किया था। यह अपराध हमेशा मेरे जीवन का कलंक बना रहेगा।

देवयानी : महारानी शर्मिष्ठा, मैं पहले कोई अपराध न करती तो तुम मेरे साथ कैसे अपराध करती ! ऐसा कौन है जिससे भूल न होती हो, किन्तु क्षमा करना ही पुण्य है। जो घटता है वह विधाता का विधान है, ईश्वर की लीला है। ठीक है, जो बीत गया सो बीत गया, अब तो भावी जीवन के विषय में सोचने का समय है। बहन तुम भाग्यशालिनी हो, पुत्र पुरु बड़ा ही शिष्ट है, आज उसे राजा बनाकर उत्तम कार्य हो रहा है। भला वह राजा नहीं बनेगा तो और कौन बनेगा ? पृथ्वी पर उसका वंश महान राजवंश नहीं होगा तो और किसका होगा ? मैं स्वयं अपने हाथों से यह राजमुकुट पुरु को पहनाती हूँ।

(महाराज ययाति से मुकुट लेकर पुरु की ओर बढ़ती है।)

पुरु : अग्रज यदु और तीनों बड़े भाइयों के रहते आपका यह पुत्र राजमुकुट पहने, यह उचित नहीं है माँ।

देवयानी : महारानी शर्मिष्ठा ! कभी मेरी ममता में किसी कमी के कारण या फिर स्त्री द्वारा पहनाए जाने से राजमुकुट की महत्ता में कमी समझने के कारण मुझसे नहीं पहनना चाहता, तो ठीक है, महाराज से पहनवाती हूँ।

पुरु : हे माता, आपके पुत्र में ऐसी भावना नहीं है। मेरा कहना है कि ज्येष्ठ भ्राताओं के रहते यह राजमुकुट मैं कैसे स्वीकार करूँ ?

शर्मिष्ठा : बेटा पुरु, माता देवयानी की इच्छा की अवहेलना मत करो। माता

की आज्ञा का उल्लंघन उचित नहीं होता।

ययाति : पुरु ! यह राजा की आज्ञा है, राज्य की प्रजा की इच्छा है।

पुरु : मैंने कभी माता-पिता और बड़ों की आज्ञा का उल्लंघन नहीं किया। मैं आपके आदेश का पालन करूँगा। शीश झुकाकर स्वीकार करता हूँ, राजमुकुट पहनाइए माँ।

(देवयानी पुरु को राजमुकुट पहनाती है।)

सभा के सदस्य : महाराज पुरु की जय !

देवयानी : महारानी शर्मिष्ठा, मैं तुमसे दो वर चाहती हूँ। पहला यह कि मैं इस जीवन सन्ध्या में महाराज ययाति के साथ ईश्वर की आराधना के लिए वन में चली जाऊँगी और दूसरा यह कि शिवि महाराज की कृपा से प्राप्त घूर्णिका की कन्या को पुरु की जीवनसंगिनी स्वीकार करके महारानी बना दो। वन जाने के पूर्व पुत्र और पुत्र वधू को एक साथ देखना चाहती हूँ।

शर्मिष्ठा : महारानी, ऐसा ही होगा। आपका महाराज ययाति के साथ वन-गमन स्वीकार करती हूँ। जब इस दासी को राजमाता बना दिया गया है तो घूर्णिका की पुत्री को पुरु की महारानी बनाने में क्या शंका हो सकती है। यह शुभ कार्य इसी क्षण सम्पन्न करें। विवाह और राज्याभिषेक साथ-साथ सम्पन्न हों, तो इससे अधिक अच्छा और क्या हो सकता है !

देवयानी : यह दैवी विधान ही है। मैंने कभी परिहास में ही घूर्णिका से कहा था कि अपनी बेटी को महारानी बनाओ। कौन जानता था, वह बात इस प्रकार सच हो जाएगी ! बेटा पुरु चुप क्यों हो ? क्या ऐसा अवसर नहीं दोगे कि वन जाने के पूर्व तुम दोनों को जोड़ी में देख सकूँ।

पुरु : पिता महाराज की आज्ञा मानकर मैं हजार वर्ष तक वृद्ध और कमजोर बना रहा। अब दोनों माताओं की आज्ञा का पालन करके पौठी कुमारी को अपनी महारानी स्वीकार करता हूँ।

ययाति : बड़ा आनन्द हुआ पुत्र, मेरी वाटिका में जो सुन्दर सुगन्धित पुष्प खिले हैं, वे वनों और पर्वतीय घाटियों से लाकर लगाए गए हैं। मेरे राजप्रासाद में सुशोभित हीरे और मणि-मुक्ता घाटियों और समुद्र-तल से लाए गए हैं। अब घूर्णिका की यह पुत्री पर्वतीय घाटी से प्राप्त मणि के समान है। यह कन्या निश्चय ही तुम्हारा जीवन-शृंगार बनने योग्य है।

देवयानी : धाय ! पौठी कुमारी को ले आओ।

(धाय का पौठी कुमारी को लाना)

शर्मिष्ठा : बेटा पुरु, तुम्हारे पिता के वरण के समय मुझे एक असन्तोष था, कि मुझे बहुत याचना करनी पड़ी थी। पुरुषों के अहंकारी स्वभाव ने मुझे बड़ा दुखी किया था; इसीलिए मैंने निश्चय किया था कि यदि मुझे पुत्र प्राप्त हुआ तो उससे स्त्री की याचना करवाऊँगी। बेटा पौठी कुमारी को प्रेमपूर्ण शब्दों से प्रसन्न करके वरमाला पहनाओ।

पुरु : प्रिया पौठी कुमारी, मैं प्रेम की यह पुष्प-माला पहनाकर अपनी हृदय वाटिका की देवी के रूप में तुम्हारी पूजा करूँ तो क्या तुम अस्वीकार करके मुझे लज्जा का पात्र बनाओगी ?

पौठी कुमारी : स्वामी, आपके चरणों की प्राप्ति के लिए ही हर क्षण महादेव की पूजा करती रही हूँ। उन्हीं की कृपा से आपके चरण प्राप्त हुए हैं।

(पुरु द्वारा पौठी कुमारी को माल्यार्पण)

सभा के सदस्य : जय हो ! महाराज पुरु की जय हो !

(नेपथ्य में जय ध्वनि और शंख का घोष)

घूर्णिका : *(तेजी से राज-भवन में प्रवेश)* जय ! महादेव की जय।

यवनिका

ब्रजेन्द्र का विवाह

(ब्रजेन्द्रगी लुहोङ्बा)

अनुवाद : इबोहल सिंह काङ्जम

ब्रजेन्द्र का विवाह

ब्रजेन्द्र बाबू कलकत्ता मेडिकल कॉलेज से एम.बी. परीक्षा उत्तीर्ण करके लौटा। आते ही सुना कि उसके विवाह की सारी तैयारी पूरी है। श्रीपंचमी[1] का दिन निश्चित कर दिया गया है। ब्रजेन्द्र के आश्चर्य की सीमा न रही। आजकल के युवक कह सकते हैं—इसमें आश्चर्य की क्या बात है ? किन्तु ब्रजेन्द्र बहुत शान्त व्यक्ति है, बौखलानेवाला नहीं। उसने सोचा, शायद इसी में भला हो, 'शुभस्य शीघ्रम'। किन्तु उसे इस सन्दर्भ में यह प्रयोग नहीं जँचता। सूरज और चाँद को कुत्ता थोड़े ही खा रहा है[2]। विवाह कोई गुड्डे-गुड़िया का खेल तो नहीं है। मेरे जीवन के सुख-दुख में भागीदारी करनेवाली, बगीचे से उखाड़े हुए पुष्प के पौधे को आँगन के कोने में रोप दिए जाने जैसी, अपने माता-पिता के खानदान और उसके नाम को तजकर मेरे खानदान और उसके नाम को अपनानेवाली, एक ही डंठल पर लगे पुष्प-गुच्छ से एक पुष्प तोड़ दिए जाने और एक साथ फलों के गुच्छे से एक फल तोड़ दिए जाने के समान भाई-बहनों, वंश-परिवार सबको छोड़कर मेरी छत्रछाया में आनेवाली, भिन्न-भिन्न जाति के पुष्पों के सम्मिलन से बने पुष्प-गुच्छ से बढ़ी सुगन्ध के सदृश अपने और मेरे हृदय की अभिन्नता से गार्हस्थ्य की कीर्ति बढ़ाने हेतु आनेवाली, ब्रह्मपुत्र और गंगा दोनों की धाराओं के मिलन से बने संगम-स्थल के समान अपने और मेरे भिन्न-भिन्न जीवन की धाराओं के मिलन से बने संगम-स्थल को एक पुण्य-तीर्थ बनानेवाली, वनों में झुंडों में उड़नेवाले पक्षियों में से पकड़कर पिंजरे में डाल दिए गए एक पक्षी के समान, संग-साथ खेलनेवाली स्वच्छन्द सहेलियों को छोड़, एक घर की स्वामिनी बननेवाली, उस लड़की को देखे बिना, उसके चरित्र को जाने बिना लुहोङ्फान्[3] पर कैसे बैठूँ ? एक दिन अपनी माँ से कहा, तो बोली, "बहू का मुख देखने की बड़ी लालसा है, बहू के हाथ का खाना, खाना चाहती हूँ। इतनी सुन्दर, इतनी आज्ञाकारी लड़की भी पसन्द नहीं, तो तुम पागल हो ! मेरा जना बेटा मेरी बात का विश्वास नहीं करता, तो उसे जन्म देना बेकार है। हमने तो विवाह के पूर्व अपने आदमी का मुँह ही नहीं देखा था। सुन्दर या असुन्दर होने को भाग्य की बात मानकर चली आई। अब तक एक दिन भी झगड़ा नहीं किया।" उसके बाद महाभारत-रामायण की बातें और अट्ठारह पुराणों की कथाएँ सुनाने लगी। उँगली नचा-नचाकर एक के

1. श्रीपंचमी—वसन्त पंचमी या सरस्वती पूजा का दिन; 2. यह मणिपुरी भाषा का विशेष मुहावरा है, जिसका अर्थ है कि दिन तो शाश्वत है; 3. लुहोङ्फान्—विवाह का विशेष तख्त, जिस पर परिणय के समय वर बैठता है।

बाद एक सुनाई। लकड़ी का टुकड़ा उठाकर उससे लकीरें खींचते-खींचते बरामदा राई लगाने लायक हो गया। मोहल्ले की चाओमाँ, नातेकूमाँ, चार-पाँच ताई-चाची भी एक-एक नगाली पकड़े तमाशबीन बनकर आ पहुँचीं। ब्रजेन्द्र ने समझ लिया, लीला के सारे पात्र उपस्थित हैं, स्त्री-पर्व शुरू होनेवाला है, आज सूर्यास्त का पता नहीं चलेगा। यह सोच, अपनी माँ को मन-ही-मन प्रणाम कर, मोटी चाओमचा की आड़ लेकर दबे पाँव निकल गया। सारे पात्रों को उपस्थित देख ब्रजेन्द्र की माँ उत्साहित होकर उठ खड़ी हुई, आवेश में उँगली नचाते हुए ऐसा अभिनय किया कि जैसे सामने की स्त्री को मार ही देगी। ब्रजेन्द्र एक बार यह देख कर खिसक लिया।

ब्रजेन्द्र ने सोचा, "हाय ! गम्भीरता के साथ बातचीत तक नहीं हो सकी। सौन्दर्य सबके लिए है, शील मोहल्लेवालों के लिए है, पर मेरे लिए तो केवल प्रेम है। यह माँ ने नहीं समझा। ठीक है, उनके द्वारा खोजी गई उस लड़की की सूरत तक कभी नहीं देखूँगा।" बड़बड़ाते हुए चला गया।

यह हुआ, नाच न जाने आँगन टेढ़ा। माँ को अपने मन की सारी बात न समझा पाने पर ब्रजेन्द्र का सारा क्रोध, निर्दोष, सांसारिक दुख-सुख, ईर्ष्या-द्वेष की दाह से अनजान, सरल-मना, उस लड़की पर पड़ गया। हा ईश्वर ! संसार में केवल दोषी को ही नहीं, निर्दोष को भी दंड मिलता है।

विवाह निबट गया। मालती ने सुहाग-कक्ष में पति के लिए चिलम भरकर रखी। चिलम में तम्बाकू जलकर राख हो गया। जिस नगाली को ब्रजेन्द्र कभी नहीं पीता, उसी का पानी वह रोज बदलती रही। ब्रजेन्द्र सोने से पूर्व एक बीड़ी सुलगाकर दीवार की ओर मुँह करके सो जाता था। तश्तरी में पान का बीड़ा सूखता रहा। तकिए के निकट फूलों का गुच्छा मुर्झाता रहा। एक सप्ताह, दो, तीन, चार सप्ताह बीत गए, ब्रजेन्द्र का मौन-व्रत नहीं टूटा।

मालती ने सोचा, "मेरा क्या दोष है ? मेरी शक्ल-सूरत खराब लगी या मैं अशिक्षित लगी ? या मेरे पूर्वजन्म के पाप के कारण ऐसा हुआ ?" जब मनुष्य वर्तमान दुख का कारण नहीं समझ पाता, तो पूर्व-जन्म का स्मरण करता है। मालती ने कहा, "ठीक है, धर्म तो है, मैं गलत नहीं करूँगी। अगर मैं दोषी नहीं हूँ, तो एक दिन मेरा धर्म मेरी सम्पत्ति को मेरी हथेली पर लाकर रख देगा।"

मोहल्ले में नई बहू बनकर आना भी मामूली बात नहीं है। बड़ी बहनें हैं, भाभियाँ हैं, बुआ और मौसियाँ हैं। वे रोज पान खाने आती हैं। बुआ बोली, "हमारा ब्रजेन्द्र कभी घर में दिखाई नहीं देता। पराई लड़की लाकर इस तरह लज्जित करना, यह कैसा व्यवहार है ? वह नहीं लाया होता तो पहले ही किसी और से इसका विवाह हो जाता।" भाभी ने आँखें मटकाकर मुस्कुराते हुए जूड़े के लटके बालों को सहलाते हुए कहा, "पुरुष अगर तनिक भी अवहेलना करनेवाला हो, तो हम तो पलभर रुकनेवाली नहीं हैं। शादी के दूसरे दिन पति के मुख से यह सुनते ही कि देर से जागती हो, मैं यह कहकर मैके वापस आ गई कि तुम्हारे जैसे आदमी के साथ नहीं रह सकती।" मौसी ने सूचना दी, "कल

शाम को ब्रजेन्द्र एक रमणी के साथ बातें करते हुए जा रहा था। उस रमणी को कहते सुना कि घर की स्त्री को तलाक दे दीजिए, उसके बाद आऊँगी।'' इत्यादि तरह-तरह की मन कचोटनेवाली अनेक बातों से मालती को भड़काया जाने लगा। भागीरथी गंगा में जैसे कलकत्ता का मैला-कचरा गिरा देते हैं, उसी प्रकार मालती के निर्मल मन पर चारों ओर की बुरी भावनाएँ, विचार, हिंसा, ईर्ष्या–सबकी परछाई डालने की कोशिश की गई। मोहल्ले की ताई-चाचियों के मन में खलबली थी कि उनके रहते मालती शर्मीली, वाक्‌पटुताहीन, अबोध लड़की क्यों बनी हुई है ? मालती को अपने अनुसार मृदंग की ताल पर नचाने से ही तो उनकी पढ़ी विद्या सफल होगी। मालती उनकी सारी बातें चुपचाप सिर झुकाए सुनती रही। एक दिन अनजाने ही सबने मिलकर उसकी चेहरे पर झूलती अलकें पीछे को सँवार दीं[1]।

ब्रजेन्द्र कैसा है ? मोहल्ले की ताई-चाचियाँ जैसा कहती हैं, वैसा दुश्चरित्र और कलुषित मनवाला व्यक्ति नहीं है। मानव-स्वभाव के अनुसार माँ-बाप के प्रति अपने मन का क्षोभ उसने मालती पर उँड़ेल दिया। बड़ा सच्चरित्र पुरुष है। उसका क्रोध तो, बालक की, भूख होने पर भी न खाने की जिद की भाँति है। खाने को ताकते हुए कृत्रिम रुदन-सा है। अपने देश की अभागी नारियों के सुख-दुख, वह भली-भाँति जानता है।

एक दिन ब्रजेन्द्र चाँदनी रात में बासक-फाङ्नबा[2] सुनने निकला। चाँदनी रात में युवक-युवतियों, रमणियों का मन चंचल हो उठना स्वाभाविक है। नीले आकाश में तारों सहित चन्द्रमा, गुपचुप खड़े पेड़-पौधे, फल-फूल और ज्योत्स्ना की झीनी लमूथाङ्[3] ओढ़े स्वामी को प्रणाम करती पृथ्वी, यह सब देखकर ब्रजेन्द्र का मन भी चंचल हो उठा। उसके बाद मंडप में पहुँचा। ''वृन्दावन का श्याम चन्द्र पुनः उदित होगा'', आदि विरह का चरमोत्कर्षी वेदना-प्रसंग मनोहारी रूप में गाया जा रहा था।

ब्रजेन्द्र का हृदय द्रवित हो उठा। सोचने लगा, घर में रहनेवाली निर्दोष मालती पर यूँ ही क्रोध किया। ऐसा सोचते-सोचते युवतियों के बैठने के लिए नियत स्थान की ओर दृष्टि डाली। प्रातः खिलनेवाली होने पर भी उज्ज्वल चाँदनी के कारण रात में ही मुकुलित हो उठनेवाली लैरेनू-चम्पा[4] जैसी एक युवती, बड़ी होशियारी के साथ चोर-नजर से ब्रजेन्द्र को देख रही थी। ब्रजेन्द्र के देखते ही मुग्ध दृष्टिवाले नेत्र-कमल, हाथ से स्पर्शित लाजवन्ती के पत्तों के सदृश बन्द हो गए। दृष्टि तो लौट गई, किन्तु बाहर आई भावना वापस लौटते समय भीतर न जा सकने के कारण दोनों गालों से टकराकर पके हैयाइ[5] सी लाल होकर वृत्ताकार छा गई। लज्जा छिपाने के लिए उसने पान के नीचे रखे कदली के गोल पत्ते को टुकड़े-टुकड़े फाड़ दिया। निर्दोष, अभागा पत्ता दंड पाकर चिरेत्-चिरेत्

1. मणिपुर में कुमारी लड़की के मस्तक पर गोलाई में कटी कुछ अलकें झूलती रहती हैं। विवाह के बाद इन्हें पीछे की ओर सँवार दिया जाता है; 2. बसाक फाङ्नबा–मणिपुरी समाज में प्रचलित राधा-कृष्ण का प्रेम सम्बन्धी गायन कार्यक्रम। इसमें आमने-सामने दो दल खड़े रहते हैं। मुख्य दल जो गाता है, उसके उत्तर स्वरूप ही सामने खड़ा दल गाता है। ये दल एक ही बड़े दल में से बनाए जाते है; 3. लमूथाङ्–एक प्रकार की चादर; 4. लैरेनू चम्पा–विशेष प्रकार का चम्पा का पुष्प; 5. हैयाइ–लाल-लाल खट्टा फल। यह एक लता पर फलता है।

आवाज में अपने मन की पीड़ा व्यक्त करने लगा।

चोर-दृष्टि को छिपाने पर भी, दोनों लाल कपोलों द्वारा देखना प्रमाणित करनेवाले चेहरे को देखते ही ब्रजेन्द्र के हृदय पर ऐसा आघात हुआ, मानो अकस्मात बाहर से ढेला मारा गया हो। हृदय छटपटाने लगा, सिर के बीचोंबीच, सँवारे गए काले बालों के आधा इधर, आधा उधर होने से बनी खाली जगह में पसीना उभर आया। ब्रजेन्द्र कन्धे से खद्दर की चादर उतारकर हवा करने लगा। थोड़ी देर बाद होश आने पर यह देखने के लिए कि वह उसे ही देख रही है या किसी दूसरे को, ब्रजेन्द्र ने साथ बैठनेवालों पर नजर डाली, तो सब बड़े ध्यान से सिर झुकाए गायन सुन रहे थे।

सुगन्धित पुष्प का जीवन लघु होता है, शायद उसकी आयु काटकर सुगन्ध में ही मिला दी गई है। वाणी में लज्जाशील वह रमणी, आँखों से ही सब कुछ बोल रही थी। शायद मुँह की भाषा आँखों में उँड़ेल दी गई थी। इसीलिए तो विधि का गुणगान किया जाता है। उस रमणी के नेत्रों की भाषा से ही ब्रजेन्द्र ने उसके मन की चंचलता का कुछ आभास पा लिया।

युवक-युवतियों के प्रेम के तीन स्तर होते हैं। पहले स्तर पर, प्रेम के प्रारम्भ में एक-दूसरे को देखते ही घबराहट होती है। दूसरे स्तर पर, बहुत अधिक लज्जा आती है। तीसरे स्तर पर, दीवाने हो जाते हैं। ब्रजेन्द्र को, प्यार के पहले स्तर पर, उस युवती को देख घबराहट हुई। सोचा, "कितनी सुन्दर है ! अगर माता-पिता मेरा विवाह नहीं करते, तो ऐसी ही किसी युवती को स्वयं चुनकर मैं मन से प्रसन्न रहकर, अपना जीवन बिताता ! घर में विद्यमान नारी का चेहरा तो ध्यान से देखा भी नहीं, विश्वास नहीं कि इतना सुन्दर होगा। सुन्दर चेहरा बहुमूल्य वस्तु है, इतनी आसानी से नहीं मिलता।"

यह सोचकर फिर चोरी से घूर-घूरकर देखा। आह ! इस बार दोनों चोर-चोरनी की चार चोर-आँखें टकरा गईं। तीन पल में ही, किसी के कुछ समझे बिना, उस मंडप में बिजली चमक गई। उसके बाद प्यार के दूसरे स्तर पर पहुँचकर ब्रजेन्द्र के मन में लज्जा उत्पन्न हो गई। सोचा, "सबके सामने इस प्रकार किसी युवती के साथ आँखें चार होना ठीक नहीं है। यह धर्म-भंग का कार्य है। घर में एक युवती के रहते मेरे मन में कलुषित विचार घर कर गया है।" यह विचार उठते ही, तीसरे स्तर पर पहुँचने के पूर्व ही, ब्रजेन्द्र वहाँ ठहरना उचित न समझकर, घर जाने के लिए बाहर निकल आया। रास्ते में सोचा, "आज तो अपनी पत्नी का चेहरा देखूँगा, उसे प्यार से पुकारूँगा। मेरे मित्र अपनी-अपनी प्रियाओं के साथ कितने आनन्द से प्रेमपूर्वक रहते होंगे !" सोचते-सोचते घर आ गया। देहली पार करके अपनी पत्नी को पुकारने को मुस्कुराते हुए मुँह खोलते ही देखा कि मंडपवाली युवती चिलम भरकर ब्रजेन्द्र की प्रतीक्षा कर रही है। चोर के पकड़े जाने की तरह ब्रजेन्द्र के चेहरे पर पके लाल हैयाइ सा पसीना चुचुआने लगा। समझ में नहीं आया कि कैसे सम्बोधित करे। यह कौन है ? क्या वही युवती परिहास कर रही है ? या मेरी पत्नी की कोई सहेली मेरे मन की चंचलता को मेरी पत्नी की ओर मोड़ने के लिए आ गई है ! यह सब सोचकर स्तम्भवत खड़ा रह गया।

मालती, "स्वामी, अभागिन को प्यार दीजिए, कभी आपके प्रेम भरे शब्द नहीं सुने हैं।" कहकर ब्रजेन्द्र के पैरों पर गिर पड़ी। उस समय ब्रजेन्द्र लड़खड़ाती जीभ से, "तु...तु...तु..तुम ही...ही...ही...ही, ही मे...मे...मेरी, तुम ही....ही...ही...ही...हो" कहने लगा। मालती बोली, "आज मैं बासक देखने नहीं गई होती, तो मेरा जीवन यूँ ही बर्बाद हो जाता।"

ब्रजेन्द्र ने प्यार के तीसरे स्तर पर पहुँचकर कहा—माँ-बाप द्वारा अपनाई गई नारी भी तुम हो, विधि प्रदत्त नारी भी तुम हो, मेरे मन की नारी भी तुम हो। मेरे हृदय की देवी तुम ही हो, तुम ही हो, तुम ही हो।

माधवी

अनुवाद : इबोहल सिंह काङ्जम

पहला परिच्छेद

तैयारी

नम्बुल् नदी की टेढ़ी-मेढ़ी जल-धारा दक्षिण दिशा की ओर बहते हुए काँची पर्वत की तलहटी में जहाँ क्षण-भर को विश्राम करती है, वहाँ से पश्चिमी दिशा में एक साफ-सुथरा छोटा सा घर था। सन्ध्या के समय एक विद्यार्थी दीया जलाकर बरामदे के एक कोने में अध्ययन कर रहा था। "राजकुमार वीरेन्द्र सिंह वारुणी[1]-दर्शन को चलें !" कहते-कहते एक अनपढ़ युवक उस विद्यार्थी के समीप आकर बगल में बैठने को हुआ। वह, सन्ध्या का कोलाहल बीत जाने और पढ़नेवाले बच्चों का ध्यान रसोईघर की ओर खींचने का समय था। विद्यार्थी ध्यानपूर्वक पढ़ रहा था, किन्तु उस कर्कश आवाज को सुनकर उसने आँखें उठाकर देखा : पास में उसका मित्र शशि बैठा दिखाई दिया; शशि के अलावा अन्य चार-पाँच युवक भी उसे घेरे बैठे थे। "वारुणी-दर्शन को चलने के लिए पूछा था, शायद जाना नहीं चाहते, उत्तर तक नहीं दिया" कहते हुए शशि ने वीरेन् के सामने खुली पड़ी किताब उठाकर पन्ने पलटने शुरू किए और यह कहते हुए कि इसमें तो एक भी चित्र नहीं है, किताब दूर फेंक दी। वीरेन् सिंह निरुपाय होकर गुद्दी खुजलाते हुए बोला, "मित्र ! हमारी परीक्षा नजदीक आ रही है, इस बार देव-दर्शन को नहीं जा सकूँगा।" शशि ने कहा, "तुम तो सदा ही बोलते रहते हो 'परखा होनेवाली है', घूमने-फिरने में साथ नहीं देते हो, पर्व-त्योहारों में भी भाग नहीं लेते हो।' देखो, परखा भी होगी, देव-दर्शन को भी जाओगे, घूमने-फिरने में भी साथ दोगे; संसार के इन पर्वों-त्योहारों में शामिल हुए बिना तुम्हारा फूल-सा जीवन व्यर्थ में ही कुम्हला जाएगा।" दूसरे युवकों ने भी शशि का समर्थन करते हुए बक-बक करना शुरू किया–किसी युवक ने उसके हाथ से पेंसिल छीनकर उसकी साफ-सुथरी नोट-बुक पर लकीरें खींच दीं, किसी ने 'अंग्रेजी की है' कहते हुए अनपढ़ होने के कारण किताब को उलट-पलटकर गलत-सलत पढ़ना शुरू कर दिया। वीरेन्द्र ने सोचा, "अगर मैं न जाने की जिद पर अड़ा रहूँगा, तो इन अनपढ़ लोगों से जान नहीं छूटेगी।" यह सोचते हुए बोला, "ठीक है, मैं भी देव-दर्शन को चलूँगा, अब तो मुझे भूख लगी है, खाने चलता हूँ, तुम लोग भी

1. वारुणी : एक स्थानीय धार्मिक पर्व। यह पर्व मणिपुरी वर्ष के अन्तिम माह 'लमूदा' के कृष्ण-पक्ष की त्रयोदशी को मणिपुर के मैदानी क्षेत्र के पूर्व में स्थित नोङ्माइजिङ् नामक पहाड़ पर मनाया जाता है। इस दिन लोग नोङ्माइजिङ् पर्वत पर स्थित महादेव के मन्दिर और गुफा में देव-दर्शन को जाते हैं।

जाओ, परसों जाते समय मुझे भी जरूर बुला लेना।'' यह कहते हुए वह किताबें और दीया उठाकर घर के अन्दर चला आया। वे भी 'हुक्का पीना है' कहते हुए वीरेन् के पीछे-पीछे आ गए। दरवाजा खुलते ही, अलाव के पास चार-पाँच बुजुर्गों को बैठा देख वे 'वापस चलते हैं' कहकर चुपचाप चले गए। वीरेन् को मुश्किल से छुट्टी मिली। खाना खाने गया तो खाना तैयार नहीं था। छोटी बहन थम्बालसना खाना पका रही थी। वह धीरे-धीरे आग जलाते हुए बरामदे में होनेवाली देव-दर्शन की बातें ध्यानपूर्वक सुन रही थी और अपनी माँ शिज[1] से देव-दर्शन को जाने की अनुमति माँग रही थी। माँ शिज ने कहा–''तुम्हारा बड़ा भैया जाएगा तो तुम भी चली जाना।'' यह सुनते ही वह खुश होकर चूल्हे की आग तेज करने लगी, ताकि खाना जल्दी पका सके। वीरेन् यह सोचकर कि खाने की प्रतीक्षा करते हुए किताब ही पढ़े, बिस्तर पर चित लेटकर चुपचाप 'फोक-टेल्स ऑफ बंगाल' पलटने लगा। अलाव के पास बैठे बुजुर्गों के बीच से एक ने अंग्रेजी पढ़ने की आवाज सुनने की इच्छा से कहा, ''किताब चुपचाप पढ़ी जाती है क्या ? जोर से, जोर से पढ़ो।'' यह कहते हुए प्रोक्-प्रोक्[2] हुक्का पीने लगा। वीरेन् ने देखा, ''बाघ के डर से भागा तो भालू से जा टकराया।'' बुजुर्ग की बात न मानी तो कहेगा, ''चिलम की आग ठंडी पड़ गई, भर कर लाओ।'' इसलिए मजबूरीवश जोर से अंग्रेजी पढ़ने लगा, किन्तु मन-ही-मन हँसी भी आ रही थी। थोड़ी देर तक सुनने के बाद वह बुजुर्ग खुश होते हुए बोला, ''भाषा तो काफी आ गई है, लेकिन नौकरी नहीं मिलती, इससे कुछ होगा नहीं, पढ़ाई छोड़ दो, कहीं के नहीं रह जाओगे। हमने अपने तोमाल् को भी काम-वाम छुड़वाकर पूरे तीन साल तक स्कूल में पढ़ने भेजा, किन्तु एक पैसा तक नहीं मिलता, हारकर अब तो पढ़ाई छुड़वा दी।'' उसके बाद, स्कूली बच्चों के मुँहजोरी करने, कामचोर होने, छल-फरेब आदि की बातें चलने लगीं। चाहे जहाँ जाए, किसी भी जगह वीरेन् का कोई पक्षधर नहीं मिलता। बस, उसका पक्षधर है तो मात्र उसका पिता।

वीरेन्द्र सिंह के पिता सनाख्वा[3] गाँव में पैदा होते हुए भी उतने बुद्धू नहीं थे, दूसरों की भाँति फालतू बातें नहीं करते थे, हमेशा यही सोचते रहते थे कि बेटे की शिक्षा कैसे आगे बढ़ाई जाए। इसलिए इतनी सारी बाधाओं को पार करके वीरेन् शिक्षा पा सका। उस दिन सनाख्वा किसी काम से बाहर गए थे, उसी अवसर का फायदा उठाते हुए सभी लोग मिलकर वीरेन् की पढ़ाई छुड़वाने का प्रयास कर रहे थे। उन लोगों की बातों से वीरेन् का सिर चकरा गया और वह रसोई में चला गया। खाना परोसना पूरा भी नहीं हुआ कि थाली अपनी ओर खींची और गरम भात को फू-फा, फू-फा फूँकते हुए खाना शुरू कर दिया। थम्बालसना थोड़ी-थोड़ी सब्जी परोसते हुए कहने लगी, ''भैया, मुझे भी देव-दर्शन को ले जाइए न !'' वीरेन् ने थोड़ा सा क्रोधित होकर, बड़े से कौर से मुँह

---

1. शिज : राज-घराने या राजवंश में ब्याही औरतों के लिए आदरसूचक सम्बोधन-शब्द; 2. प्रोक्-प्रोक् : हुक्का पीने की गुड़गुड़ाहट का ध्वन्यात्मक शब्द; 3. सनाख्वा : राज-परिवार तथा राजवंश में जन्मे पुरुषों के लिए आदर सूचक सम्बोधन-शब्द।

भरे-भरे उत्तर दिया, "मुझे जाना ही नहीं, तुम व्यर्थ में क्यों हल्ला करती हो ?" दूसरे लोगों की बक-बक का गुस्सा अपनी निर्दोष छोटी बहन पर उतार दिया। छोटी बहन का भोर के कमल-सा प्रफुल्लित चेहरा पल-भर में ही कुम्हला गया।

तलहटीवाला उद्यान

शजिबु[1] का प्रारम्भ होने को था और हैबोक् पर्वत का दृश्य बड़ा मनोरम था। पश्चिमी दिशा में नम्बुल् नदी वक्रगति से बह रही थी। पूर्वी दिशा की ओर एक छोटी सी झील थी। इस झील में सदा निर्मल जल भरा रहता था। कमल, कुमुदिनी और थारिक्था[2] के नए पत्तों से झील पर हरियाली छा गई थी। तलहटी तरह-तरह की हरी-भरी, छोटी-बड़ी, समान लम्बाईवाली घास से ढँकी थी और धीरे-धीरे ढलान पर फैले झील के पानी तक पहुँच गई थी। तलहटी की हरी घास और झील के कमल, कुमुदिनी तथा मखाने के पत्तों की हरियाली का यह मिलन–पर्वत के ऊपर से देखने पर ऐसा मनोहर लगता था मानो, तलहटी से झील तक हरी रेशमी चादर बिछा दी गई हो। पहाड़ी-कन्दरा से बहनेवाले छोटे-छोटे झरने सदा झील को पानी से भरे रखते थे। तलहटी में, झील के किनारे और पहाड़ी-कन्दरा में दूर-दूर आम और कटहल के पेड़ थे। गाय, घोड़ा, बकरी आदि घरेलू पशु जगह-जगह झुंडों में घास चर रहे थे, कुछ घने पत्तों की छाया में विश्राम कर रहे थे। झील के जल-कणों, कमल के पत्तों तथा तलहटी के फल-फूलों की सुगन्ध से लदे पवन ने सारे पहाड़ी-ढलान को अत्यधिक सुवासित कर दिया था। पहाड़ के ऊपर से ङानुथङ्गोङ्[3] पंक्तियों में दाना चुगने उड़े आ रहे थे। बीच-बीच में चरवाहे पहाड़ पर उगे हैजाम्पेत्[4] तोड़कर खा रहे थे। एक युवक हाथ में किताब पकड़े छतनार आम के पेड़ के नीचे बैठा इस भरे-पूरे मनोरम दृश्य को देख रहा था, बीच-बीच में किताब पर नजर भी डाल रहा था। उसी समय किसी ने पीछे से अचानक दोनों हथेलियों से उस युवक की आँखों को कसकर दबा लिया। युवक ने उसका सिर छूकर पहचानने की कोशिश की, किन्तु वह हिल-डुल नहीं सका; बाद में उसके हाथ टटोलते हुए सामने के लम्बे केशों तक पहुँच गए और बोला, "शशि ! समझ गया हूँ, व्यर्थ है, छोड़ दो।" यह सुनकर दूसरे व्यक्ति ने उसे छोड़ दिया और "राजकुमार, तुम बहुत चतुर हो" कहते-कहते सफेद दाँत चमकाकर खिलखिलाते हुए वीरेन् के सामने लोट-पोट हो गया। फिर वह बोला, "इस एकान्त में किस सोच में डूबे हो ? कहीं प्रेम-वियोग तो नहीं ? यहाँ किसकी राह देख रहे हो ?" "मेरे कान पक गए, ऐसी बातें मत करो" कहते हुए वीरेन् किताब उठाकर चलने को हुआ। यह देखते ही शशि ने "अरे, मजाक कर रहा हूँ" कहकर वीरेन् के हाथ पकड़ लिए। "कल भोर के पहले ही उठकर देव-दर्शन को

---

1. शजिबु : मणिपुरी वर्ष का प्रथम माह; 2. थारिक्था : कुमुदिनी की प्रजाति का मसृण डंठलवाला जल-पुष्प विशेष; 3. ङानुथङ्गोङ् : बतख की प्रजाति का, छोटे आकार का जल-पक्षी विशेष; 4. हैजाम्पेत् : एक कँटीला झाड़ीदार पौधा और उसका फल।

चलना है, देवता पर चढ़ाने के लिए फूल चुन लिए ? चलो, चुन लेते हैं।'' कहते हुए वीरेन् का हाथ पकड़कर ले गया। दोनों ईशान कोण की दिशा में काँची के लैरेन्-चम्पा[1] के नीचे पहुँच गए। ''इस लैरेन्-चम्पा पर शायद लैरोन्[2] खिला है, खुशबू आ रही है। मैं चढ़कर तोड़ता हूँ। तुम्हें तो चढ़ना नहीं आता, इसलिए दूसरी जगह खिले फूल, जो अपने हाथों से तोड़ सकते हो, तोड़ लो।'' कहकर पहाड़ी चोटी के बराबर ऊँचे, चार लोगों की कौली में भी न समा सकनेवाले उस चम्पा के पेड़ पर चढ़ गया। उसकी बात मानकर वीरेन् उत्तर की तरफ चला गया।

थोड़ी सी दूर जाने के बाद एक उरीरै-लता[3] कोई सहयोगी पेड़ न मिलने के कारण जमीन पर ही आगे बढ़ते हुए अपने ही चारों ओर लिपटती दिखाई दी। उरीरै-लता के बीच माधवी-लता के भी लिपट जाने से वह जगह पर्णकुटी-सी बहुत सुन्दर लगने लगी। ''खुशबू आ रही है, शायद फूल खिले हैं'' सोचकर वह तुरन्त उसी ओर बढ़ा, लेकिन पूर्ण प्रफुल्लित कोई भी स्तबक नहीं मिला। हर गुच्छे में कुछ खिले फूल थे, तो कुछ कलियाँ थीं। ''कलियों को नहीं तोड़ना चाहिए'' मन में कहते हुए पूरा खिला गुच्छा ढूँढ़ने लगा। अन्त में कहीं न मिलने पर ''कलियाँ भी होने दो, यह सामनेवाला गुच्छा ही तोड़ लूँगा'' सोचकर हाथ बढ़ाया कि तभी दूर कहीं वीणा के स्वर-सा एक अस्पष्ट कोमल नारी-स्वर सुनाई पड़ा। आश्चर्यचकित होकर चारों ओर देखा, किन्तु कोई भी नहीं दिखा। मन में आया, ''फूल तोड़ते समय भँवरों के गुनगुनाकर उड़ने के स्वर को शायद मैंने नारी-स्वर समझ लिया है'', किन्तु पुनः फूल तोड़ने के लिए हाथ बढ़ाया तो इस बार भी वही स्वर सुनाई पड़ा; मानो स्वर-ध्वनि कह रही है–''निराश होकर अविकसित कलियाँ तोड़ने के बजाय अधखिली हमें ही तोड़ लीजिए।'' ऐसी निर्जन जगह पर यह नारी-स्वर किस ओर से आ रहा है ! वीरेन् पूरी तरह आश्चर्यचकित हो गया, उसने सोचा, ''मुझे कलियाँ तोड़ने को उद्यत देख शायद वन-देवी दुखी होकर मुझे रोक रही है ! या वारुणी-दर्शन को जाने हेतु कोई कुँआरी लड़की फूल तोड़ रही है ?'' वह घने पत्तों को हाथों से हटाते हुए उस लता-कुँज के भीतर प्रवेश कर गया। जैसे समुद्र के बीचोंबीच लक्ष्मी-सरस्वती दोनों विराजमान हों, उस लता-कुँज में दो युवतियाँ एक ही चँगेरी से फूल उठा-उठाकर मालाएँ बनाती दिखाई दीं। दोनों युवतियों के सौन्दर्य और रूप-रंग की आभा घने पत्तों के बीच ऐसे बिखर रही थी, मानो चन्द्रमा बँसवाड़े के बीच अपना प्रकाश बिखेर रहा हो। वीरेन् आश्चर्यचकित हो, टकटकी बाँधे देखता रहा, उसके मन में आया, ''शायद यह स्वप्न-लोक है।'' थोड़ी देर तक उसी तरह देखने के बाद निस्तब्धता भंग करते हुए बोला, ''एक ही डंठल पर उरीरै और माधवी दोनों एक साथ खिले हैं। कितना अच्छा हुआ। पुष्प-वाटिका में पूर्ण प्रफुल्लित उरीरै-माधवी तो मिले नहीं, इसलिए गृह-वाटिका में खिलनेवाली इन उरीरै-माधवी को ही वारुणी महादेव पर

1. लैरेन्-चम्पा : स्थानीय चम्पा विशेष, जिसका फूल आकार में बड़ा होता है और अत्यधिक सुगन्धित भी होता है; 2. लैरोन् : खिलने का मौसम समाप्त हो जाने के बाद खिलनेवाला एकाध फूल; 3. उरीरै-लता : बेल पर खिलनेवाला सुगन्धित पुष्प विशेष।

चढ़ाऊँगा।'' कहते-कहते वह लताओं और पत्तों को तोड़ अन्दर आ गया। ''वारुणी महादेव पर फूल चढ़ाने से पहले स्वामी की आज्ञा के बिना पुष्प-वाटिका में घुस आने और अबलाओं के आश्रय-कुँज के लता-पत्रों को तोड़ डालने के अपराध में तुम्हें बन्दी बनाती हूँ।'' कहते हुए दोनों युवतियों में से एक ने तुरन्त उठकर फूल-माला वीरेन्द्र सिंह के गले में लपेट दी। वीरेन् मन्त्र-मुग्ध व्यक्ति की भाँति, कपड़े की गुड़िया-सा कुछ भी नहीं बोल पाया, चुपचाप खड़ा रह गया। कोई और फूल-माला होती तो आसानी से तोड़ी जा सकती थी, लेकिन वीरेन् उस माला को नहीं तोड़ सका। तन ही नहीं, शायद मन को भी बाँध दिया गया था ! ''इस जगह से हिलना नहीं'' कहते हुए उस युवती ने चँगेरी से फूल उठाकर वीरेन् के सिर पर बिखेरने शुरू कर दिए। वीरेन् बिना हिले-डुले पत्थर की मूर्ति-सा चुपचाप खड़ा रहा।

युवतियों को कैसे अबला पुकारा जाता है ! कैसे उन्हें अबोध कहा जाता है ! देखो,—चतुर, शिक्षित और बलवान वीरेन् अपनी चतुराई का प्रयोग नहीं कर पाया, अपनी शक्ति नहीं दिखा सका। उसका बल, शिक्षा, ज्ञान—सब उन युवतियों के सामने धूप में बर्फ के पिघलने जैसा हो गया। पलकें झपकीं नहीं, हिल-डुल सका नहीं, कुछ भी बोल सका नहीं। सचमुच पत्थर की मूर्ति-सा बन गया।

वीरेन् को पाषाण-प्रतिमा-सा खड़ा देख दूसरी युवती बोली, ''सखी उरीरै ! कल तुम्हें वारुणी-दर्शन कराने ले जानेवाला कोई नहीं था, इसलिए तुम बहुत दुखी थी। तुम्हारे मन का दुख जानकर महादेव स्वयं पत्थर की मूर्ति के रूप में अवतरित हुए हैं, उन्हें पूजकर मनचाहा वर माँग लो।'' यह बात सुनते ही, ''हाँ, सही है सखी माधवी'' कहते हुए उस युवती ने अभी-अभी अवतरित महादेव के चरणों पर फूल चढ़ाए, किन्तु वह वर माँगने की इच्छा होते हुए भी मुँह से बोल नहीं सकी। और, दाता महादेव भी बहुत देर तक पत्थर की मूर्ति नहीं बने रहे, ''तुम्हारी इच्छा की पूर्ति हो'' कहकर वर प्रदान कर दिया। उरीरै ने मन में सोचा, ''वर प्रदान करनेवाले महादेव भी तुम हो, माँगा हुआ वर भी तुम ही हो।''

माधवी बोली, ''सखी उरीरै ! महादेव ने स्वयं ही तुम्हें वर प्रदान किया है, तुम्हारी इच्छा की पूर्ति हो जाएगी; आओ, अब तो चलें।'' यह कहकर वे दोनों चँगेरी उठाकर कुटिया-कुँज से बाहर निकल आईं। उसके हृदय को प्रेम-पाश में बाँध उरीरै द्वारा खींच लिए जाने पर वीरेन् अकेला उस कुटिया-कुँज में महादेव बनकर नहीं रह सका; इसीलिए पुकारते हुए बोला, ''फूल चुननेवालियो ! महादेव ने तुम पर कृपा की है, अब मुझे इस बन्धन से मुक्त कर दो।'' उरीरै नामवाली युवती ने उत्तर दिया, ''प्रतिज्ञा कीजिए कि हमारी एक प्रार्थना मान लेंगे, नहीं तो नहीं छोड़ सकूँगी।'' ''क्या बात है, पहले मुझे बताओ।'' ''कल मुझे देव-दर्शन को ले जानेवाला कोई भी भाई नहीं है, इसलिए मुझे ले चलने का वादा करेंगे तो छोड़ दूँगी।'' ''उसके लिए चिन्ता मत करो, किन्तु एक सन्देह है, तुम्हारे माँ-बाप मुझ अजनबी और पराए के साथ जाने की अनुमति तुम्हें कैसे देंगे, यह तो सोचो।''

शशि पहले से ही चम्पा के पेड़ पर से चुपचाप यह नजारा बहुत मजे से देख रहा

था, जैसे थिएटर देख रहा हो, लेकिन वीरेन् का 'हाँ, ले चलूँगा' न कहकर घुमा-फिराकर कहते रहना सुनकर उसे बहुत गुस्सा आ गया और चुपचाप बर्दाश्त न कर सकने के कारण पेड़ पर से ही चिल्ला उठा, जैसे बादल गरजा हो, "अरे ओ संन्यासी बिल्ले ! 'हाँ, ले चलूँगा' बोलो, क्यों फालतू बातें कर रहे हो ?" यह जानकर कि वहाँ कोई और भी छिपा हुआ मौजूद था, उरीरै और माधवी, दोनों शर्म के मारे बात पूरी किए बिना ही झटपट चली गईं। शशि ने सोचा कि उसके उतरने से पहले दोनों निकल जाएँगी, इसलिए एक चालाकी करनी चाहिए। वह बोला, "फूल चुननेवालियो ! दुर्लभ लैरेन्-चम्पा चँगेरी भरकर ले जाओ।" उरीरै ने उत्तर दिया, "शजिबु में खिलनेवाला चम्पा साधारण चम्पा नहीं होता, उसे चँगेरी में नहीं, हृदय में ही रखा जा सकता है।" यह कहकर शीघ्रता से चली गईं। कुछ दूर चलने के बाद माधवी बोली, "सखी उरीरै, मेरा यह शरीर किसी व्यक्ति के प्रति अर्पित किया जा चुका है, इसलिए मैं स्वच्छन्द होकर नहीं निकल सकूँगी, आज से तुम मुझसे नहीं मिल सकोगी, कहीं अगर मुसीबत में फँस जाती हैं, तभी मिलेंगी।" यह कहकर वह घर की ओर चली गई। उरीरै भी आश्चर्यचकित होकर प्रेम और लज्जा से भरी घर लौट आई। उस दिन से माधवी फिर कहीं नहीं दिखाई दी।

चीङ्गोइ वारुणी[1]

कृष्ण-पक्ष की रात थी। स्वभाव से कृष्ण-पक्ष की रात बहुत गहरी होती है और सन्नाटे भरी भी, किन्तु आज की रात बहुत जल्दी ही बीत गई, शायद भोर की देवी ने पहले ही जागकर वारुणी महादेव का स्तुति-गान शुरू कर दिया था। रात के सन्नाटे को चीरकर पूर्वी आकाश में थबा[2] नाम के तारे ने अन्धकार का कुछ हिस्सा मिटाना शुरू कर दिया, गली-गलियारों में जल्दी जागनेवाली उचिन्नाओ[3] आदि चिड़ियों के चहचहाने का स्वर फैल गया। सभी लोग देव-दर्शन को जाने की तैयारियाँ करने लगे। कोई-कोई अपने मित्र को बुला रहा था। सभी लोगों के शोरगुल से नींद टूट जाने के कारण छोटे-छोटे बच्चे भी जाग गए और 'मैं भी चलूँगा' कह-कहकर रोने लगे। इस तरह सब जगह कोलाहल छा गया। सड़कों पर लोगों की भीड़ लग गई। इसी समय शशि हड़बड़ाते हुए नींद से उठकर 'देर हो गई' बड़बड़ाते हुए वीरेन् के घर की ओर भागा। उस समय भी वीरेन् खर्राटे लेकर सो रहा था। शशि ने दरवाजे पर बार-बार दस्तक दी। सभी लोग उठे और नहाए। वीरेन्, शशि और थम्बाल्सना–तीनों नोङ्माइजिङ् पर्वत की ओर चले। उसी समय पूर्वी दिशा में सूर्य नोङ्माइजिङ् के पीछे से चमकता हुआ निकला। रास्ते पर चलते समय सभी लोगों के मन बहुत आनन्दित थे, किन्तु वीरेन् के मन को आनन्द

---

1. चीङ्गोइ वारुणी : चीङ्गोइ, नोङ्माइजिङ् पर्वत के समीप बहनेवाली एक छोटी सी नदी है। वारुणी पर्व के दिन देव-दर्शन को आए सभी लोग इस नदी में स्नान करके चावल, तिल, फूल आदि का तर्पण करते हैं। अतः वारुणी-पर्व से सम्बन्धित इस अनुष्ठान को चीङ्गोइ वारुणी नाम से जाना जाता है; 2. थबा : भोर के समय पूर्वी दिशा में स्पष्ट दिखाई देनेवाला एक तारा विशेष; 3. उचिन्नाओ : बया की प्रजाति की स्थानीय चिड़िया विशेष।

नहीं हुआ; उसे ऐसा लगा, जैसे कोई चीज छूट गई हो, गिर गई हो या किसी चीज का अभाव महसूस हुआ हो, मन बहुत व्याकुल हुआ। उधर शशि उसे डाँटते हुए कह रहा था कि "चलने में बहुत फिसड्डी हो, जल्दी भाग आओ।" ऐसा करते-करते नोङ्माइजिङ् पर्वत नजदीक आ गया। हरी-भरी घास से ढँकी झील, पहाड़ी कन्दराओं से सीढ़ियों की भाँति बहती जलधाराएँ, जगह-जगह वसन्त आगमन के कारण कटहल, आम आदि के नव-पल्लवित-नवांकुरित पेड़ जमीन पर उगी छोटी-छोटी लैपाकूलै,[1] कोम्बीरै[2], दावाग्नि के बाद उगनेवाले नए-नए हरे पत्तों के बीच उथुम्[3] का 'तुम्-तुम्' स्वर, मन्द पवन के झोकों से धीरे-धीरे दोलायमान पहाड़ी ढलान पर उगे हाओना[4] के लहलहाते पत्ते,–इन सब दृश्यों ने वीरेन् के मन को आनन्द देने के बजाय और दुखी कर दिया। वह बुझा चेहरा लिए चुपचाप चल रहा था, अचानक उसकी धोती का पल्लू काँटे में अटक गया। पीछे मुड़ा तो काकूयेल्-खुजिल्[5] की झाड़ियों के बीच खिलते जाति-पुष्प को देखा। आश्रय लेना ही लता का स्वभाव है, ऐसा सोचकर बिना भाईवाली, लता जैसी उरीरै के लिए मन-ही-मन बहुत दुखी हुआ। "काँटेदार पौधे तक जाति-पुष्प को अपने से लिपटाकर आश्रय देते हैं और मैं मानव-जाति में पैदा होते हुए भी शरण में आई एक लड़की की इच्छा पूर्ण नहीं कर सका" यह सोचते हुए वह अपने आप को कोसने लगा। सच कहा जाए तो वीरेन् के फूल-से कोमल हृदय में प्रेम-कीट घुस गया था और उसने काटना शुरू कर दिया था। वीरेन् ने सोचा, "शर्मीलियों के बीच जन्मी, भोर में खिलनेवाले मल्लिका-पुष्प जैसी कोमल उरीरै देव-दर्शन के लिए आई होगी या नहीं, उसे अपने साथ ले जानेवाला कोई न होने के कारण अपनी डार से बिछुड़े धनेष की भाँति अकेली रोती रह गई होगी, या संशय के कारण हिम्मत न जुटा सकनेवाले, मेरी प्रतीक्षा करती रही होगी ! मार्ग में इतने सारे युवक-युवतियों के होते हुए भी आँखों को शून्य-सा ही दिखाई दे रहा है और युवक-युवतियाँ बाजार में बेचे जानेवाले गुड्डे-गुड़ियों-से दिखाई दे रहे हैं, किन्तु इन्हीं में यदि उरीरै भी होती तो यह मार्ग एकदम भरा-भरा लगता !" यही सोचते-सोचते चीङ्गोइ नदी तक आ पहुँचा। देव-दर्शन हेतु जानेवाले सभी लोग चीङ्गोइ में डुबकी लगा रहे थे। कोई-कोई स्नान के बाद चावल, तिल आदि से तर्पण कर रहा था। कंकड़-पत्थरों के मध्य वा-वा ध्वनि से बहनेवाला चीङ्गोइ का निर्मल जल मैला हो गया था। लोगों द्वारा तर्पण किए चावल-तिल-फूल जगह-जगह भर गए थे। चीङ्गोइ की पतली सी जल-धारा पुष्प-धारा बन गई थी। किनारे पर उगे शिङ्नाङ्[6] आदि का सफाया हो गया था। टेढ़ी-मेढ़ी बहती चीङ्गोइ

1. लैपाकूलै : ग्रीष्म ऋतु में कड़ी जमीन को तोड़कर खिलनेवाला नाजुक पंखुड़ियोंवाला (बैंगनी प्रभा लिए श्वेत) एक स्थानीय फूल विशेष। इसका डंठल नहीं होता। खिलने का मौसम समाप्त हो जाने के बाद इस फूल के स्थान पर केवल पत्ते निकल आते हैं। मणिपुरी साहित्य में यह फूल सहनशीलता का प्रतीक माना जाता है; 2. कोम्बीरै : कम गहरे पानी या नमीवाले स्थान पर उगनेवाला बैंगनी रंग का एक स्थानीय फूल विशेष, जो मणिपुरी नव वर्ष के त्योहार की पूजा में देवताओं पर अक्सर चढ़ाया जाता है; 3. उथुम् : छोटे आकार का स्थानीय पक्षी विशेष, जो धान के खेतों या घास के बीच देखा जाता है; 4. हाओना : सरपत की प्रजाति की चौड़ी पत्तेवाली एक स्थानीय घास विशेष; 5. काकूयेल्-खुजिल् : एक कँटीला झाड़ीदार पौधा विशेष; 6. शिङ्नाङ् : झाड़ी के रूप में उगनेवाली लम्बे डंठलवाली घास विशेष।

के दोनों किनारों पर लोगों की कतारें छा गईं। वीरेन् और उसके दल के लोगों ने भी नहाकर तर्पण किया। उस जगह से अग्नि-कोण की ओर एक सँकरा रास्ता जाता था। सभी लोग उस रास्ते पर चल पड़े। वीरेन् के दल के पहाड़ की चढ़ाई के बीच पहुँचते-पहुँचते दोपहरी चढ़ आई। यहाँ तक आते-आते धूप और लम्बे सफर की थकान के कारण अधिकांश कमजोर नारियाँ आग में झुलस गए कोमल पत्तों की भाँति मुर्झाने लगीं। थोड़ी दूर आगे चलने के बाद यात्रीगण 'बम्-बम्' का घोष करने लगे। वीरेन् ने आँखें ऊपर की तरफ दौड़ाईं, तो देखा कि वह रास्ता पहाड़ की चढ़ाई पर था और सभी लोग लताओं का सहारा ले-लेकर चल रहे थे। रास्ता कठिन था, क्षणिक विश्रान्ति के लिए भी कहीं स्थान नहीं था। जब लोग आधी चढ़ाई पर पहुँचे, तो पहाड़ी चढ़ाई पर चढ़ने से थकी कमजोर रमणियाँ लज्जा त्यागकर, यह विचारे बिना कि ये उनके अपने छोटे या बड़े भाई नहीं हैं—जैसे लता अपने निकटवर्ती वृक्ष पर लिपट जाती है, वैसे ही—अपने-अपने पासवाले युवकों के पल्लू पकड़ने लगीं।

जब वीरेन् और शशि थम्बालूसना की एक-एक कलाई पकड़े चढ़ाई चढ़ रहे थे, तभी किसी युवती ने पीछे से वीरेन् का पल्लू पकड़ा। पीछे मुड़ा तो देखा कि चादर से चेहरा ढाँपे एक युवती थी। वीरेन् को मुड़ते देख, स्वभाव से लजालू उस युवती ने थकान से चूर होते हुए भी पल्लू छोड़ दिया। उसे देखकर वीरेन् बोला, "स्वभाव से ही आश्रिता हो, तब फिर सहारा लेने में क्यों शर्माती हो ? समीप आओ, तुम्हारी कलाई पकड़कर जितना हो सकेगा, इस चढ़ाईवाले रास्ते पर ले चलूँगा।" उस युवती ने उत्तर दिया, "अचल पेड़ चलने लगे हैं। और आश्रित लताएँ खड़ी हैं। आश्रिता होते हुए भी वे हमेशा आश्रित नहीं रहतीं। देखिए, चढ़ाई पर उगी लताओं के सहारे इतने यात्री महादेव के दर्शन पानेवाले हैं।" यह कहकर वह युवती भीड़ में कहीं खो गई। वीरेन् ने उसका चेहरा ठीक से नहीं देखा, फिर भी आवाज से पहचानकर वह उसे ढूँढ़ने के लिए थोड़ी देर खड़ा होकर इधर-उधर देखने लगा। इस बीच लोगों के अनेक समूहों के आगे बढ़ जाने के कारण शशि और थम्बालूसना भी ओझल हो गए और वह युवती भी नहीं दिखाई दी; वह अकेला खड़ा रह गया।

काँचीपुर

"देखो, काँची देवी की ये सन्तानें,
उनके ये मुर्झाए चेहरे !
माँ के अश्रु-जल के प्रभाव से,
बहुकाल से पितृ-परित्यक्त होने के कारण !"

बर्मा रोड पर दक्षिण की ओर जाते समय, बीच में अर्धचन्द्राकार-सा खड़ा एक पर्वत, नम्बुल् नदी की वक्राकार जल-धारा के तट, तलहटी में चन्द्रनदी, कालियदमन की छोटी धाराओं का मन्द प्रवाह और पूर्वी सीमा पर पुरानी परिखावाला एक स्थान दिखाई

देता है—यह काँचीपुर है। यहीं कभी स्वर्णभूमि मणिपुर का राजमहल था। किसी काल में राजमहल होते हुए भी अब यह स्थान घने जंगल में परिवर्तित हो गया है; बड़े लोगों और धनिकों का निवास-स्थान था, पर अब वन्य पशु-पक्षियों की आश्रय-स्थली बन गया है; निरन्तर शोरगुल भरा नगर था, अब टिड्डियों और झींगुरों के स्वरों से भरा मैदान हो गया है; मन्दिर, मंडप और भवनों की वह जगह अब घास से ढँका टीला बन गई है; बड़े-बड़े जलाशयों और कुँओंवाला वह स्थान अब तालाबों और खोहों से भरे ऊबड़-खाबड़ मैदान में बदल गया है।

बहुत सार-सँभाल करके उगाए हुए फल-फूलों के पौधे अब पक्षियों के बैठने और चरवाहों के विश्राम-स्थल बन गए हैं। कहीं-कहीं भवनों के ढह जाने के अवशेषों और जगह-जगह बिखरी ईंटों के ढेर देखकर, बस इतना ही अनुमान होता है कि किसी समय यहाँ राजमहल था। निर्माण के आरम्भ के बारे में सोचना आनन्दमय होता है, लेकिन ढह जाने और पुराना पड़ जाने का विचार बहुत दुखमय होता है। पहले जहाँ जंगल था, उस जगह का विशाल प्रासाद में परिवर्तित होना, किसी दरिद्र का कुबेर की भाँति धनवान बन जाना—इससे कहीं कुछ भी हानि नहीं होती; किन्तु राजमहल का जंगल में परिवर्तित हो जाना, राजा का पदच्युत होकर जंगलों में खो जाना, धनवान का दरिद्र हो जाना—कितना हृदयविदारक होता है !

इस प्रकार वीरान हुए, ढहे पड़े, जंगल में परिवर्तित काँचीपुर में वारुणी के दिन सुबह एक निराश युवती मल्लिका के पौधे के समीप बैठी अपने कमल-नयनों से आँसू बहा रही थी। ऐसा प्रतीत हो रहा था कि अभी-अभी खिला मल्लिका-पुष्प बिखरकर नीचे गिर पड़ा हो। हे पाठक ! उरीरै को भुला दिया ? यह युवती किसी निर्जन-स्थान पर सरोवर में अकेले खिले कमल के समान काँची की भूमि पर एकाकी खिलनेवाली उरीरै ही थी। ''वारुणी-दर्शन को नहीं जा पाई'' यह सोचकर दुखी थी, उसका कोई बड़ा या छोटा भाई नहीं है, वह अकेली है, ऐसा सोचने के कारण निराश थी उरीरै। मन का दुख यदि बाहर न आ पाए तो उसकी मात्रा प्रति पल बढ़ती जाती है। हे पाठक ! अपने अधीन किसी को कड़े शब्दों में डाँटने पर अगर वह कोई प्रतिक्रिया नहीं करता तो कभी मत सोचना कि उसके हृदय पर दुख का कोई प्रभाव नहीं पड़ा है। यह भी मत सोचो कि चीख-चीखकर रोनेवाला आदमी ही अकेला दुखी होता है। आग की गर्मी से मुर्झाया पत्ता ओस की बूँदें पड़ने पर पुनः ताजा हो उठेगा,—दूसरी ओर, नष्ट-अंकुर, हरे-भरे पेड़ के पत्ते जिस दिन मुर्झा जाएँगे, उस दिन उसका अन्त हो जाएगा। मनुष्य की विडम्बना है कि उसका अव्यक्त दुख कोई नहीं जान पाता—हम सोचते हैं कि ऐसा मनुष्य पत्थर की भाँति दुख का अनुभव ही नहीं करता।

उरीरै जब इसी प्रकार अपना दुख एकाकी ही सह रही थी, तब भुवन नाम का काँची का एक युवक देव-दर्शन के लिए कुछ साथियों के साथ उरीरै के घर के प्रवेश-द्वार तक आया और वहीं खड़े होकर बरामदे में कपड़े बुन रही उरीरै की माँ को पुकारते हुए बोला, ''चाची ! उरीरै को देव-दर्शन के लिए नहीं भेजोगी ? उसे भेजना है तो हम साथ

ले जाएँगे।" थम्बाल (उरीरै की माँ) ने सोचा, "भुवन स्वभाव से दुश्चरित्र है, कैसे बेटी उसके साथ कर दे ! दूसरी ओर देव-दर्शन को जाने के लिए व्याकुल आँखों से आँसू बहा रही बेटी को भी कैसे देखती रह जाए !" यही सब सोचते हुए बेटी के मन को टटोलने के लिए पूछा, "बेटी ! तुम भुवन के साथ देव-दर्शन को जाओगी ?" उरीरै को भी आशंका हुई कि भुवन बुरा आदमी है और कभी पहले भी उसने भुवन का देव-दर्शन को जाने के लिए कहना नहीं माना था। फिर भी, यह अवसर निकल गया तो वह वारुणी-दर्शन को कभी नहीं जा पाएगी, ऐसा सोचते हुए भला-बुरा सब ईश्वर पर छोड़कर उसने उत्तर दिया, "हाँ, जाऊँगी।" माँ ने बेटी को जाने की आज्ञा देकर भुवन के साथ कर दिया। चावल-तिल-फूल आदि पूजा की सामग्री पहले से तैयार कर रखनेवाली उरीरै पुनः मन में उत्साहित होकर भुवन के दल के साथ नोङ्माइजिङ् की ओर चल पड़ी।

भुवन का मन फूला नहीं समाया। अपनी मनोकामना पूरी हो जाने के कारण कभी वह चलते-चलते गीत गाता था, तो कभी मृदंग बजाता था, सारे वातावरण में कोलाहल छा गया। रास्ते में एक सहेली द्वारा चुपचाप बताए जाने पर उरीरै को मालूम हो गया कि देव-दर्शन से लौटते समय भुवन उसे उठा ले जाएगा। शिकारी का जाल देख जैसे हिरणी टुकुर-टुकुर देखती है, वैसे ही निरुपाय उरीरै उस सम्भावित दुर्घटना के त्रासद विचार से अत्यधिक घबरा गई। चीङ्गोइ नदी में नहाकर इधर-उधर चलने-फिरने के शोर-शराबे के बीच उरीरै भुवन को छोड़कर तुरन्त पहाड़ पर चढ़ गई और घबराहट के मारे—जीवन में कभी भी न चढ़े पहाड़ की उस चढ़ाईवाले रास्ते पर, भागती चली गई। चढ़ाई के बीच वीरेन् का पल्लू पकड़कर पहाड़ पर चढ़नेवाली वह युवती उरीरै ही थी।

दावाग्नि

"कुछ कलियाँ
तोड़े जाने के भय से
घने पत्तों की ओट से
देख रही हैं टुकुर-टुकुर !"

पहाड़ पर चढ़ते समय वीरेन्द्र सिंह ने देखा—बड़े-बड़े कई पेड़ सूखकर गिरे पड़े थे; पूर्व की ओर लम्बी-लम्बी घनी घास खड़ी थी, घनी झाड़ियों के बीच एक सँकरा मार्ग दक्षिण की ओर चला गया था, उसे छोड़ देव-स्थल तक पहुँचनेवाला कोई दूसरा मार्ग नहीं था। उस मार्ग से थोड़ा हटकर ही पश्चिमी दिशा में एक पहाड़ी ढलान था। वह स्थान दावाग्नि के कारण एकदम साफ और नंगा पड़ा था। वीरेन् अपने दल से बिछड़ जाने के कारण मन में व्याकुलता लिए पहाड़ की ऊँचाई से नीचे तराई की ओर देखने लगा—पीपल और आम के बड़े-बड़े पेड़ घने पत्तोंवाले तुलसी के पौधे जैसे दिखाई दे रहे

थे, सीधी सड़कें ऐसी सुन्दर लग रही थीं, मानो कपड़े के थान बिछे पड़े हों, कभी-कभी वे सड़कें पेड़-पौधों के बीच गायब हो जाती थीं–किसी ओर पहाड़ी ढलान दृष्टि की सीमा बन जाता था। पहाड़ पर से कल-कल ध्वनि के साथ प्रवाहित नदियों की टेढ़ी-मेढ़ी धाराएँ ऐसी दिखाई दे रही थीं, मानो चीङ्लाइ[1] पहाड़ी गुफा में से निकलकर नीचे समतल भूमि की ओर अपने शिकार की तलाश में भागे आ रहे हों। हरे-भरे पेड़-पौधों के बीच भवन और इमारतें चमक रही थीं, हरी घास से ढँकी झीलें ऐसी मनोरम दिखाई दे रही थीं, मानो हरा गलीचा बिछा दिया गया हो, मेड़ों से घिरे खेत ऐसे शोभायमान थे कि बिसात पर कै-येन्[2] की चाल के लिए लकीरें खींची हुई हों। जब इन सारे मनोहर दृश्यों को देखकर उसके मन में अनेक कल्पनाएँ जन्म ले रही थीं, तब एकाएक एक कोने की घनी झाड़ियों में धू-धू की आवाज के साथ आग की लपटें उठने लगीं। हवा तेज चलने लगी, हवा के झोंकों से भड़की चिनगारियाँ उड़ने लगीं और आसपास के पेड़-पौधे, घास-तृण सब राख के ढेर में बदलने लगे। सारा आकाश धुएँ से भर गया–जो पशु-पक्षी आग से निकलकर नहीं भाग सके, वे सब जल गए–समस्त चिड़ियाँ चीं-चीं करके इधर-उधर उड़ने लगी। शीघ्र ही वह दावाग्नि भीड़ की ओर लपकने लगी। सभी लोग अपनी जान हथेली पर रखकर भाग खड़े हुए; निर्बल और कमजोर लोग भी सबल और साहसी युवकों के सहारे उस पहाड़ी कन्दरा की ओर भागने लगे जो बहुत पहले दावाग्नि के कारण साफ हो चुकी थी। उसी समय वीरेन् ने दूर से देखा कि पहाड़ी मार्ग की कष्टमय यात्रा से थकी-माँदी, तेज धूप के कारण नव विकसित गुलमेहँदी-सी कुम्हलाई एक युवती कहीं कुछ आगे भागने पर ठोकर खाकर गिर पड़ती, तो कहीं लताओं में उलझती पीछे रह जाती,–पीछे की प्रचंड दावाग्नि भयंकर ध्वनि करती हुई आगे बढ़ी चली आ रही थी। उतने सारे लोगों में से किसी ने भी अपने को बचाने की चिन्ता में किसी और को बचाने का विचार तक नहीं किया। वीरेन् यह सोचकर कि कोई उपाय करके शायद उसे बचा सके, तुरन्त उस ओर दौड़ पड़ा।

पाठक ! यह युवती और कोई नहीं, असहाय उरीरै ही थी। अपनी ओर भागकर आते वीरेन् को देख वह समझ बैठी कि भुवन उसका पीछा कर रहा है, पीछे शिकारी और सामने जाल के बीच फँसी हिरणी की भाँति हाँफते हुए वह चुपचाप खड़ी हो गई और दावाग्नि की ओर मुख करके तिल और चावल थामे कहने लगी, "लगता है, आज

1. चीङ्लाइ : ड्रेगन जैसा काल्पनिक प्राणी, जो मंगोलियन सभ्यता से सम्बन्ध रखता है। मैतै लोक-विश्वास के अनुसार यह पर्वतीय गुफाओं में रहता है, इसीलिए इसे चीङ्लाइ (चीङ् = पर्वत, लाइ = देवता) कहा जाता है। मैतै राजाओं के राज-चिह्न के रूप में इसकी उपस्थिति रही है; 2. कै-येन् : लकीरें खींची हुई जमीन या कागज को बिसात के रूप में प्रयुक्त करके खेला जानेवाला एक स्थानीय खेल विशेष। यह दो व्यक्तियों द्वारा खेला जाता है। एक व्यक्ति के पास कै अर्थात बाघ मानी जानेवाली दो गोटियाँ रहती हैं और दूसरे व्यक्ति के पास येन् अर्थात् मुर्गी मानी जानेवाली बीस गोटियाँ। कै वाली गोटी चाल और छलाँग के जरिए येन् वाली गोटी को मारती है और येन् वाली गोटियाँ यदि कै के चलने का मार्ग पूरी तरह रोक लेती हैं तो जीत येन् की मानी जाती है। और यदि कै वाली गोटियाँ येन् वाली गोटियों को मात देती रहती हैं तथा उनकी चाल को रोकने में येन् असमर्थ रहती हैं तो कै की जीत मानी जाती है।

मेरा वह दिन आ गया; हे दावाग्नि, पीछे से तुम मेरा पीछा कर रही हो और सामने से दुष्ट भुवन मेरा रास्ता रोक रहा है; ठीक है, भुवन के हाथों पड़ने के बजाय दावाग्नि तुम ही मुझे जला दो, अगले जन्म में मेरी इच्छा की पूर्ति हो।" यह कहते हुए आँखें बन्द कर लीं। वीरेन् के पहुँचने तक दावाग्नि उसके पास आ गई थी–अग्नि के ताप से दोनों युवक-युवती पके फल-से हो गए। वीरेन् "हाय ! सर्वनाश हो गया" कहते हुए उस युवती को खींचकर भागा तो उसका एक पैर कहीं धँस गया–देखा तो एक-दूसरे से उलझे हुए घास-तृण आदि के बड़े ढेर से ढँकी एक पोखरी के बीच पानी साफ नजर आया। वीरेन् ने तुरन्त उस युवती को अपने बाहुपाश में लेकर उस ओर छलाँग मारी और डुबकी लगाई।

यह सब कुछ ही पलों में घटित हो गया। दावाग्नि भी दूसरी ओर खिसक गई। थोड़ी देर बाद दोनों युवक-युवती भी पानी से बाहर निकले। पहले तो कोई किसी को नहीं पहचान सका, किन्तु जब पानी से बाहर निकलकर दोनों आमने-सामने हुए तो एक-दूसरे को पहचानने लगे। पहले उरीरै वीरेन् को भुवन समझकर मरना चाहती थी, लेकिन अब नहीं चाहती; सोचने लगी कि अगर वह मर गई होती तो हाथ में आए मणि को व्यर्थ में गवाँ बैठती और पुष्प-डोली पर बैठने के अवसर को शत्रु का जाल समझकर मर जाती तो...; वह लम्बी-लम्बी साँसें लेने लगी। पल-भर भी विलम्ब होता तो उसके हृदय की सम्पत्ति जलकर खाक हो जाती, यह सोचकर वीरेन् भी लम्बी-लम्बी साँसें लेने लगा। थोड़ी देर तक बिना कुछ बोले एक-दूसरे को ताकते रहे। दोनों की आँखों में आँसू छलकने लगे। दोनों मन में सोचने लगे कि जैसे यह पोखरी पहले से वर्तमान सामान्य पोखरी न होकर उन दोनों को बचाने के लिए वारुणी महादेव द्वारा अवतरित कोई आकस्मिक पोखरी हो। ईश्वर के प्रति उनकी भक्ति पहले से थी, अब और बढ़ गई और दोनों युवक-युवती पोखरी के किनारे पर घुटने टेककर बार-बार महादेव की स्तुति करने लगे। आगे चलकर यह स्थान एक पवित्र तीर्थ बन गया।

थोड़ी देर बाद वीरेन् बोला, "वारुणी-दर्शन की आकांक्षा से पिंजरे से छूटकर आए तोते की भाँति, अकेली आनेवाली ! दावाग्नि में जलने का भी भय न करनेवाली प्रिये ! अब उठो, कुछ देर बाद हमारे जले हुए शरीर को ढूँढ़ने बहुत से लोग यहाँ आ जाएँगे। लोगों के आने से पहले यहाँ से निकल चलें, अपनी रक्षा करनेवाले महादेव के दर्शन करने जाएँ, पुष्प स्वरूप भक्ति उसके चरणों पर अर्पित करें। आँसू रूपी दूध उस पर चढ़ाएँ।" उरीरै ने उत्तर दिया, "अपने स्वार्थ की ही सोचनेवाले इस संसार को पुनः अपना मुँह दिखाने से कोई लाभ नहीं। आज से मैं तुम्हारी अनुगामिनी बन जाऊँगी, निर्जन वन-वन में इधर-उधर फिरें, ईश्वर का नाम स्मरण कर यह जीवन व्यतीत करें, धूल-धूसर को ही अपना अलंकार बनाएँ। दावाग्नि से जलकर नष्ट होनेवाला अपना यह शरीर आज से तुम्हारे चरणों पर अर्पित करती हूँ।"

वीरेन् ने कहा, "प्रिये, तुम्हारे प्राण और शरीर को बचानेवाला मैं नहीं हूँ, वारुणी-महादेव ने हम दोनों को बचाया है; चलें, हम पर कृपा करनेवाले उस ईश्वर के

चरणों में जाकर जीवन की सुख-शान्ति का वरदान माँगें।''

उरीरै, ''मैं अपने स्वार्थ हेतु ईश्वर-दर्शन को नहीं आई हूँ, अपनी इच्छा-पूर्ति के लिए ईश्वर की खुशामद करने भी नहीं आई, महादेव के चरणों में जाकर कोई विशेष वर नहीं माँगूँगी, सिर्फ दर्शन करने आई हूँ। अपना मनचाहा वरदान तो–हृदय के किसी कोने में अंकित करके रख लिया है, कहीं हाथ से खिसक भी गया तो हृदय में अंकित यह चित्र कभी नहीं मिट पाएगा।'' इस प्रकार दो टूक बातें करते दोनों युवक-युवती महादेव की ओर चल पड़े और उन्होंने देखा–वहाँ कोई मन्दिर-मंडप नहीं था, केवल एक विशाल वृक्ष की फैली हुई शाखाएँ और मंडप की भाँति घने पत्ते और उनमें इधर-उधर उलझी हुई बेलें मन्दिर की भाँति लग रही थीं और उस प्रकृति निर्मित मंडप-मन्दिर के नीचे ही प्रसन्नचित्त शिवलिंग विराजमान था। शायद वह, मनुष्य निर्मित मलिन अट्टालिका को न चाहने के कारण लोगों की पहुँच से परे उस सुनसान स्थान पर विराजमान हो। लेकिन कितनी देर तक निर्जन रहता ? उसके अप्राप्य चरणों की टोह में वहाँ भीड़ लग गई।

दोनों युवक-युवती महादेव के चरणों में लोटकर प्रार्थना करने लगे, सिन्दूर लेकर माथे पर लगाया और उरीरै वर माँगने लगी–

''अगर जन्म लें पुष्प-जाति में
खिलें एक ही डंठल पर,
अगर जन्म लें पक्षी के रूप में
बैठें संग-संग हर डाली पर,
अगर उगें पौधों के रूप में
लिपट जाऊँ बनकर लता।''

विपत्ति

वारुणी पर्व की सन्ध्या का समय था। टिमटिमाते तारों के कारण विशाल और खुले आकाश में थोड़ा-बहुत उजाला बिखरा हुआ था। मायावी अन्धकार संसार को निगलने हेतु जल्दी से उड़ आया। नोङ्माइजिङ् पर्वत पर बड़े-बड़े पेड़ काले-काले होकर भयंकर राक्षस की भाँति चुपचाप खड़े थे। दिन में पहाड़ी पर इतनी भीड़ थी, लेकिन अब बिल्कुल शान्त और सुनसान। उस समय हिंस्र जानवरों का आतंक था, इसलिए सारे लोग तुरन्त लौट गए।

अचानक तेज हवा चलने लगी। खासकर पहाड़ पर हवा और भी तीव्र होती है। बगूलेदार हवा के एक-एक झोंके से पेड़-पौधों की चोटियाँ जैसे जमीन छूने को झुकी पड़ रही थी, डालियों के आपस में टकराने और घने पत्तों के बीच हवा के बहने से जगह-जगह मर्मर की आवाजें निकलने लगीं। सूखी शाखाएँ टूटकर गिरने लगीं। पेड़ों पर बने नीड़ हवा द्वारा उड़ा दिए जाने के कारण पक्षीगण भयंकर स्वर में जोर-जोर से कोलाहल करने लगे। आश्रय के अभाव में हिरण इधर-उधर भाग-दौड़ मचाने लगे। सारी

कन्दराएँ 'प्रोक्-प्रोक्', 'स्वाइ-स्वाइ' की सनसनाहट से भर गईं।

ऐसी कठिन विपत्ति के समय राजकुमार वीरेन्द्र सिंह उरीरै का हाथ थामे अँधेरे में पहाड़ से नीचे उतर रहा था। बवंडर के एक-एक वेगवान झोंके की मार से साँसें अवरुद्ध हो जाने के कारण बीच में दोनों एकाएक खड़े हो जाते थे, फिर टटोलते-फिसलते आगे बढ़ते थे। कहीं सही रास्ता नहीं था, एक कदम आगे बढ़ाते ही किसी पत्थर से ठोकर खाते थे तो थोड़ा आगे बढ़ने पर किसी पेड़ से टकरा जाते थे। पर्वत-श्रेणियों से घिरा स्थान, कृष्ण-पक्ष की रात, जगह-जगह घने पत्तोंवाले पेड़ों की कतारों और बेल-लताओं से उलझी जगह होने के कारण ऐसा लगा कि आँखें बन्द करके चल रहे हों। अगल-बगल दीवार-से खड़े सघन पहाड़ी ढलान थे। एक पैर फिसलकर कन्दरा में गिर जाते तो पल-भर में प्राणों का पता न चलता। पहाड़ी जमीन के छोटे-छोटे कंकड़ों और कटी हुई नुकीली खूबों द्वारा खरोंचे जाने के कारण पैरों में दर्द हो रहा था। इतने में आसपास जंगली जानवरों के दहाड़ने की आवाज सुनाई पड़ने लगी; निकट ही नर-भक्षकों की बदबू आने लगी, जिधर भी देखो, अन्धकार के सिवा कुछ नहीं दिख रहा था, सारा संसार अन्धकार के जाल से पूरी तरह ढँक गया था; पेड़, पौधे, लताएँ, चट्टानें, पशु, पक्षी– सब अँधेरे में विलीन हो गए थे।

वीरेन् के माथे से पसीने की बूँदें चूने लगीं, घबराहट के कारण सारे शरीर के रोंगटे खड़े हो गए। क्या उसके मन में डर पैदा हो गया था ? नहीं, कोई डर नहीं, लेकिन व्याकुलता अवश्य थी। वह अकेला होता तो किसी भी साधन से घर पहुँच सकता था, लेकिन उसे उरीरै की अत्यधिक चिन्ता थी, जिसे वह हाथ थामे ले जा रहा था। सोचने लगा, ''अँधेरे में कहीं किसी जानवर ने मुझे छोड़कर उरीरै के प्राण ले लिए तो,–या कहीं कदम फिसलकर वह नीचे गिर गई तो क्या होगा। खैर, नियति को जो भी मंजूर हो, जहाँ उरीरै मरेगी, वहीं मैं भी मरूँगा।'' ऐसा सोचकर धीरे-धीरे उतरने लगा। बिना खाए पहाड़ पर चढ़ने के कारण दिन चढ़े से ही उरीरै को काफी थकान महसूस हो रही थी और वह हर पेड़ के नीचे बैठकर विश्राम करती थी, लेकिन अब इस विपत्ति के समय पहाड़ी ढलान पर उतरते-उतरते उसे बेहोशी आने लगी। जब भुवन से भयभीत होकर, आगे जानेवाले सभी लोगों से आगे बढ़कर चढ़ाईवाले पहाड़ी रास्ते पर कड़ी धूप का सामना करते हुए दौड़ी आई थी, उस समय घबराहट के कारण उसे कष्ट महसूस नहीं हुआ था, लेकिन अब प्रियतम का सानिध्य पाने के बाद सौ गुना कष्ट अनुभव होने लगा। जैसे अबोध शिशु अपनी माँ की गोद में रहता है, तब उसे अपने सामने आनेवाले भालू, बाघ, हाथी आदि जानवरों से किसी प्रकार का भय नहीं होता, उसी प्रकार वीरेन् के पास पहुँचते ही उसे जग में किसी प्रकार का भय नहीं रहा, दूसरी ओर उसमें ताकत नहीं रही, इसलिए वीरेन् कठिनाई में पड़ गया। उसकी कलाई पकड़कर वह दो-तीन कदम आगे बढ़ा, फिर वह बेहोश पड़ गई। वीरेन् असमंजस में पड़ गया। तराई अभी कितनी दूर है, अँधेरे में कुछ भी नहीं समझ पा रहा था।

बड़ी मुश्किल से तराई पहुँचने के बाद वीरेन् ने चैन की हलकी सी साँस तो ली,

लेकिन पूरी तरह पसीना भी नहीं पोंछ पाया था कि "पानी, पानी, थोड़ा सा पानी दो, हलक सूख रहा है, प्यास के मारे मर जाऊँगी" कहते हुए उरीरै पुनः बेहोश हो गई। घनी झाड़ियों से घिरे निर्जन और पीछे भी कोई न दिखाई पड़नेवाले उस स्थान पर जब उरीरै बेहोश हो गई तो वीरेन् के दुख की सीमा न रही। ऐसी विपत्ति के समय उस खतरनाक जगह वह कहाँ से पानी खोजेगा, खोजने के लिए बेहोश पड़ी उरीरै को छोड़कर कैसे वहाँ से निकलेगा, यह सब सोचते ही उसके होंठ सूख गए, पास से पत्ते तोड़कर उरीरै के सिर पर पंखा झलने लगा। उसी समय दखना-हवा के संग किसी पहाड़ी झरने से उठती कल-कल की ध्वनि बहुत नजदीक ही सुनाई पड़ी। उस ध्वनि को सुनकर यह अनुमान करते हुए कि किसी झरने का पानी बह रहा है, उरीरै को धीरे से पुकारते हुए कहा, "प्रिये, पास में पानी है, भरकर लाता हूँ, थोड़ी देर उठकर बैठो।" यह सुनकर उरीरै प्यास के ताप के कारण बहुत मुश्किल से उठी और वीरेन् के चार-पाँच कदम आगे बढ़ते ही "पीछे मुड़-मुड़कर देखते रहना, हिंस्र जानवरों से भरे इस घने जंगल में मुझ अबला को अकेली छोड़कर जा रहे हो; तुम्हारी सूरत देखे बिना मरने के बजाय पानी के बिना मरना कहीं बेहतर है" कहते हुए वह फिर जमीन पर लुढ़क गई। वीरेन् ने सोचा, "समय गँवाने से कोई फायदा नहीं, जितनी जल्दी हो सके, पानी भरकर ले आऊँ, जितनी अधिक देर होगी, मुसीबत और अधिक बढ़ती जाएगी !" यह सोचते हुए वह तुरन्त कल-कल ध्वनि की ओर आगे बढ़ा, सोचा कि थोड़ी दूर जाकर वह जगह मिल जाएगी, किन्तु उसका कहीं अता-पता नहीं चला; पहले हवा के झोंके द्वारा ले आने के कारण वह ध्वनि बहुत नजदीक सुनाई पड़ी थी–लेकिन अब लग रहा था कि वह दूर होती जा रही है। जैसे मरुभूमि के बीच मरीचिका द्वारा प्यासे लोगों की आँखों को पानी का सरोवर दिखाते हुए उन्हें असीम विपत्ति में डाला जाता है, वैसे ही कल-कल का स्वर वीरेन् को सम्मोहित करके कुछ दूर ले गया। स्वप्न था या जागरण, नहीं समझ पाया। लौट जाए या आगे बढ़े, इसी उधेड़बुन में पड़कर थोड़ी देर जड़वत खड़ा रहा, आखिर उरीरै की उन बातों की बार-बार याद आने लगी। यह सोचकर कि इस सुनसान जगह पर इस प्रकार मूढ़ होकर नहीं रहना चाहिए, वह फिर आगे बढ़ा। आह ! इस प्रकार थोड़ा-थोड़ा आगे बढ़ते-बढ़ते उरीरै को बहुत पीछे छोड़ आया। एक ओर तो, पानी के बहने की ध्वनि सुनाई नहीं पड़ रही थी, दूसरी ओर, उरीरै की दिशा में हिंस्र जानवर के दहाड़ने की आवाज सुनाई पड़ी। फिर भी वीरेन् निरन्तर आगे बढ़ता गया। थोड़ी दूर आगे बढ़ने के बाद उसने पाया कि पेड़-पौधों और बाँसों से घिरी एक अति सघन जगह है। पर्वत से बहते एक छोटे से झरने की ध्वनि ने दूर से सुनाई पड़नेवाले वीणा के स्वर की भाँति उस गहन रात्रि में वीरेन् के व्यथित हृदय को "दुखी मत होओ, दुखी मत होओ" कहकर मनाना शुरू किया और वह ध्वनि अँधेरे में, उस वन में, आकाश में विलीन हो गई। यह जानकर कि पानी अवश्य है, उस ध्वनि को लक्ष्य करके टटोलते हुए अन्धकार में आगे बढ़ा और बड़ी मुश्किल से उस झरने के पास पहुँचा। उस झरने के किनारे किसी जानवर के पानी पीने की आवाज सुनाई पड़ी। मुड़कर देखा तो आग

के गोले सी चमकती दो आँखें दिखाई दीं। वह समझ गया कि बाघ के सिवाय कोई और नहीं है। उसे देखते ही वीरेन् धक् से रह गया, उसके सिर के बाल खड़े हो गए। वह निर्णय नहीं कर पाया कि पानी भरे या न भरे !

"पानी के अभाव में उरीरै के मर जाने के बदले यह बाघ ही मुझे खाए" ऐसा सोचकर पानी भरने के लिए नीचे उतरा, लेकिन उसके पास बर्तन ही कहाँ था ? उरीरै की तड़पन देखते ही पानी भरने के लिए यूँ ही उठा चला आया था, उसके पास बर्तन है या नहीं, इसका खयाल नहीं किया था, अब पानी में उतरने पर पता चला कि उसके पास कोई भी बर्तन नहीं था। सामने एक बड़ा सा बाघ बिना पलकें झपकाए खड़ा था, अब वह बर्तन के बारे में सोचता रहेगा ? एकाएक उसकी अक्लमन्दी ने काम किया, धोती का गुँजा पानी में डुबोया और दोनों हाथों में उसे सँभाले चलने के लिए मुड़ा। दोनों हाथ गुँजा सँभाले हुए थे, कुछ दूर चला तो पत्थर से ठोकर खाई, थोड़ा आगे बढ़ा तो काँटों में उलझ गया,–जहाँ चुपचाप चलना चाहता था, वहाँ घबराहट के कारण आशंकित हो उठा। चलते-चलते पीछे से बाघ के पीछा करने की सरसराहट सुनाई पड़ी, वह भागते-भगाते कभी ठोकर खाकर गिर पड़ा तो कभी उठा, इस प्रकार किसी तरह आया, किन्तु राह भटक गया। आह ! वह, वह जगह नहीं मिल पाई, जहाँ उरीरै रह गई थी। कुछ देर तक इधर-उधर भटकने के बाद वह पेड़ एकदम स्याह रूप में दिखाई पड़ा, जिसके नीचे उरीरै लेटी रह गई थी, किन्तु अब वहाँ नहीं थी। जैसे निष्प्राण शरीर डरावना लगता है, वैसे ही उरीरै से वंचित वह पेड़ भयंकर रूपवाला बन गया और ऐसा सन्देह होने लगा जैसे कोई राक्षस उरीरै को खा जाने के बाद वृक्ष का रूप धारण करके स्याह रंग में खड़ा हो। गहरा अन्धकार था। कहीं गलत जगह न आ पहुँचा हो, ऐसा सोचकर इधर-उधर देखते समय वह बड़ा-सा पत्थर भी पेड़ के नीचे ही पड़ा मिला, जिस पर सिर रखकर उरीरै लेटी थी। अपने आप पर विश्वास न करते हुए पेड़ के चारों ओर इधर-से-उधर चक्कर काटने लगा, तभी किसी चिकनी वस्तु पर उसका पैर पड़ गया। उठाकर देखा तो बगैर म्यान की एक तलवार मिली। पास ही एक बाघ भी एकदम काले रूप में बैठा देखा। "इस बाघ ने ही उरीरै के प्राण लिए होंगे, मानव-खून से मस्त होकर वह मेरी भी प्रतीक्षा कर रहा होगा, ठीक है, मुझे भी मार डालने दो, किन्तु राजवंश में पैदा हुआ मैं, हाथ में तलवार होते हुए भी इतनी आसानी से कैसे मर जाऊँ, मर्द भी हूँ, अपनी हिम्मत तो दिखाऊँ" यह कहते हुए उसने धोती अपनी जाँघ तक लपेट ली और वही बड़ा सा पत्थर उठाकर बाघ की तरफ उछाल दिया। बाघ ने अपनी गरज से पहाड़ी-कन्दरा को कँपाते हुए अपने पंजे से उस पत्थर को आसानी से परे ढकेल दिया। वीरेन्द्र सिंह ने तुरन्त अपनी तलवारबाजी से अपने सारे शरीर को ढँक लिया; अत्यधिक क्रोध के कारण उस बाघ को मामूली-सी लोमड़ी समझ मन से डर हटा दिया। उस वक्त क्यों डर पैदा होता ? मैतै जाति में उत्पन्न पुरुष जब दुश्मन से मुकाबला करता है तो कभी भी डरकर नहीं भाग जाता। और वीरेन्द्र तो राजवंश में जन्मा था। भारत में श्रेष्ठ राजवंश में जन्मे, उसकी रग-रग में राजवंश का खून था और उस खून से बड़े हुए वीरेन्

के मन में कोई डर नहीं था। मुसीबत में पड़ने और दुश्मनों का मुकाबला करने में ही सन्तुष्टि पाना राजवंश का स्वभाव है। साहसी और वीर राजवंश में जन्मा वीरेन् हाथ में तलवार लिए और तलवारबाजी की कला से अपने शरीर को आच्छादित कर आग के गोले की भाँति बाघ पर टूट पड़ा। वाह ! कैसे असफल होता, देखो—उस बड़े से बाघ का सिर धड़ से अलग हो गया।

पाठक ! देखिए तो, जब पहाड़ पर दावाग्नि के पीछा करने पर एक आश्रयहीन युवती के मरने की नौबत आई, तब वीरेन् ने शारीरिक शक्ति का प्रयोग न कर सकने की परिस्थिति में अपनी मानसिक शक्ति का प्रयोग किया था, और अब शक्ति-प्रयोग का समय आते ही अपनी तलवारबाजी के कौशल का प्रयोग करते हुए उस बाघ को आसानी से मार डाला।

बाघ को मारने के बाद वीरेन् ने थोड़ी देर तक विश्राम किया। तब तक आकाश में फैले बादल छँट गए थे और तारों की झिलमिलाहट से कुछ-कुछ उजाला छा गया था।

मरना है तो साथ-साथ मरेंगे, ऐसा सोचकर साथ आई उरीरै के अचानक खो जाने से उस निर्जन स्थान पर अकेले बैठे वीरेन् को अत्यधिक दुख हुआ। जैसे एक ही डाली पर बैठे दो पक्षियों में से एक पकड़ लिया गया हो, एक ही डंठल पर साथ खिले दो फूलों में से एक को तोड़ दिया गया हो, अभी कुछ देर पहले प्यास से तड़पती उरीरै के अचानक गायब हो जाने से निराश होकर कहने लगा, ''बाघ के द्वारा मुझे मारे जाने के बदले मैंने ही बाघ को मार डाला; हे तलवार, तू मामूली तलवार नहीं है, भगवान का वरदान है, मैंने तेरे सहारे बाघ को मार गिराया है। तुझे अर्पित करने हेतु मेरे पास कुछ भी नहीं है, तू मेरे खून में डूबकर सन्तुष्ट हो जा। घबराई हुई अबला उरीरै स्वर्ग के रास्ते में हम-सफर के अभाव में अकेली ही तड़प रही होगी; मैं उसके पास चला जाऊँगा, आश्रय में आई किसी को बचा न सकनेवाला यह जीवन ही व्यर्थ है।'' यह कहते हुए उसने अपनी गर्दन को लक्ष्य करके तलवार उठाई और जब गर्दन काटने को हुआ, तभी दक्षिण की तरफ से आती हवा के झोंकों के साथ सन्नाटा भंग करता एक नारी-स्वर, ''मार डाला, मार डाला, मुझे बचाओ'' बार-बार सुनाई पड़ा। वह नारी-स्वर वीरेन् के हृदय को नुकीले भाले की भाँति बेधने लगा। ''पहले उसे बचाना चाहिए'' सोचकर वीरेन् तलवार को बगल में छिपाकर उस ओर भागा, जहाँ से वह स्वर आ रहा था। कुछ दूर जाते ही चार-पाँच पुरुषों द्वारा एक युवती को पकड़कर ले जाते हुए देखा। वीरेन् तुरन्त उनका रास्ता रोककर दहाड़ा, ''कोई भी आगे नहीं बढ़ सकता, अगर किसी ने मनमानी की तो उसका सिर इस तलवार से काटकर रख दूँगा। सही सलामत लौटना चाहो तो इस लड़की को छोड़ दो।'' यह बात सुनते ही वह युवती उन लोगों के चंगुल से निकलकर भाग आई और वीरेन् से लिपटकर बोली, ''प्रियतम ! जब तुम पानी लेने गए थे, तब ये निर्दय लोग मुझे पकड़कर यहाँ ले आए।'' यह कहते हुए वह जल्दी-जल्दी साँसें लेने लगी। उरीरै को—जिसे मरा हुआ सोच लिया था, पुनः पा लेने से वीरेन् की खुशी का ठिकाना न रहा। तभी उन चार-पाँच पुरुषों ने 'नारी-चोर आ गया' कहते हुए

साजिश के तहत लाई गई तलवार ढूँढ़ी, लेकिन वह वीरेन् के हाथ में थी। तलवार न मिलने से हाथ में एक-एक डंडा लेकर वीरेन् को घेर लिया। उरीरै की रक्षा करते हुए वीरेन् अपनी तलवारबाजी के बल पर चारों ओर घूमता रहा और उरीरै ने भी अपना दुख-दर्द भूलकर, यह सोचते हुए कि "प्रियतम की मदद करूँगी" कमर में फेंटा बाँध लिया। उसी वक्त हाथों में डंडे लिए लगभग दस लोगों का एक दल हाँफते हुए वहाँ आ पहुँचा। उनमें से एक अधेड़ पुरुष भागते समीप आकर उरीरै का हाथ पकड़ते हुए बोला, "बेटी, एक लड़की के दावाग्नि में जल जाने की खबर से मेरा कलेजा मुँह को आ गया था कि मेरी बेटी ही जलकर मर गई ! महादेव ने मेरी बेटी को बचा लिया।" और उसके बाद वे उरीरै को लेकर चले गए। जिस चीज की छीना-झपटी हो रही थी, उसी को किसी के द्वारा लेकर चले जाने के बाद वीरेन् और युवती को उठानेवाला वह दल आश्चर्यचकित होकर थोड़ी देर के लिए खामोश हो गए। युवती उठानेवाले उस दल में ही भुवन था। बाप के उरीरै को लेकर चले जाने के कारण जब वीरेन् हक्का-बक्का था, तभी भुवन ने उसके हाथ से तलवार छीन ली और बोला, "मेरे रास्ते में काँटे बोनेवाले इस आदमी के प्राण ले लो।" यह कहते ही सबने वीरेन् को घेर लिया। वीरेन् किंकर्तव्यविमूढ़ होकर उनके बीच खड़ा रह गया। उसी समय "मित्र, घबराओ नहीं, हम सब यहाँ हैं" कहते हुए झाड़ियों में से दो पुरुष आ निकले। उन्हें देखते ही भुवन का दल इस डर से कि बहुत से लोग आ गए हैं, अँधेरे में ही तितर-बितर हो गया। वीरेन् ने सामने अपने मित्र शशि को देखा। उसने पूछा, "शशि ! इतनी देर तक तुम कहाँ थे ? तुम्हारे साथ यह कौन है ? मेरी छोटी बहन साथ नहीं आई, वह कहाँ चली गई ?" शशि ने उत्तर दिया, "राजकुमार ! जैसे मैं तुम्हारे लिए अपने प्राण तक देने को तैयार हूँ, वैसे ही यह मित्र मेरे लिए अपने प्राण न्योछावर करने को तैयार है। तुमने छोटी बहन के बारे में पूछा, मैं उसका क्या उत्तर दूँ। हमें छोड़कर चले जाने के बाद मैंने तुम्हें बहुत खोजा, किन्तु कहीं नहीं मिलने से तुरन्त देव-दर्शन करके पहाड़ से नीचे उतरते समय रास्ते में पाँच-छह युवकों ने मेरी पिटाई करके तुम्हारी छोटी बहन को पकड़ा और कहीं ले गए। जब मैं अचेतावस्था में पड़ा था, तब इसी मित्र ने मेरी सेवा-सुश्रूषा की और मैं उसी के सहारे नीचे उतर सका। मैं तुम्हारा स्वभाव अच्छी तरह जानता हूँ—उधर तुम पल्लू पकड़नेवाली उस युवती के पीछे दौड़ते रहे और इधर तुम्हारी छोटी बहन खो गई। पीछे छूट गई अपनी छोटी बहन तक का खयाल किए बगैर तुम जब एक युवती के साथ अभिमान में डूबे जा रहे थे, तब एक डाकू-दल से भिड़कर कितनी मुसीबत में पड़ गए थे। समय पर हम नहीं पहुँचते तो तुम अपने प्राणों से हाथ धो बैठते। बाघ से मुकाबला कर उसे मार डालना, उसके बाद आत्महत्या का प्रयास हम सब कुछ छिपकर देखते आए हैं, उतने कायर तो नहीं हो, तुम्हारा तमाशा देखना काफी मनोरंजक रहा। राजवंश में पैदा हुए हो न, कुछ-न-कुछ कर ही दिखाते हो। जब तुम उठकर भाग गए, तब हम भी तुम्हारे पीछे दौड़े चले आए। तुम कहीं भी मुसीबत में पड़ो, तो हम तुम्हें बचाएँ, इसके लिए तुम्हारे पीछे-पीछे चले आ रहे हैं। जिस समय तुम बाघ से भिड़ने को तैयार थे,

उस समय हम पहाड़ के नीचे पहुँचे थे; उसके पहले क्या-क्या घटित हुआ, हम नहीं जानते।

"इन सबका विवरण पिताजी को विस्तार से बताऊँगा और तुम्हें उचित दंड दिलाऊँगा।" यह सुनते ही वीरेन् (आँखों से आँसू छलकाते हुए) बोला, "मित्र, मैं तुम्हारे पाँव पकड़ता हूँ, सब कुछ वैसा ही बताओगे तो पिताजी मुझे घर में नहीं घुसने देंगे; बताना कि हम दोनों की पिटाई करके ले गए हैं। अब तो मैं अपनी छोटी बहन का पता लगाकर ही रहूँगा। जब तब छोटी बहन का निश्चित अता-पता नहीं लग जाता, मैं घर वापस नहीं जाऊँगा। हे ईश्वर, कैसी विडम्बना है ? लाड़-दुलार में पली मेरी छोटी बहन कितना दुख पा रही होगी।" यह कहते हुए वीरेन् की आँखों से आँसू की बूँदें गिरने लगीं। शशि बोला, "राजकुमार, शायद तुम बहुत दुखी हो, ज्यादा दुखी मत होओ, यह सब होनी है। रोने-धोने से कुछ भी लाभ नहीं होगा। घर चलें। संयोगवश तुम्हारी छोटी बहन को उठानेवाले कहीं रास्ते पर ही मिल जाएँ तो तुम्हें कितनी खुशी होगी !" वीरेन् ने उत्तर दिया, "मित्र, वह असम्भव है, फिर भी अगर कहीं मिल जाएँ तो मैं इतना खुश हूँगा कि अकेला ही उन सब लोगों के सिर फोड़ डालूँगा और उसी खुशी में अपनी बहन भी तुम्हें दे दूँगा।" यह बात सुनते ही शशि वीरेन् को दंडवत् प्रणाम करते हुए बोला, "मित्र के रूप में यहाँ जो खड़ी है, वह कोई पुरुष नहीं है, तुम्हारी छोटी बहन थम्बालसना ही है। शाम होने पर पहाड़ से नीचे उतरते समय जब भुवन के लोगों ने थम्बालसना को पकड़ने की कोशिश की तो आसपास के कुछ युवकों की मदद से मैंने उन्हें मार भगाया, और देर हो जाने पर—यह सोचकर कि अकेले एक लड़की को साथ ले चलना मुसीबत है, थम्बालसना को पुरुष की पोशाक पहनवाई। अब तो अपनी छोटी बहन को अपनी आँखों से देख लिया है ! राजवंश में जन्मे हो, तुम्हें अपनी बात से मुकरना नहीं चाहिए।" पल-भर में दुख, सुख, लज्जा और हँसी के विलय से तिलमिलाकर गुद्दी खुजलाते हुए वीरेन् ने कहा, "अगर चोर ही चोर को पकड़े तो कौन करेगा न्याय ?"

दूसरा परिच्छेद

धीरेन्द्र सिंह का विस्मय

पूर्वी आकाश में सूर्योदय होने लगा। हैबोक् पर्वत की पूर्वी दिशा की तलहटी में बनी झील का सौन्दर्य असीम लग रहा था। बाल-सूर्य की किरणों में कमल प्रफुल्लित होने लगे थे। कल खिले कमलों के मुर्झा जाने से उनकी बिखरी पँखुरियाँ पानी पर तैर रही थीं। कमल के पत्तों पर चिपकी ओस की एक-दो, एक-दो बूँदें एक-दूसरे में मिल जाने से मोती की भाँति चमक रही थीं और उनका भार सहन न कर सकने के कारण कमल के पत्तों के झुकने से झील के पानी में गिरती जाती थीं। कमलों के अलावा अनेक प्रफुल्लित कुमुदिनियाँ ! गुनगुनाते भ्रमरों का मकरन्द-पान ! पर्वत पर से उड़कर आई ङनुथङ्गोङ् का झील में डुबकी लगाते हुए हँसी-खुशी भोजन करना ! पहाड़ी कन्दरा से बहनेवाले छोटे-छोटे झरनों का कल-कल स्वर के साथ झील के पानी में मिल जाना ! इन सारे दृश्यों की रम्यता को बढ़ाते हुए कुछ दूरी पर ही एक युवक-युवती दक्षिण की ओर शेम्बाङ्[1] पक्षी की उड़ान की भाँति नाव खे रहे थे। पहले उनमें बिल्कुल बातें नहीं हो रही थीं। झील के मध्य पहुँचते ही युवक ने तलवार को नाव पर रखकर कुमुदिनी के डंठल को टुकड़ों में तोड़ते हुए कहा, "प्रिये, आज तुम्हारे मन की बात सही-सही जानना चाहता हूँ। अच्छी तरह समझ लो, अगर सही-सही नहीं कहोगी तो कल से इस अकिंचन के पाँव तुम्हारे घर में नहीं पड़ेंगे।"

युवती, "पुरुषों की जबान विश्वसनीय नहीं होती। युवकों द्वारा सीधी-सादी युवतियों को अपने झूठे प्रेम-जाल में फाँसकर फिर बीच में ही छोड़ दिए जाने के कारण उनके विपत्ति में पड़ने की घटनाएँ मैंने कई बार देखी हैं।"

युवक, "कुछेक लोगों के बुरे हो जाने से सभी लोग बुरे ही होंगे, ऐसी बात तो नहीं है। दूसरों के बारे में बोलना बेकार है; बस, मेरी बात का उत्तर दो।"

युवती, "मैं अभी निश्चित रूप से कुछ नहीं बता सकूँगी।"

"तब तो मैं नाव नहीं खेऊँगा" कहकर वह युवक नाव में पालथी मारते हुए सीटी बजाने लगा। सीटी बजाते-बजाते हवा का झोंका आने से नाव चक्कर काटने लगी। चक्कर काटते-काटते नाव पहाड़ के नजदीक तक आ गई। उसी समय युवती, "सही बात अगले जन्म में ही बताऊँगी" कहकर पानी में कूद गई। युवक ने पीछे मुड़कर देखा,

1. शेम्बाङ् : छोटे आकारवाला काले रंग का एक स्थानीय पक्षी विशेष, जो बहुत तेज उड़ता है।

तो नाव में वह नहीं थी, और उसे रोक भी नहीं सका। भय, घबराहट और आश्चर्य के साथ युवक भी पानी में छलाँग लगाकर युवती को इधर-उधर खोजने लगा, किन्तु वह उसे कहीं नहीं मिल सकी। दूसरी ओर युवती डुबकी लगाए-लगाए कुछ दूर चली गई और पेड़-पौधों की ओट लेकर पहाड़ पर चढ़ गई और युवक के तमाशे को देखती रही, जो घबराहट के साथ रोनी सूरत लिए उसे ढूँढ़ रहा था। थोड़ी देर बाद "नहीं मिल पाऊँगी, नहीं मिल पाऊँगी, इस जन्म में तो ढूँढ़ नहीं पाओगे' कहते हुए भाग चली। जिसे वह पानी में ढूँढ़ रहा था, उसे पहाड़ पर पहुँची देखा तो युवक के आश्चर्य की सीमा न रही, सोचने लगा, "अजीब बावलापन है ! जिसे पुरुष जात में जन्म लेना चाहिए था, वह कैसे स्त्री-रूप में जन्मी ! विश्वास ही नहीं होता कि इतने सुन्दर और नाजुक चेहरे के अन्दर यह बावलापन छिपा होगा ! बावली है तो क्या, सोना है सोना ! किन्तु विश्वास नहीं हो रहा कि इस जन्म में उसकी सहानुभूति की थोड़ी सी बूँदें पाकर प्रेमाग्नि में विदग्ध मेरे हृदय का ताप शान्त होगा, फिर भी भागते समय प्रेम भरी दृष्टि से मुस्कुराई थी। शायद यह तो नहीं कि वह मुझे बिल्कुल प्यार नहीं करती !" इस प्रकार उसने अपने हृदय को समझाया। लगता है, प्रेम में पागल मनुष्य का स्वभाव ऐसा ही होता है। गुस्सा भी करे तो प्यारा लगता है, बुरी तरह डाँटे भी तो प्यारा लगता है– मीठी बातें करे तो और प्यारा लगता है। वाह ! अजीब ही होता है !

यह युवती कुछ समय पहले पहाड़ के समीपवर्ती उद्यान में उरीरै के संग फूल चुनने वाली माधवी थी और युवक वीरेन् का ही सहपाठी था। नाम था धीरेन्द्र सिंह। उन दोनों के बीच पहले से प्रेम था, लेकिन युवती नारी-स्वभाव के वशीभूत प्रेम होते हुए भी नकार रही थी। कोई, प्रेम-देवता को इस प्रकार धोखे में डाले तो वह भी कभी-कभी बदला लिए बिना नहीं छोड़ता। पुराने जमाने में खम्बा ने अपनी प्रियतमा थोइबी की प्रेम-परीक्षा ली थी तो दोनों को ही प्राणों से हाथ धोने पड़े थे[1]। कुछ वर्ष पहले किसी राजकुमार ने भी अपनी प्रेमिका के प्रेम की परीक्षा ली थी तो प्रेमिका ने अपने प्राण त्याग दिए थे। ऐसे उदारहण कभी-कभी मिल जाते हैं। सच तो यह है कि माधवी ने धीरेन् को अपने हृदय में पूरी तरह बसा रखा है।

दुख भरा सन्देश

यदि ऐसी इच्छा की जाए कि किसी कार्य की जानकारी किसी को न हो, किसी सन्देश को कोई न सुने, किसी चीज को कोई देख न ले, तो वह सब ज्यादा देर तक छिपाकर नहीं रखा जा सकता। विशेषकर, अध्ययनरत विद्यार्थी का अपने अभिभावकों की आँखों

1. मणिपुरी लोकगाथा 'खम्बा-थोइबी' में नायक खम्बा ने अपनी प्रेमिका-पत्नी थोइबी की प्रेम-परीक्षा पर-पुरुष की आवाज में रात के अँधेरे में दरवाजा खोलने को कहते हुए ली थी। यह एक छेड़छाड़ थी, किन्तु नायिका थोइबी ने खम्बा को पर-पुरुष समझकर घर के अन्दर से ही छुरी फेंकी। छुरी लगने के कारण खम्बा की मृत्यु हो गई। जब थोइबी को पता चला कि उसके द्वारा फेंकी गई छुरी से खम्बा की मृत्यु हो गई है, तो उसने भी अपनी छाती में छुरी भोंककर आत्महत्या कर ली।

में धूल झोंककर देव-दर्शन के बहाने व्यर्थ में इधर-उधर मटरगश्ती करना, मित्रों के साथ अध्ययन के बहाने इधर-उधर की फालतू बातें करना—यह सब जल्दी ही पकड़ में आ जाता है। वीरेन् के साथ भी ऐसा ही हुआ। उसके स्वभाव, चाल-चलन, घटी घटनाओं आदि का सारा विवरण उसके पिता के कानों तक पहुँच गया; इसलिए पिता ने उसके चाल-चलन पर सन्देह की निगाह से गौर करना शुरू कर दिया। अध्ययन-कक्ष में जाकर देखा तो पाया कि अधिकांश पुस्तकों पर फफूँद जमी हुई थी। बीजगणित और गणित की कुछ पुस्तकें मेज के नीचे पड़ी थीं। शकुन्तला, कादम्बरी और शैक्सपियर के कुछ नाटकों की पुस्तकें उसके तकिए के नीचे सँभालकर रखी हुई पाई गईं। उसकी नोट-बुक में जगह-जगह प्रणय-संगीत सम्बन्धी छोटी-छोटी कविताएँ लिखी हुई थीं। पहले, परीक्षा में हर वर्ष प्रथम स्थान पाकर प्रथम पुरस्कार पाया करता था, इस बार उसे कुछ भी नहीं मिला। पहले अध्ययन-कक्ष में कोई अनपढ़ मित्र घुस जाए तो वह बहुत गुस्सा करता था, किन्तु अब तो ऐसे मित्रों के आने पर उनका सुस्वागत करते देखा गया। रसोई में भी थाली में परोसा खाना दो-तीन कौर खाने के बाद थोड़ा सा पानी पीकर छोड़ देता था। यह सब देखने के बाद सनाख्वा को मालूम हो गया कि वीरेन् के स्वभाव में बदलाव आ गया है। वह सोचने लगा कि कहीं दूर परदेश में नहीं भेजा गया तो वीरेन् की शिक्षा अपूर्ण रह जाएगी और वह मँझधार में भटक जाएगा।

एक दिन वीरेन् अपने अध्ययन-कक्ष में अकेला बैठा, चोर की तरह बार-बार पीछे मुड़कर देखते हुए उरीरै को चिट्ठी लिख रहा था, उस समय उसके पिता ने अचानक आकर पूछा, "क्या लिख रहे हो ?" वीरेन् ने उत्तर दिया, "मेरा एक मित्र कलकत्ते के प्रेसीडेंसी कॉलेज में पढ़ रहा है, उसे एक चिट्ठी लिख रहा हूँ।" इस उत्तर का फायदा उठाकर पिता बोले, "यह तो बहुत अच्छी बात है कि तुम्हारा एक मित्र प्रेसीडेंसी कॉलेज में पढ़ रहा है, तुम कल ही कलकत्ता चले जाओ, तुम्हें वहीं पढ़ना है, इसके लिए तैयारियाँ पूरी करो।" यह कहकर वे तुरन्त बाहर चले गए। सुनते ही वीरेन् का सिर चकराने लगा। 'बच जाए', यह सोचकर दिए गए उत्तर का परिणाम ही गले का फन्दा बन गया। अकेला न बैठ सकने के कारण वहाँ से चुपचाप निकल गया।

बिछोह

"शावक के पकड़े जाने से हिरणी
जैसे सहती बिछोहाग्नि भागते-फिरते
जैसे गिरती रात्रि की ओस पत्तों पर
बह रहे आँसू, सहा जा रहा बिछोह-ताप तड़प-तड़प।"

कालेन्[1] माह की पूर्णिमा आ गई। बीच-बीच में बारिश होने से तालाब, नाले, झील आदि सारे जलाशय पानी से लबालब भर गए। कुमुदिनी, कमल आदि जल-पुष्प

1. कालेन् : मणिपुरी वर्ष का दूसरा माह।

जगह-जगह प्रफुल्लित होने लगे। उरीरै, चम्पा, नागकेशर, मल्लिका आदि अनेक स्थल-पुष्प बगिया में, आँगन के किनारे, और बाड़े के सहारे उन्मुक्त रूप में खिलने लगे। दिन की धूप का सारा ताप शान्त करके रात्रि में चन्द्रमा ने अपनी शीतल ज्योत्सना बिखेरनी शुरू कर दी। नव-किसलयों से भरे घने पत्तोंवाले पेड़, पूर्ण प्रफुल्लित पुष्प, पानी से लबालब भरे तालाब, झीलें और नदियाँ–ये सब चाँदनी की किरणें पड़ने से धवल हो गए। पुष्पगन्ध भरे मन्द-मन्द बहते पवन के मानव-शरीर को स्पर्श करने मात्र से दिन-भर की धूप का ताप मिट गया। ज्योत्स्ना-स्नात हरे पत्ते मन्द समीर द्वारा छू लिए जाने-भर से झिलमिलाने लगे। ऐसी आनन्दमयी रात्रि में राजकुमार वीरेन्द्र सिंह अपने मित्र शशि के साथ घर से निकला और सीधे उरीरै के प्रवेश-द्वार के भीतर चला गया।

आँगन के एकदम छोर पर घने पत्तोंवाला मल्लिका का एक पौधा था। वीरेन् और शशि को सीधे घर के अन्दर जाने में थोड़ा संकोच हुआ, इसलिए वे फूल तोड़ने के बहाने मल्लिका के उस पौधे की ओट में खड़े हो रहे। उसी समय उरीरै भी घरेलू काम-काज से निपटने के बाद पसीने से भीगने के कारण सुस्ताने की इच्छा से एक छोटा सा पंखा लिए बाहर निकली। चाँदनी में धवल मल्लिका को खिलते देख तोड़ने के लिए पौधे के समीप तक चली आई। पौधे की ओट में कुछ लोगों के छिपे होने का आभास हुआ, तो डर के मारे घर के अन्दर भागने को मुड़ी, तभी वीरेन् ने झट से उठकर "धीरज रखो, घबराओ मत" कहते हुए उरीरै की कलाई पकड़ ली। मुड़कर देखने पर वीरेन् को पाया तो अचानक अति प्रसन्नता से रोमांचित होने के कारण पसीने की बारीक बूँदों से भीगी उरीरै कुछ भी नहीं बोल सकी। जैसे प्रेमी-प्रेमिका मुलाकात के पहले, अमुक-अमुक बात कहने की सोचते हैं, किन्तु जब मुलाकात होती है, तो कुछ भी नहीं कह पाते; वैसे ही उस एकान्त के समय मुलाकात होगी, यह विश्वास न रहने के कारण कोई विशेष तैयारी भी नहीं की थी,–और विशेषकर घर पर तो लड़कियाँ अधिक शर्मीली होती हैं; इसी कारण उरीरै सिर झुकाए चुप रह गई। वीरेन् भी चुप रह गया, शशि भी कुछ नहीं बोला। थोड़ी देर तक वहाँ सन्नाटा छाया रहा। मल्लिका पुष्प का मकरन्द-पान कर रहा एक भ्रमर शायद अपनी हँसी नहीं रोक सका, गुनगुनाते हुए उड़कर चला गया। हवा के मन्द-मन्द चलने से आपस में टकराते पत्ते ऐसे लगे कि जैसे वे ताली बजाकर हँस रहे हों। तारे भी एक-दूसरे को आँख मारते हुए टिमटिमाने लगे। किन्तु तब तक भी उरीरै ने अपना चेहरा ऊपर नहीं उठाया। वीरेन् ने धीरे-धीरे कहना शुरू किया, "इतनी जल्दी भुला दिया ! वारुणी-दर्शन के दिन की मुलाकात, हैबोक् पर्वत के उद्यान में हुआ वादा और मुलाकात–वह सब कुछ ही दिनों में भूल गई हो ! अगर पता होता कि इतनी जल्दी भुला दोगी, तो व्यर्थ में प्रेम की कल्पना करते हुए अपने मन को परेशान नहीं करता।" यह सुनते ही मन से घायल उरीरै ने धीरे-धीरे उत्तर दिया, "एक बार ही सही, कब मेरे यहाँ आओगे, इसी प्रतीक्षा में हूँ। बोलना नहीं आता, इसलिए चुप हूँ।" यह कहकर सिर झुकाए अपना अँगूठा जमीन पर रगड़ने लगी। उसकी यह बात सुनते ही शशिकुमार सिंह (लोग उसे शशि के नाम से पुकारते हैं) ने कहा, "बोलना

आता है या नहीं, इसका साक्षी मैं हूँ–हैबोक् पर्वत के उद्यान में वीरेन् के साथ पहली मुलाकात के दौरान शायद कुछ भी नहीं बोली थी।" यह सुनते ही और भी लज्जा से भरकर सिर पहले से अधिक झुका लिया। साथ में उरीरै की कोई सहेली होती और वह "लड़कियाँ घर पर गूँगी ही होती हैं" कह पाती तो वह उचित उत्तर होता। हैबोक् पर्वत के उद्यान में तो उरीरै की एक सहेली थी–वीरेन् अकेला था, और अब वीरेन् के साथ उसका एक मित्र है और उरीरै अकेली है, इसलिए शर्मीली उरीरै की लज्जा और अधिक बढ़ गई–उरीरै यह प्रकट नहीं कर सकी–वीरेन् और शशि भी नहीं समझ सके। वह उसे भूल गई है, उपेक्षा करने लगी है और भुवन के साथ उसका प्रेम-सम्बन्ध हुआ होगा–ऐसा सोचकर उसके मन को अत्यधिक दुख हुआ। वीरेन् बोला, "भुला दो या नहीं, वचन के अनुसार यह बताने आया हूँ–कल मुझे परदेस जाकर पाँच-छह वर्ष तक वहीं रहना है। विश्वास नहीं कि जब मैं लौटूँगा, तब तुम्हें इस घर में फिर देख भी पाऊँगा ! फिर भी मुझ अभागे की कभी याद आए और देर रात्रि के समय पोखरी के किनारेवाले चम्पा के पेड़ पर बैठकर कोई कोकिल कूके तो समझना कि वो मैं हूँ।" "कल परदेस चला जाऊँगा" यह सुनते ही दुख में डूबी दीर्घ श्वास लेते हुए जब कुछ कहने को हुई, तभी घर में से माँ बार-बार 'उरीरै-उरीरै' पुकारने लगी। वीरेन् और शशि तुरन्त चले गए। उरीरै वीरेन् को नहीं रोक सकी,–हृदय में बिछोहाग्नि का दाह लिए अकेली टुकुर-टुकुर देखती रह गई।

माँ के बार-बार पुकारने पर अन्दर जाने को विवश, किन्तु माँ को पता न चले, इसलिए आँखों की कोरों से बहनेवाले आँसुओं से भीगे दोनों कपोलों को बार-बार रगड़ने-पोंछने के कारण सूजा चेहरा लिए उरीरै घर के अन्दर चली गई। "देर हो गई, खाना पकाओ" माँ की यह बात सुनते ही उसने तुरन्त खाना पकाया। पहले से ही माँ अपनी बेटी के साथ खाना खाती थी, वह कभी अकेली नहीं खाती, इसलिए उरीरै को खाने के लिए बुलाया; उरीरै खाने के पास ही बैठी, लेकिन एक कौर भी ठीक से नहीं खाया। इकलौती बेटी की इस हालत को देखकर माँ-बाप घबरा गए। विभिन्न प्रकार के खाद्य पदार्थ निकालकर दिए, किन्तु उसने 'अस्वस्थ हूँ' कहकर चखे तक नहीं। जिस बेटी को सूर्य और चन्द्रमा की भाँति देखते थे,[1] उसके मुँह से 'अस्वस्थ हूँ' सुनते ही माँ और बाप दोनों का मन अत्यधिक व्याकुल हो उठा। दोनों ने बेटी के अगल-बगल बैठकर पंखा झलना और शरीर को दबाना शुरू किया। माँ-बाप यह नहीं समझ सके कि यह, शरीर को दबाने से ठीक होनेवाला रोग नहीं है। "इस हालत में तो मैं एकान्त में अपने प्रियतम के बारे में कुछ भी नहीं सोच सकूँगी" यह सोचकर उरीरै "मैं कुछ-कुछ ठीक हो गई हूँ, अब सोऊँगी" कहते हुए तुरन्त उठकर अपने बिस्तर पर चली गई। माँ-बाप भी उसका कहा सच मानकर सो गए।

उरीरै ने पूरी रात एक पल के लिए भी आँखें नहीं झपकाईं–सोचने लगी, "कितनी

1. बहुत ही प्यारी सन्तान के लिए प्रयुक्त मणिपुरी मुहावरा, जो हिन्दी मुहावरे 'आँखों का तारा होना' से मिलता-जुलता भाव प्रकट करता है।

अभागी है नारी-जात ! जब वह स्वयं यहाँ आया–जिसके बारे में मैं सोचती रही कि कब उससे एक बार मिल पाऊँगी, तब अपने मन की कोई बात प्रकट नहीं कर सकी। अब तो मिल नहीं पाऊँगी,–अबला होने के कारण उसके साथ भी नहीं जा सकूँगी। अब सन्देह ही कहाँ है, जैसा वह सोचकर गया है, उसी के आधार पर परदेस-प्रवास के दौरान मुझ अभागी को तो भुला ही देगा। हे लज्जा ! तुम बहुत निष्ठुर हो। लोग कहते हैं, लज्जा नारी का अलंकार है,–मेरे हृदय में गुम्फित इस दाह का कारण, लज्जा तुम हो !" यह सब सोचते-सोचते आँखों से बहते आँसुओं से तकिया पूरी तहर भीग गया, काँटों के बिस्तर पर लेटने के समान कष्ट महसूस होने लगा। प्रेम-वियोग का ताप बढ़ जाने के कारण उठकर बिस्तर पर बैठ गई, बहुत कुछ सोचते-सोचते पल-भर के लिए भी आराम न मिलने से इसी आशा से कि कहीं मल्लिका के पौधे के पास शायद वह हो, धीरे से दरवाजे की अर्गला खोलकर देर रात्रि में बाहर निकल आई। तब तक चाँदनी बिखरी हुई थी–चारों ओर तो सन्नाटा छाया था। उरीरै तेजी से मल्लिका के पौधे के पास चली गई, लेकिन वीरेन् वहाँ नहीं था। मल्लिका के पौधे के पास की खाली जगह देख प्रेम-दाह का ताप बढ़ जाने के कारण बोली, "हे मल्लिका ! तुम बहुत निष्ठुर हो ! मैं अबोध, लज्जा के कारण अपने प्रियतम को पकड़कर बाँध नहीं सकी, तो तुम क्या करती रही ? हर रोज तुम्हें पानी से सींचने और तुम्हारे चारों ओर की लिपाई-पोताई करने के बदले यही तुम्हारी कृतज्ञता है ? हे पवन ! व्यर्थ में झाड़ियों के बीच खिलनेवाले फूल की सुगन्ध वहन करते हो ! मुझ अभागिन का दुख भरा सन्देश लेकर मेरे प्रियतम के पास तक एक बार तो जाओ।"

यह कहते हुए उरीरै धरती पर लोटने लगी, लेकिन जब उसे ध्यान आया कि कहीं उसके माँ-बाप को इसका पता चल गया तो, तब उसकी पीड़ा कुछ कम हुई और वह घर के अन्दर चली गई। हे लज्जा ! तुम बहुत बलवान हो ! एक पल के लिए भी निद्रा-देवी मुझे इस पीड़ा से विश्राम नहीं दिला सकी, लज्जा तुमने इस पीड़ा की मात्रा घटा दी। उरीरै फिर सोचने लगी, "सुबह होते ही नारी-जात की सारी लज्जा त्यागकर प्रियतम को एक बार देखूँ !" इस भावना के साथ वह सुबह की प्रतीक्षा करने लगी। खैर, लज्जा और प्रेम-पीर, तुम दोनों में कौन अधिक बलवान होता है, हमें देखना है।

आगे कुआँ पीछे खाई

"मनुष्यों के कोलाहल से दूर
दूर पक्षियों की चहचहाहट से
वन के पेड़-पौधों के समीप बैठ
पहाड़ी तामूना[1] के जैसे स्वर में
गा रही एकाकी व्यथा-गीत।"

---

1. तामूना : तामू-तामू की सुरीली आवाज में बोलनेवाली एक चिड़िया विशेष।

समय का प्रवाह कितना बलवान होता है। पर्वत, प्रभंजन की गति रोक सकता है, बड़ी-बड़ी नदियों की धारा समुद्र बाँध सकता है—लेकिन समय के प्रवाह को रोकनेवाला कौन है ? किस हिमालय में, किस इन्द्रदेव में, किस रावण में समय को क्षण-भर के लिए भी रोकने की शक्ति थी ! बड़े-बड़े सम्राटों की अपार श्री-सम्पदा और गुण-शक्ति को देखते-देखते समय की धारा चलती जाती है, पल-भर को भी खड़ी नहीं रहती; दरिद्र और दीन-दुखियों का दुख-दर्द देखते हुए बहती जाती है। पति-वियोगिनी, सन्तान से बिछुड़े लोगों का विलाप सुनते-सुनते भागती जाती है, थोड़ी देर के लिए भी मुड़कर नहीं देखती। अनेक विराट प्रासाद, अट्टालिकाएँ, फल-फूलों के उद्यान समय के प्रवाह ने खंड-खंड कर दिए ! अनेक उज्जयिनियाँ, हस्तिनापुर समय की धारा में लुप्त हो गए—इतने सारे बड़े-बड़े पर्वत, प्रासाद, पेड़-पौधे, पशु-पक्षी, मनुष्य—सब एक दिन समय की धारा में बह जाएँगे।

इस प्रकार समय किसी की भी प्रतीक्षा नहीं करता—दुखी दुख में बीत जाता है, सुखी सुख में। उरीरै के लिए भी दुख भरी रात्रि बीत गई, सुबह होने लगी। पूर्वी आकाश को उजाले से अलंकृत करते हुए सूर्य हरे पर्वत की ओट से निकलने लगा। पक्षीगण चहचहाने लगा। ङानुथङ्गोङ् पंक्तियों में उड़ने लगे। हिरणियाँ पहाड़ से तराई की ओर भाग आने लगीं। कल की कलियाँ पूर्ण रूप से खिलने लगीं। लैपाक्लै पुष्प, जो कल तक कहीं नहीं दिखाई देता था, अब धरती पर अपने छोटे कद में खिलने लगा। सभी प्राणियों के इस हर्षोल्लास और प्राकृतिक सौन्दर्य को देख मनुष्य के मन में भी खुशी उत्पन्न होती है—उतना ही नहीं, जैसे सुबह के समय लता-बेलों पर नव किसलय अंकुरित होते हैं, वैसे ही मनुष्य के मन में भी नवीन आशा का अंकुर फूटने लगता है। उसी प्रकार के आशा के अंकुर के साथ उरीरै जागकर बिस्तर से उठी।

उरीरै को जागते देख माँ बोली, "बेटी, क्या हुआ, तुम्हारा चेहरा तो फूलने लगा है ?" उरीरै क्या उत्तर देती ! "प्रियतम के खयाल में रात-भर रोती रही हूँ", ऐसा कहती तो सच्चा उत्तर होता। प्रेम-दाह की शिकार होते हुए भी अविवाहित लड़कियों में से कौन इस प्रकार का उत्तर दे सकती है ! उरीरै भी नहीं दे सकी। झूठे उत्तर के साथ 'अस्वस्थ हूँ' कहने के सिवाय कोई चारा नहीं था, किन्तु ऐसा उत्तर भी नहीं देना चाहती, इसलिए उरीरै के सामने चुप रहने के सिवाय कोई उपाय नहीं था। हे लज्जा ! तुम्हारा जाल बिछना शुरू हो गया है न !

दूसरी ओर उरीरै का हृदय प्रेम-दाह से अनवरत जलना शुरू हो गया। सुबह इसी समय वीरेन् को यात्रा करनी है, अगर यह समय निकल गया तो फिर उसे नहीं देख पाऊँगी, ऐसा सोचते ही शरीर को ठंडक पहुँचानेवाली सुबह का समय होते हुए भी पसीने की बूँदें चुचुआने लगीं। संकोच द्वारा लज्जा को सहयोग प्रदान करने से प्रेमी-प्रेमिकाओं को दुख के गह्वर में ढकेल दिया जाता है। प्रेम करने से पहले खुले रूप में पुकारा जा सकता है, निस्संकोच होकर फल या फूल दिया जा सकता है, लेकिन प्रेम हो जाने के बाद यह संकोच रहता है कि उसे पुकारते समय किसी ने सुन लिया तो ! कोई चीज

देने में भी संकोच हो आता है कि कहीं किसी ने देख लिया तो ! इसलिए उरीरै के मन को भी संकोच ने घेर लिया और वह सोचने लगी, "एक लड़की कैसे अकेली जाएगी ?" उरीरै अपने कदम नहीं बढ़ा सकी। उस समय माँ और बाप दोनों उरीरै के पास नहीं थे। अवसर पाते ही प्रेम-प्रवाह द्वारा लज्जा के बाँध को तोड़ दिए जाने पर, "जो भी होगा, होगा, अवश्य जाऊँगी" यह सोचते हुए अपने पाँव बढ़ाए; सड़क पर लोग आते-जाते दिखाई दिए। उन्हें देखकर उसके पाँव रुक गए। सुनसान सड़क पर एक लड़की का अकेली होना सन्देहास्पद होता है। निरुपाय होकर वह हैबोक् पर्वत की ओर चली गई। तब तक वीरेन् और धीरेन्, विदा देने आए मित्रों के साथ चलने के लिए निकले।

हैबोक् पर्वत पहले से ही निर्जन जगह थी। इस पर्वत की चोटी पर चढ़कर उरीरै ने मित्रों के साथ जा रहे वीरेन् को गौर से देखा। अनवरत बहते आँसुओं के कारण वीरेन् को साफ-साफ नहीं देख सकी–पतले कुहरे से नेत्र ढँक जाने के कारण धुँधला दिखाई देने लगा। बिना रुके चलने के कारण वीरेन् यूँ ही दूर होता गया। प्रियतम के चेहरे को साफ-साफ न देख सकने के कारण ऊँचे पर्वत पर चढ़ी होने पर भी उरीरै पंजों के बल उठकर बिना पलकें झपकाए देखने लगी। देखते-देखते वीरेन् एक हरियाले पर्वत के समीप पहुँच गया। उरीरै लम्बी-लम्बी साँसें भरने लगी, उसे क्षण-भर को भी चैन नहीं मिला, लगता था कि अग्नि-कुंड में कूद पड़ी है। उरीरै अपने मन का विरह-दाह भीतर छिपाकर नहीं रख सकी, फूट-फूटकर रोते हुए पर्वत पर ही बेहोश हो गई। हे विरह-दाह ! देर रात्रि के समय, सन्नाटे में, स्वच्छ चाँदनी में, विभिन्न फूलों से भरे उद्यान में या निर्जन वन में तुम अपनी हजारों जिह्वाएँ लपलपाकर वियोगाग्नि में तपते प्रेमी-प्रेमिकाओं के हृदय चीरकर रक्त चूसते हो, लेकिन जहाँ लज्जा का राज्य है, वहाँ तुम घुस नहीं सकते। उरीरै को निर्जन में पाकर तुमने उसका रक्त चूस लिया, है न !

हे लज्जा ! भीड़-भाड़वाले स्थान या सम्मानित लोगों के साथ होते समय तुम किसी को भी अपने जाल में फाँस लेती हो, लेकिन निर्जन स्थान पर तुम किसी के समीप भी नहीं पहुँच सकतीं।

थोड़ी देर बाद जब होश आया, तो उरीरै फिर वीरेन् को देखने लगी, किन्तु नहीं देख पाई। एक पर्वत ने निष्ठुर राक्षस की भाँति उसकी प्रेम भरी दृष्टि को रोककर वीरेन् को अपनी ओट में छिपा लिया।

पहले वीरेन् विदा देने आए मित्रों के संग जा रहा था। अब वे सब लौटने के लिए आज्ञा माँगने लगे। वीरेन्द्र सिंह और धीरेन्द्र सिंह दोनों ही रह गए।

चलते-चलते दोनों विद्यार्थी मणिपुर की सीमा पर स्थित एक ऊँचे पहाड़ की चोटी पर पहुँच गए और वहाँ से एक बार अपनी जन्मभूमि को देखा। दूर ऊँचाई से देखने के कारण दृश्य रम्य लगा, कभी अपनी मातृभूमि से बाहर न निकलने के कारण मातृभूमि बहुत प्रिय लगी और पहाड़ का मनोरम दृश्य–इन सबके साथ अपने-अपने हृदय मातृभूमि में ही छोड़कर चले आने के कारण दोनों विद्यार्थियों के मन में अत्यन्त दुख

उत्पन्न हुआ। "वह बाजार है", "वह नदी है", "वह हमारा गाँव है" ऐसा कहते हुए उँगली से संकेत करके देखने लगे। जब वीरेन् ने नोङ्माइजिङ् पर्वत को देखा, तो उसने उरीरै के लिए जितना कष्ट सहा था, उसकी याद करके दूर छूट गई उरीरै के लिए आँखों से आँसू बहाए। उसके बाद हैबोक् पर्वत, जन्मभूमि काँचीपुर को देखा तो उरीरै से बिछुड़ने के दुख के साथ-साथ मन में और क्या-क्या सोचने लगा, इसी कारण वह आँसुओं से भीग गया। तब धीरेन् ने पूछा, "मित्र किस दुख के कारण इतना रो रहे हो ?" वीरेन् ने उत्तर दिया, "घर पर अपने माँ-बाप और छोटे-छोटे भाई-बहनों को छोड़कर चले आने के बारे में सोचते ही मन बहुत व्याकुल हो उठा है। इसलिए रो रहा हूँ !" सचमुच तो, वीरेन् ने उरीरै के लिए आँसू बहाए थे। धीरेन् के मन में भी कुछ-कुछ शर्मिन्दगी महसूस हुई।

दोनों विद्यार्थी कलकत्ता पहुँच गए। अकर्मण्य जीवन अत्यन्त दुखदायक होता है। बिना विश्राम किए अपने कर्तव्य में विशेष रुचि रखनेवाले व्यक्ति के मन में दुख आसानी से प्रवेश नहीं कर सकता। वीरेन् की इच्छा थी कि वह अपने मित्रों से अधिक श्रेष्ठ, योग्य और चर्चित विद्यार्थी बने, इसीलिए अपने अध्ययन में अधिक रुचि लेने के कारण वह उरीरै को कुछ-कुछ भूलने लगा। विदाई के समय उरीरै की लज्जा और उरीरै के मन को ठीक से न पहचान सकने के कारण वीरेन् का हलका गुस्सा, इसी वजह से वीरेन् उरीरै को कुछ हद तक भुला सका। और इसीलिए उरीरै को पूरी तरह भुला न सकने पर भी विरह-दाह पहले के जैसा तेज नहीं रहा। दोनों मित्रों ने निश्चय किया कि जब तक कॉलेज की अन्तिम परीक्षा नहीं दे देंगे, तब तक अपनी मातृभूमि नहीं लौटेंगे।

शत्रुता

काँचीपुर में एक धनवान व्यक्ति रहता था, उसका असली नाम धनंजय सिंह था, किन्तु चूड़ाकरण-संस्कार के दिन जब नाई ने उसके बाल गिने तो मात्र चौदह पाए, उसके सिर का आकार त्रिकोण की तरह, ललाट उभरा हुआ और पिछला भाग सपाट था। इसलिए लोग उसे 'मशुङ् अहुम्'—अर्थात् 'तीन फाँकवाला', उपाधि से अलंकृत कर विशेष रूप से सम्मानित करते थे। वह धनवान ही नहीं था, बल्कि उसके लिए ऐसा कोई भी काम नहीं था, जिसे वह चुपचाप नहीं करवा सकता था। दूसरों के घरों में आग लगा देना, रात में नौकरों को भेजकर दूसरों के घर लुटवाना, यही सब उसका काम था। इस आदमी का एक योग्य और गुणवान पुत्र भी था; उसका नाम भुवनचन्द्र सिंह था, लेकिन लोग उसे सिर्फ भुवन और औरतें फुबन् कहकर पुकारते थे। पाठकगण इस युवक का परिचय पहले ही प्राप्त कर चुके हैं, जब वह एक युवती को उठाकर ले जा रहा था। इसलिए उसके गुणों और शक्ति का विशेष बखान न करते हुए भी पाठक उसे पहचान गए होंगे। इस गुणवान पुत्र के कारण धनंजय सिंह को लोग 'भुवन का बाप' के नाम से जानते थे।

भुवन के बाप ने यह सुनकर कि उरीरै बहुत खूबसूरत युवती है और यह जानकर कि उसका पुत्र भुवन उसे बहुत चाहता है, उरीरै के माता-पिता के पास जाकर उसे अपनी बहू बनाने का प्रस्ताव रखा था, किन्तु गुणवान बाप-बेटे से नाता जोड़ने की अनिच्छा से उरीरै के माता-पिता ने उस प्रस्ताव को ठुकरा दिया था। इसी कारण क्रोधित होकर भुवन के बाप ने उनको नुकसान पहुँचाना शुरू कर दिया। याओशङ्[1] का त्योहार नजदीक आ जाने पर अपने नौकरों को चुपचाप होली की तैयारी करनेवाले लड़कों की टोली में शामिल करके देर रात्रि में उरीरै के घर को आग लगवा दी। माता, पिता और उरीरै, तीनों बाल-बाल बच गए। किन्तु उनका घर, ओसारा, गोशाला, अन्न-भंडार–सब कुछ राख में बदल गया। तब से उरीरै का परिवार दिन-ब-दिन दरिद्र होता चला गया। लोगों का कर्ज सिर पर चढ़ने लगा। आखिर, स्वयं उठने से पहले ही वसूलनेवाले लोग आकर उन्हें जगाने लगे। इसी वजह से बहुत दुखी होकर उरीरै का पिता परदेस पैसा कमाने चला गया। करीब तीन वर्ष बीत गए, उसकी ओर से कोई समाचार नहीं मिला। एक दिन एक तार के माध्यम से परदेस में उरीरै के पिता की मृत्यु का सन्देश मिला। माँ और बेटी इस दुख-भरे सन्देश को सुनकर खूब रोईं। अन्ततः अपना बचा-खुचा सम्मान, गहने आदि बेचकर श्राद्ध-कर्म सम्पन्न किया। अब भुवन और उसके बाप की खुशी का ठिकाना न रहा।

उरीरै की आशा

आशा की सम्मोहक शक्ति विलक्षण होती है। आशा-दीप की धुँधली रोशनी में मनुष्य इस अन्धकारपूर्ण संसार के मार्ग पर चलता है। अगर आशा मुस्कुराते हुए मनुष्य के मन को मोहित नहीं करती, तो इस संसार में मनुष्य का दुख-दर्द और अधिक बढ़ जाता ! जैसे धूप में यात्रा करनेवाला यात्री घने पत्तोंवाले पेड़ की छाया में विश्राम कर अपनी थकान कुछ कम करता है, वैसे ही इस संसार में चलने-फिरनेवाले सभी जीव आशा की छाँव में विश्राम कर अपना दुख-दर्द कुछ कम करते हैं। दरिद्रता की अन्तिम सीमा पर पहुँचा, दिन में खाकर रात में उपवास रखनेवाला, चीथड़े पहनकर जीनेवाला

1. याओशङ् : मणिपुर में सम्पन्न होनेवाला होली का त्योहार। इस त्योहार के लिए हर मोहल्ले में लड़कों की टोली बनती है। टोलियों में शामिल लड़के रात में मोहल्लेवालों के बगीचों से बाँस, साग-सब्जी आदि की चोरी करते हैं। याओशङ् में जगह-जगह पर जलाने के लिए झोंपड़ियाँ बनाई जाती थीं। यह गौरांग महाप्रभु के जन्म की घटना से सम्बन्धित है। चोरी किए गए बाँस पूर्णिमा के दिन जलाने के लिए झोंपड़ी बनाने के काम आते हैं। और साग-सब्जी पकाकर खाए जाते हैं। इससे लड़कों के दल बहुत आनन्दित होते हैं। मालिक पता चलने पर लड़कों को भगाते हैं, किन्तु इस चोरी का वे बुरा नहीं मानते। आजकल चोरी की यह प्रथा बन्द हो गई है। मणिपुर में होली के दिनों में पैसे माँगने की प्रथा भी प्रचलित है। छोटे-छोटे बच्चे घर-घर जाकर पैसे माँगते हैं। युवतियाँ सड़क पर आने-जानेवाले युवकों और अन्य पुरुषों से पैसे माँगती हैं, न देने पर जबर्दस्ती छीन लेती हैं। प्राप्त पैसों से सहभोज तथा 'थाबल्चोङ्बा' नाम से एक लोक-नृत्य का आयोजन होता है। चाँदनी रात में सम्पन्न होनेवाले इस लोक-नृत्य में युवक-युवतियाँ भाग लेते हैं।

व्यक्ति भी यही आशा पालता है कि किसी दिन वह भी सम्पन्न बनेगा–रोग के दर्द से दिन-रात रोने-चिल्लानेवाला, हड्डियों पर मात्र खाल ढँका रोगग्रस्त व्यक्ति भी यह आशा करता है कि एक दिन उसमें भी वही पुरानी शक्ति लौट आएगी–निस्सन्तान होने के कारण अपने बच्चों की किलकारी कभी न सुन सकनेवाले दम्पति भी यही आशा करते हैं कि कभी वे भी सन्तानवाले होंगे। आशा, वृक्ष के किसलय जैसी होती है। एक बार तोड़ दिए जाने-भर से वह पूर्णतः नष्ट नहीं होती, फिर नया किसलय निकल आता है। अगर पहले का किसलय तोड़ दिए जाने पर यूँ ही सूख जाता है तो प्रिय सन्तान के–जिस सन्तान को देखकर मनुष्य आशाओं के कई उद्यान तैयार करता है, मर जाने के बाद कोई माँ-बाप जिन्दा नहीं रह पाते। आशा का किसलय फूटने और समय की धारा में सामाजिक दुख-दर्द प्रवाहित हो जाने के कारण मनुष्य का मन ज्यादा समय तक दुखी नहीं रहता। आशा के सहारे शकुन्तला परित्यक्ता और निराश्रय होते हुए भी वन में पेड़-पौधों के बीच जीवित रह पाई थी–पति की अनुपस्थिति में नाव से व्यापार करनेवाले द्वारा पकड़ी गई चिन्ता देवी भी किसी तरह जिन्दा रह पाई थी–सावित्री ने भी मृत पति को अपनी बाँहों में बाँधे रखा था–ऐसे ही उरीरै भी आशा के बल पर मन का दाह अन्दर छिपाकर रख सकी और वीरेन् को पुनः देख पाने की आशा के सहारे जीवित रह सकी। जब तक मृत्यु नहीं आती, तब तक मनुष्य की आशा कभी शेष नहीं होती; मृत्यु ही आशा की सीमा है।

काँची का कोकिल

"बिम्बाफल हो क्या बँसवाड़े के ?
फूल की शाखा से लिपटे साँप हो क्या ?
कीड़े हो क्या पके फल में लगनेवाले ?
देर रात्रि में कूकनेवाले कोकिल हो क्या ?"

शरद पूर्णिमा की उज्ज्वल रात्रि थी। पूर्णचन्द्र की ज्योत्स्ना ने इस धरा को धवल चादर की भाँति पूरी तरह ढँक लिया था। दूर के पहाड़ हलके बादलों ने ढँक लिए थे। रात्रि काफी गहरा गई थी। काँचीपुर के प्रत्येक घर में स्त्री-पुरुष, बच्चे-बूढ़े, युवक-युवती–सब-के-सब निद्रा की गोद में चले गए थे। हर जगह सन्नाटा छाया था। बीच-बीच में सूखे पत्तों के गिरने और करवट बदलनेवाली चिड़ियों के अचानक चहचहाने के स्वर के सिवाय दूसरी कोई ध्वनि सुनाई नहीं पड़ रही थी। पशु-पक्षियों के बन्द शोरगुल, निर्जीव-से चुपचाप खड़े सारे पेड़-पौधे, नीरव रात्रि में सभी जीवों के नींद में पड़े होने के समय प्रेम-पीड़ा से ग्रस्त उरीरै एक जीर्ण-शीर्ण झोंपड़ी के भीतर बाँस की पट्टियों से बने पलंग पर बैठकर आँखों की कोरों से आँसू बहा रही थी। उस गहन रात्रि में विराट आकाश में चन्द्र-देव शायद तन्हाई में अकेले निकलकर इस बेचारी के लिए दुख प्रकट कर रहे थे ! चाँदनी की किरणों के दीवार के छेद में से होकर अन्दर

चले आने से आँसुओं से भीगे दोनों कपोल चमकने लगे। ''वीरेन् को फिर कब देख सकूँगी'' इसी विचार में वह डूबी रही और उसके हृदय-पटल पर ''देर रात्रि के समय पोखरी के किनारेवाले चम्पा के पेड़ पर बैठकर कोई कोकिल कूके तो समझना कि वो मैं हूँ'', विछोह के समय कही गई यह अन्तिम बात बार-बार उभरने लगी। जन्म से उसने कोकिल को नहीं देखा, कूकते समय उसका स्वर कैसा होता है, यह भी उसने कभी नहीं सुना, फिर भी जब उसने जाननेवाले लोगों से पूछा तो उनके बताने से कोकिल के रंग, रूप और स्वर के बारे में मन-ही-मन कल्पना करना शुरू किया और कोकिल उसे अपने मन का बहुत प्रिय पक्षी लगा, कोकिल के बारे में बात करना उसके दुख को कम करने का सहारा बन गया। मन में बार-बार सोचने के कारण कोकिल का रूप और सुर उसके मस्तिष्क में अंकित हो गए। ऐसा लगने लगा कि आँखें बन्द करते ही कोकिल उसके सामने इधर-उधर उड़ रहा हो।

इस प्रकार उसका मन कोकिल के विचारों में डूबा हुआ था, तभी अचानक घने पत्तों के बीच में से किसी पक्षी का मधुर स्वर 'कुहू' सुनाई पड़ा। नीरव रात्रि में वह स्वर विशाल आकाश में विलीन हो गया। पुनः ऊँचे सुर में घने पत्तों को प्रतिध्वनित करता हुआ 'कुहू' स्वर सुनाई पड़ा। उस स्वर को सुनते ही उसका सारा शरीर रोमांचित हो उठा। वह तुरन्त खड़ी हो गई और ''इस रात्रि में मेरे हृदय को बींधकर बोलता जा रहा यह कौन पक्षी है ?'' कहते हुए अपना मुख-कमल टेढ़ा करके दीवार के छेद में से बाहर देखने लगी। इस बार फिर मन-मोहक स्वर 'कुहू' सुनाई पड़ा। उरीरै का मन बेचैन हो गया। वह सारा नारी सुलभ भय-संशय त्यागकर बाहर भाग निकली और उस कोकिल को पकड़ने के विचार से उस ओर दौड़ी, जहाँ उसकी कूक सुनाई पड़ी थी। हाय ! वह कूक दोबारा नहीं सुनाई पड़ी।

क्या पता, बीरेन् की आत्मा कोकिल बनकर उड़ आई हो, या किसी पक्षी के बोलने को उरीरै का हृदय कोकिल समझ बैठा हो, या उरीरै का दुख बढ़ाने हेतु किसी अज्ञात नियति के चलते सचमुच ही कोकिल उड़ आई हो, उरीरै ने तो स्पष्ट रूप से ही 'कुहू' स्वर सुना था। उस समय उरीरै को जो दुख हुआ, वह उसके मन ने महसूस किया– किन्तु कौन जाने, भाषा की अपूर्णता हो, या पूर्णता हेते हुए भी उसका सहयोग न मिला हो, उरीरै का यह दुख वैसा चित्रित नहीं हो सका है, जैसा उसके मन ने महसूस किया था। पंखहीन की आकाश में पड़ने की इच्छा और अन्धे की प्राकृतिक सौन्दर्य देखने की लालसा के समान अवाक् होकर उरीरै के दुख को प्रकट करने का यह प्रयास व्यर्थ ही था।

प्रवेश-द्वार के पास एक बड़ा सा लम्बा जलाशय था। उसके चारों ओर का घेरा लगभग आधा मील था। चारों ओर के बड़े-बड़े पेड़ों के कारण जलाशय भीम तमसाकार दिख रहा था। पश्चिमी किनारे पर खड़े चम्पा के विशाल वृक्ष की जलाशय की ओर झुकी एक बड़ी डाली पत्तों के बोझ से पानी को छू रही थी। लोग कहते थे कि इस जलाशय में अजगर है।

प्रेम-वियोग के दाह में बावली-सी, प्रियतम की कल्पना में डूबी मन्थर गति से चलनेवाली और कोकिल पकड़ने की इच्छा से व्याकुल उरीरै जलाशय के किनारे तक चली गई। "प्रियतम ने चम्पा के इस वृक्ष की ओर उँगली से इशारा किया था" यह सोचकर ठंड भरी रात्रि होते हुए भी, चम्पा के नीचे बैठकर दर्द कम होगा, इस विचार से वहाँ जाकर बैठ गई। उसी समय वह पक्षी चम्पा की डाली पर दीर्घ स्वर में 'कुहू-कुहू' कूकने लगा। कूक सुनते ही उरीरै जैसे बहुत दिनों से खोए हुए वीरेन् को पुनः पा गई हो, आनन्दित होकर कमलकन्द जैसी कोमल अपनी दोनों बाँहें उठाकर कहने लगी, "आ जाओ कोकिल, एक बार नीचे उतर आओ; मेरी इसी पापी बाँह पर बैठकर बेधड़क कूको। तुम्हें अपने हृदय से चिपटाकर प्रियतम-वियोग की यह पीड़ा शान्त करूँगी; सोच लूँगी, मैंने प्रियतम की सेवा की है। आ जाओ, कोकिल, एक बार नीचे आओ !" निष्ठुर पक्षी ने अपने स्वर से भी अधिक कोमल वाणी में आँसू की बूँदों के साथ की गई प्रार्थना नहीं सुनी। मुँह खोलकर बेधड़क बार-बार कूकता रहा। देर तक प्रतीक्षा करने के बाद भी पक्षी के नीचे न आने से उरीरै ने मन-ही-मन पक्षी को पकड़ने की सोची। उसके मन को अत्यधिक दुख हुआ। चढ़ सकेगी या नहीं, इसका खयाल किए बिना वह चम्पा के वृक्ष पर चढ़ने की कोशिश करने लगी। युवती थी, चढ़ना तो उसे आता नहीं था, इसलिए दो-तीन बार नीचे गिर पड़ी–फिर भी उसने कोशिश नहीं छोड़ी, अन्ततः बहुत डालियोंवाला वृक्ष होने के कारण धीरे-धीरे चढ़ते हुए वह एक घने पत्तोंवाली डाली पर पहुँच गई। तब तक पक्षी का कूकना बन्द नहीं हुआ था, वह जी-भर ऊँचे स्वर में कूक रहा था। पाठक ! शरद की पूर्ण चाँदनी में प्रेम-वियोग से बावली इस उरीरै का जरा खयाल कीजिए। लता-वृक्ष से लिपटने लगी। बेमौसम चम्पा के वृक्ष पर फूल खिलने लगे। कोकिल आकर बैठ गया। एक क्षण के लिए वहाँ वसन्त का आगमन हो गया। जिस घने पत्तोंवाले वृक्ष पर कोकिल आकर बैठा था, पल-भर के लिए फूल खिल गया था, उसी वृक्ष का प्रतिबिम्ब जलाशय के जल में पड़ गया। क्षण-भर के लिए हवा की गति रुक गई। सारे पेड़-पौधे पल-भर बाद घटित होनेवाले दुख को पहचानकर चुपचाप खड़े रह गए। समस्त तारे प्रेम-वियोग की इस चरम पीड़ा को देखकर थर-थर काँपने लगे। चन्द्र-देव से यह दुख नहीं देखा गया, इसलिए वे पश्चिमी पर्वत की ओट में चले गए।

पकड़ने के लिए ऊपर तक चढ़कर उरीरै के हाथ फैलाते ही वह पक्षी उड़ गया और जलाशय की ओर फैली डाली की फुनगी पर जा बैठा। पकड़ने की कल्पना से खुशी थी, किन्तु पक्षी के उड़ जाने से उरीरै का मन निराशा से भर गया। उसने होंठ चबा लिए। कोमल और सुकुमार चेहरे ने पल-भर में क्रोधित रूप धारण कर लिया। अच्छे-बुरे का ज्ञान नहीं रहा। वह दोनों हाथ फैलाए डाली पर पक्षी की ओर भाग चली। आह ! पक्षी नहीं पकड़ सकी, पैर फिसल जाने से जलाशय के बीचों-बीच गहरे जल में 'झम्' से गिर पड़ी। असहाय लहरें बार-बार किनारे से टकराने लगीं।

डाकू-दल

उरीरै के बाहर निकल आने के कुछ देर बाद ढाटे बाँधे, काले कपड़े पहने पाँच-छह हथियारबन्द लोग पहले से ही खुले द्वार से उरीरै के घर में घुसे। वे दीपक जलाकर घर में कुछ ढूँढ़ने लगे। वे उरीरै को ढूँढ़ रहे थे। उन डाकुओं में से किसी ने दीपक की रोशनी में बाँस की पट्टियों से बनी खाट पर बिछे फटे कपड़े पर चिन्ता के बोझ से दुबली थम्बाल् को सोते देखा। डाकुओं ने "यह तो उसकी माँ है" कहते हुए दूसरी जगह ढूँढ़ा। उरीरै का बिस्तर मिल गया, लेकिन वहाँ उरीरै नहीं थी। वह कहाँ छिपी होगी, यह सोचकर कोने-कोने में, जगह-जगह सामान-वामान उठाकर खोजने लगे कि कहीं उसी में तो नहीं है। उरीरै के कहीं न मिलने से उनमें से कुछ लोगों ने वापस आकर सोई हुई थम्बाल् को बाल खींचते हुए उठाया, जब वह हड़बड़ाकर आँखें मलते हुए उठी तो उनके डरावने चेहरे देखकर घबरा गई। डाकुओं ने थम्बाल् को बार-बार पीटते हुए पूछा, "तुम्हारी बेटी कहाँ छिप गई है ?" वह पीड़ा से चिल्लाते हुए रोने लगी, तो दो-तीन डाकुओं ने उसके मुँह में कपड़ा ठूँस दिया और उसका रोना बन्द होते ही बार-बार चीखते-धमकाते हुए कहा, "अपनी लड़की हमें सौंप दो।" थम्बाल् ने विनती की, "मैं बार-बार तुम लोगों के पैर पड़ती हूँ, चाहे इस घर का सारा सामान ले जाओ, पर मेरी उरीरै को छोड़ दो।" डाकुओं ने उसकी बात पर ध्यान न देते हुए बार-बार पीटकर उरीरै के बारे में पूछा, तो उसने उत्तर दिया, "तुम लोग चाहो तो मुझे मार डालो, उरीरै को बर्बाद मत करो।"

देर रात्रि में घर से बाहर निकल जाने से उरीरै डाकुओं के हाथों नहीं पड़ी है, यह न जानने के कारण थम्बाल् अपनी बेटी को बचाने के लिए उन दुष्टों से बार-बार याचना कर रही थी–किन्तु बलि के लिए देवमूर्ति के सामने लाए गए बकरे के रोने-चीखने पर भी जैसे दर्शक उसे बचाने के बदले अत्यधिक आनन्द महसूस करते हैं, उसी प्रकार पहले से ही ऐसे निर्दय कर्मों में लिप्त उन डाकुओं के मन में–थम्बाल् के रोने-चीखने का स्वर सुनते हुए भी–दया-भाव जाग्रत नहीं हुआ, उन्हें तमाशे जैसा लगा। बार-बार पीटे जाने पर भी थम्बाल् ने उरीरै के बारे में कुछ नहीं बताया, तो डाकुओं ने उसे लहू-लुहान करके मुँह में कपड़ा ठूँस दिया और बाहर निकल गए। हे ईश्वर, तेरे इस जगत में ऐसे निष्ठुर लोग और कितने होंगे ! ऐसा दुख-दर्द कितनी बार देखना होगा !

रक्षा

उरीरै का देर रात्रि में घर से बाहर निकलना, कोकिल का पीछा करना, उसका स्वगत कथन, वीरेन् के प्रति उसका अपार प्रेम–यह सब देखते और सुनते एक व्यक्ति मिट्टी की दीवार की ओट में खड़ा था। उरीरै को कोकिल पकड़ने के लिए वृक्ष पर चढ़ते देख, उस व्यक्ति के मन को अत्यधिक प्रसन्नता हुई। वह व्यक्ति चुपचाप, उरीरै के नीचे उतर आने पर 'पेड़ पर चढ़नेवाली लड़की', 'प्रेतनी की तरह रात्रि में घूमनेवाली लड़की' आदि

शब्दों में मजाक करने और चिढ़ाने के लिए तैयार था। किन्तु वृक्ष से नीचे उतरने के बदले उरीरै को जलाशय के बीचोंबीच गिरते देखा तो तमाशे का वह दर्शक तुरन्त जलाशय में कूद पड़ा और तैरते हुए वहाँ तक गया, जहाँ उरीरै गिर पड़ी थी। तब तक उरीरै करीब-करीब डूब चुकी थी। उस व्यक्ति ने एक हाथ से उरीरै का हाथ पकड़ा और दूसरे हाथ की सहायता से पानी में तैरते हुए उसे बाहर खींचने लगा ! किन्तु कब तक इस प्रकार खींचता ? आदमी के कद से भी गहरा, बड़ा सा जलाशय था। थक जाने पर थोड़ी देर पैर टिकाकर खड़े रहने की जगह भी नहीं थी–किनारा भी बहुत दूर था। पहले उरीरै अकेली पानी पीती थी, अब वे दोनों ही पानी पीने लगे और कुछ-कुछ डूबने भी शुरू हो गए। ''मर भी जाऊँ, लेकिन उरीरै को नहीं छोड़ूँगा'' यह सोचकर उस व्यक्ति ने उरीरै को नहीं छोड़ा। अन्ततः खूब पानी पीने के कारण दोनों चेतना-शून्य हो गए और अलग-अलग डूबने-उतराने लगे। यह व्यक्ति कोई और नहीं–वीरेन् का अन्तरंग मित्र शशि था ! वीरेन् की आज्ञानुसार वह उरीरै का ध्यान रखता आया था।

यह सोचकर कि उरीरै कहीं छिप गई है, डाकू-दल उसे खोजते हुए जलाशय के पास आया तो उन्होंने दो व्यक्तियों को डूबते-उतराते पानी पीते तैरते हुए देखा। अपने सरदार की आज्ञानुसार डाकुओं ने जलाशय के किनारे पर पड़े हुए वृक्ष के एक बड़े लट्ठे को जलाशय में गिरा दिया, और उसी के सहारे एक-एक करके उतरकर दोनों को ऊपर खींच लाए। ऊपर पहुँचने के बाद यह जानने पर कि उन दोनों में से एक उरीरै है, एक डाकू बोला, ''शायद छिपने की कोई जगह न मिली हो, सर्दी के मौसम में रात में जलाशय के बीच छिपने का क्या परिणाम निकला ?'' दूसरे ने उत्तर दिया, ''यह लड़की क्या जानती होगी, कुबुद्धि इस युवक की होगी, उसे इसका दंड भुगतना पड़ेगा।'' यह कहते हुए शशि को ढाटा बाँध दिया, उसे अपने कपड़े पहना दिए और 'मरना है तो मरने दो' कहकर जलाशय के किनारे ही छोड़ दिया। वे उरीरै को लेकर काँची के जंगल के भीतर चले गए और सूखे पत्ते इकट्ठा करके जलाते हुए उसे तपाया। विभिन्न उपायों के सहारे उरीरै कुछ-कुछ होश में आ गई। जब उरीरै को होश आया, तब गरीब माँ द्वारा पली होने पर भी इकलौती होने के नाते रूठते हुए अपना दुख-दर्द प्रकट करके रोते-चीखते उसने इधर-उधर देखा तो पाया–वहाँ उसके रूठनेवाला घर नहीं था, घनी झाड़ियोंवाली जगह थी–जिससे रूठती थी, वहाँ वह माँ नहीं थी, छद्मवेशी दरिन्दे चारों ओर से घेरे हुए थे। उसे याद नहीं आई कि वह कैसे वहाँ पहुँची। डाकुओं के बीच छद्मवेशी भुवन को देखते ही यह सोचकर कि उसके आदेश से ही यह दुर्घटना हुई होगी, वह सारा भय त्यागकर पैर के नीचे आए साँप की भाँति फुफकारने लगी। कुछ देर तक गुस्सा करने के बाद यह खयाल आते ही कि ''मेरे पीछे, निर्बल माँ के सिवाय कोई भी नहीं, गुस्सा करने से कोई फायदा नहीं होगा'' उसने अपने को शान्त किया और कोमल स्वर में पूछा, ''मुझ अबला को इन घनी झाड़ियों के बीच क्यों लाए हो ?'' भुवन ने उत्तर दिया, ''कमल जैसी प्रतीत होनेवाली हे प्रियतमा ! जब तुम जलाशय में डूबकर अजगर के मुँह में समाकर मरनेवाली थी, तब मैंने प्राणों की परवाह किए बगैर तुम्हें

पानी से निकालकर बचाया। अब अपनी सारी धन-सम्पत्ति, सोना-चाँदी, रुपया-पैसा, नौकर-चाकर, सब तुम्हें सौंप दूँगा, प्रतिदिन पुष्पमाला के रूप में अपना प्रेम तुम्हें पहनाऊँगा, पहले का समस्त क्रोध त्यागकर मुझसे प्रेम करो।'' यह सुनते ही उरीरै बोली, ''भुवन भैया, मुझे पानी से न निकालकर यूँ ही मरने देते, तो मेरे दुख-भरे जीवन को जल्दी समाप्त करने के लिए मेरी आत्मा तुम्हारा यश गाती या मुझे पानी से निकालकर मेरी अभागिनी माँ को सौंप देते, तो हम गरीब माँ-बेटी, अहसान न चुका सकने पर भी ईश्वर से तुम्हारे मंगल के लिए प्रार्थना करतीं। अब मुझे चाहने के कारण तुम मुझे पानी में से निकालकर इस वन में लाए हो, लेकिन जब तक इस जगत में सूर्य और चाँद रहेंगे, तब तक तुम मेरे हृदय को कभी नहीं पा सकोगे। मुझे जल्दी छोड़ दो, मैं अपनी घबराई माँ के पास चली जाऊँगी।'' यह सुनते ही भुवन क्रोधित होकर बोला, ''मेरी बात चुपचाप मान जाओगी तो तुम्हारी खैर होगी, वर्ना तुम्हें बाँधकर डाल दूँगा, तरह-तरह से सताऊँगा, धूप में सुखाऊँगा, गिद्ध और कौवे जैसे मांसाहारी पक्षियों की खुराक बना दूँगा, जीते जी तुम्हारी चमड़ी उतरवाकर जूते बनवाऊँगा।'' यह सुनते ही उरीरै भी सिंहनी की भाँति गरजकर बोली, ''चोर कहीं के ! यह जानते हुए भी कि तुमसे भी बढ़कर कोई है, मुझे पकड़ते हो ? तुम सोचते हो, मृत्यु के डर से मैं अपना हृदय बदल लूँगी ! तुम तो फूल की डाली पर लिपटनेवाले साँप हो ! पके फल के अन्दर के कीड़े हो ! तुम्हारे मन में दया की एक बूँद भी नहीं ! तुम सचमुच एक प्रणयी होते तो समझ लेते कि प्रेम के मार्ग में मृत्यु पुष्पों की डोली पर बैठने के समान है। अगर तुममें साहस हो, तो मुझे इस बन्धन से मुक्त करो, एक-एक तलवार लेकर प्रेम की परीक्षा हो जाए।'' तब भुवन के ''यह अब तक सीधी नहीं हुई है'' कहकर संकेत करते ही डाकुओं ने उरीरै के हाथ-पैर बाँध दिए। उरीरै निरुपाय होकर घर पर छूट गई माँ और मरे हुए पिता को पुकारकर जोर से रो पड़ी और बार-बार सारे दुख को हरनेवाले श्रीमधुसूदन का नाम लेने लगी।

उसी समय बाल बिखराए, जीभ फैलाए कन्धे पर तलवार रखे रणचंडी भैरवी जैसी लगनेवाली एक युवती, ''अच्छा, आज तो ठहरो, तुम लोग जरा रुको'' कहते हुए उसी ओर भागते हुए आई। पहले से ही लोगों का विश्वास था कि उस जगह हियाङ् अथौबा[1] निकलता है, इसलिए लोग उधर नहीं जाते थे। भुवन का दल युवती को हियाङ् अथौबा समझकर भाग गया। देवी स्वरूपा उस युवती ने तुरन्त उरीरै के बन्धन खोल दिए और ''उरीरै, तुम एक सप्ताह इस वन में रहकर भगवान की अराधना करो, सप्ताह पूरा होते ही हम दोनों फिर मिलेंगी और तब तुम्हारा सारा दुख दूर हो जाएगा'' कहकर भविष्य की आशा दिखाते हुए बिजली की कौंध की भाँति एकाएक उसी वन में खो गई।

सुबह होने पर जब उरीरै की माँ पगली-सी बाहर भागकर आई, तब काले कपड़े पहने, ढाटा बाँधे एक युवक को जलाशय के किनारे लेटे देख उसके पास जाकर, ''मेरी

1. हियाङ् अथौबा : पिशाच, जो लोगों को परेशान करता है। ऐसा अनुमान किया जाता है कि कभी-कभी यह लोगों की हत्या तक कर देता है। अतः इसका नाम लेते ही लोगों के मन में डर पैदा हो जाता है।

बेटी दो, मेरी बेटी ला दो'' कहते हुए लोट-पोट होकर रोने लगी। उस समय शशि को कुछ-कुछ होश आ गया था। वह बड़ी मुश्किल से उठकर बैठा। उसने उरीरै का रात में अकेली बाहर निकलकर चम्पा के पेड़ पर चढ़ना, पेड़ पर से पानी में गिरना, उसके द्वारा बचाने का प्रयास करना, उन दोनों का पानी में डूबना–यह सब क्रम से कह सुनाया। उसके बाद यह भी बताया कि कैसे जलाशय के किनारे पर पहुँचा, कैसे उसका वेश बदल दिया गया, उरीरै मर गई या जीवित है, यह सब उसे कुछ भी मालूम नहीं था और यह सब उसे स्वप्न तथा प्रेतनी के प्रभाव जैसा लगा। एक-एक, दो-दो करके वहाँ भीड़ जुट गई। बहुत सारे लाल पगड़ीवाले भी आ पहुँचे। यह सोचकर कि अगर शशि की बात सही है तो उरीरै का शव जलाशय में मिलना चाहिए, बहुत खोज की गई, किन्तु नहीं मिला। इस घटना को सुननेवाले सभी लोग अचम्भित हो गए और कोई भी इस रहस्य की गुत्थी को नहीं सुलझा सका। इस सन्देह के आधार पर कि शशि (उरीरै की माँ के कथनानुसार) उन हत्यारों में से एक है, पुलिस ने उसे तब तक के लिए जेल भेज दिया, जब तक असली हत्यारे का पता न चल जाए। अफसोस ! इस जगत में निरपराध को भी कभी-कभी इस प्रकार की बेइज्जती और हार का सामना करना पड़ता है ! शशि ''मैं स्वप्न-प्रताड़ना का शिकार हूँ, कब टूटेगा यह स्वप्न'' कहकर बड़बड़ाते हुए जेल चला गया।

यह अभागा युवक, इस गुप्त सूचना पर कि उस रात उरीरै को उठा लिया जानेवाला है, चुपचाप उसे बचाने की कोशिश करने आया था। पुलिसवालों की बेअक्ली के कारण अपराधी के बदले निरपराध को पकड़कर उसकी कितनी बेइज्जती की गई और उसे कितना भारी दंड भोगना पड़ा !

थम्बाल् का दुख

अभागिनी थम्बाल् का जीवन कैसा था ? वह असीमित दुख में डूबी हुई भी पति के वापस आने की आशा में सारा दुख पीते हुए जी रही थी। फिर पति के–उसे पीछे छोड़ हृदय में कर्ज के दुख का ताप लिए अपनी लाड़ली बेटी की सूरत तक देखे बिना–मरने की खबर सुनी। इस दुख-भरे संसार में हृदय की लाड़ली उरीरै को ही देखकर धनाभाव और पति-वियोग का सारा दुख सहते हुए किसी तरह अपने मन को समझाकर जी रही थी–और अब बेटी का भी कोई अता-पता नहीं–शत्रुओं ने उसकी हत्या कर दी या पानी में डूबकर मर गई। निर्बल, निराश्रय, इतने बड़े संसार में अपने किसी भी पक्षधर से वंचित थम्बाल् पिंजरे में बन्द गलगलिया की भाँति फड़फड़ाती रही। शत्रुओं ने भी चारों ओर से घेर लिया। उनकी कड़ी दृष्टि से बगीचे में उगी घास तक सूखने लगी। उनकी ईर्ष्या-युक्त साँसें गर्म हवा बनकर चलने लगीं ! भुवन और उसका बाप थम्बाल् के कष्टों को देख ठहाका मारकर हँसने लगे। सर्प-दंश की दवा मिलती है, लेकिन बुरे लोगों के दंश की कोई दवा नहीं। जहर खा भी लिया हो, तो उगलने से ठीक हो जाता है, लेकिन

बुरे लोगों के जाल में यदि एक बार फँस गया तो उससे मुक्त होने का कोई उपाय नहीं बचता। पेट भरा हो तो बाघ भी आदमी को चोट नहीं पहुँचाता–लेकिन बुरा मनुष्य खाते, पीते, सोते समय भी दूसरों को नुकसान पहुँचाने के लिए सोचता रहता है। थम्बाल् ! किसे देखकर जिएगी ? उसकी गोद से बेटी छीन ली गई, पति से बिछुड़ गई, चारों ओर शत्रु-ही-शत्रु; वह कैसे जीती रहेगी ?

थम्बाल् दिन-प्रतिदिन निर्बल होती गई, बिस्तर पकड़ लिया। इतनी दुबली हो गई, जैसे हड्डियों के ढाँचे पर चमड़ी चढ़ी हो। अनवरत आँसू बहते रहने के कारण आँखों से दिखाई देना बन्द हो गया, बिस्तर पर अकेली इधर-उधर करवटें बदलने लगी। भुवन के बाप ने काँची के किसी भी व्यक्ति को उसके पास नहीं फटकने दिया। आह ! यही तो है पैसे का बल !

काँचीवासियो ! इतने निरीह हो गए हो ? अपने स्वार्थ के कारण, बिस्तर से न उठ सकनेवाली थम्बाल् की ओर किसी ने आँख उठाकर भी नहीं देखा। भुवन के बाप से इतने डरे हुए हो ! काँचीवासियो, तुम ही नहीं, संसार के सभी लोग ऐसे ही धनवानों के पक्षधर होते हैं। गरीब का कौन होता है ? शायद यह संसार ही सम्पन्न और धनवान लोगों का है ! दीन-दुखियों को तो जीना ही नहीं चाहिए, ऐसा दुख-दर्द कब तक देखते रहेंगे !

माधवी का हृदय परिवर्तन

माधवी कई दिन से दिखाई नहीं पड़ी। पहले हमने उसे प्रेम से अपरिचित एक युवती के रूप में देखा था। सच में तो, वह ऐसी नहीं थी। ऐसा नहीं कि वह धीरेन् से प्रेम नहीं करती थी। वह प्रथम मिलन में ही अपना जीवन धीरेन् को समर्पित कर चुकी थी, फिर भी उसे युवकों के चंचल हृदय से बहुत घबराहट होती है। उसे ऐसा भी विश्वास था कि युवकों का प्रेम हृदय से नहीं, आँखों से उत्पन्न होता है। लड़कियाँ अपने स्वभाव के अनुसार मन में प्रेम अंकुरित होते हुए भी मुँह से यही कहती हैं कि वे प्रेम नहीं करतीं; देखने की इच्छा होते हुए भी अनिच्छा प्रकट करती हैं, क्योंकि मुश्किल से प्राप्त वस्तुएँ बहुमूल्य होती हैं। इसलिए माधवी धीरेन् के सामने अपना उतना प्रेम प्रकट नहीं करती, जबकि अपने हृदय में उसने धीरेन् को कसकर बाँध रखा है। उसके पागल हृदय में प्रेम-रोग प्रविष्ट हो गया है। जब निकट थे, तब दूरत्व था और दूर होने लगे तो सामीप्य की आकांक्षा होने लगी–शायद यही प्रेम की प्रकृति है। लम्बे अर्से तक धीरेन् से न मिल पाने की कल्पना से उसका दुख पहले से सौ गुना बढ़ गया–उसका प्रेम भी पहले की अपेक्षा सौ गुना बढ़ गया। परिहास में की गई उसकी सारी बातें अब बिषैले सर्प की भाँति उसके मस्तिष्क में घुसकर काटने लगीं। माधवी ने सोचा, "प्रेम का एक अलग संसार है, यदि कोई इस संसार में पदार्पण करता है, तो उसके लिए सभी बहुमूल्य वस्तुएँ मूल्यवान नहीं होतीं, सभी स्वादिष्ट भोज्य स्वादिष्ट नहीं होते–बल्कि जिससे वह प्रेम

करता है, उससे सम्बन्धित वस्तु मूल्यहीन होते हुए भी मूल्यवान, अस्वादिष्ट होते हुए भी स्वादिष्ट, कुरूप होते हुए भी सुरूप होती है। समझ गई हूँ—यदि प्रेम किसी एक ही वस्तु पर केन्द्रित रहता है तो ढक्कनदार सन्दूक में बन्द रखने की भाँति बहुत पीड़ादायक होता है। अपना यह प्रेम किसी एक व्यक्ति पर केन्द्रित न रखकर, समस्त संसार में बिखेर सकूँ, तो सारा दुख मिट जाएगा। मुझे विश्वास नहीं होता कि इतने सारे दुख को अपने हृदय में समेटकर मैं धीरेन् के आने तक जी सकूँगी। इस दुख को मिटाने के लिए मैं हैबोक्-पर्वत की किसी कन्दरा में जाकर ईश्वर की आराधना करती रहूँगी, साथ ही संकट में पड़े यात्रियों की सहायता करूँगी।''

''इस संसार में मनुष्य-जात में जन्म लेकर मात्र भरपेट भोजन करके और सुन्दर वस्त्र पहनकर जीना व्यर्थ है। परोपकार श्रेष्ठकर्म है। इस श्रेष्ठ कर्म के लिए स्वार्थ त्याग करना पड़ता है, शर्म-हया त्यागनी चाहिए, दूसरों की शत्रुता से नहीं डरना चाहिए—लोगों की डाँट-फटकार को प्रशंसा मानना चाहिए, लोगों द्वारा अपनी पिटाई प्रेम से सहलाने के बराबर ही सोचनी चाहिए। हे ईश्वर ! अबला नारी-जात में जन्मी मुझे, समुद्र जैसे गम्भीर एवं उदार स्वार्थ त्याग की एक बूँद भर ले सकने की शक्ति दोगे ? समाज का कुछ लाभ करने का साहस प्रदान करोगे ? हे दयामय ! तन से निर्बल, मन से भी निर्बल, अन्धविश्वास के आवरण में लिपटकर जन्मी मुझे, अन्धविश्वास से ढँके इस अन्धकारपूर्ण समाज को स्वार्थ त्याग का थोड़ा प्रकाश दिखाने की शक्ति दो।

यह सब विचारते हुए माधवी ने मन-ही-मन अकेले हैबोक् पर्वत की कन्दरा में भगवान की आराधना करने का संकल्प कर लिया। पहले वेशभूषा और अलंकरणों के बारे में मन को नियन्त्रित करना शुरू किया। युवती सुलभ-तड़क-भड़क की चाह त्याग कर गेरुए वस्त्र पहनने शुरू किए। उसके बाद खान-पान के बारे में अपने मन को नियन्त्रित किया। तरह-तरह के स्वादिष्ट भोजन त्यागकर सिर्फ चावल और नमक से पेट भरना शुरू किया। इस प्रकार पहाड़ी-कन्दरा में संन्यासिनी बनकर तपस्या करने लगी। कुछ सुनसान जगह होने के कारण डाकू अलग-थलग अकेले यात्रा करनेवाले यात्रियों का सामान लूट ले जाते थे। अब माधवी बाल बिखराए, जीभ फैलाए, हाथ में तलवार लिए चिल्लाते हुए दौड़ी चली आती थी। इस प्रकार उसने संकट में पड़े यात्रियों को डाकुओं से बचाया। उरीरै को बचानेवाली भी वही थी। उसके बाद 'हैबोक् की देवी प्रकट होती है' 'हियाङ् अथौबा निकलता है' आदि कहते हुए डाकू तक वहाँ जाने से कतराने लगे और उपद्रव भी घट गया।

धन्य है माधवी, तुम्हारी यह योजना ! एक सौ आठ पँखुड़ियोंवाले कमल की भाँति कोमल अपने हृदय में वज्र जैसा कठोर यह स्वभाव भी छिपा रखा है। रुई के भीतर कीड़े का होना आश्चर्य की बात नहीं, सीप में मोती का होना आश्चर्य का विषय नहीं, काग पौधे के भीतर गाँठ का होना, मरुभूमि में मरुद्यान का होना, समुद्र की गहराई में पर्वत का होना असम्भव नहीं, किन्तु अबोध, मानिनी, हठी और अपनी जन्मभूमि से कहीं बाहर न निकलनेवाली माधवी, तुम्हारी योजना और विचारधारा विस्मय भरी है।

मैतै जाति का दुर्भाग्य यह है कि स्वार्थ त्याग करनेवाले लोगों की संख्या बहुत ही कम है। स्वार्थ त्याग का ऊँचा और घने पत्तोंवाला वह अमर-औषध-वृक्ष देखना हो तो मणिपुर के ऊँचे पर्वतों पर चढ़कर बड़ी-बड़ी नदियोंवाली भारत की विस्तृत समतल भूमि पर दृष्टिपात करना होगा; तब देखोगे–अनेक बड़े वृक्षों का अपनी शाखाएँ फैलाकर अपनी छाँव में अनेक दीन-दुखियों को विश्राम कराना ! दाने-दाने को मोहताज दरिद्रों को अपने फल खिलाना ! आँधी और तूफान को भी रोककर अपनी छाँव में लोगों को आश्रय देना ! अनेक वृक्ष निर्बल लोगों को अपने ऊपर बिठाकर चारों ओर की हलचल दिखाते हैं, कई वृक्ष समाज की सँकरी झील में डूबकर मरनेवाले लोगों को नाव बनकर शान्ति के विशाल समुद्र की ओर ले जाते हैं। मैतै की जमीन पर कहीं कोई बड़ा सा वृक्ष उग भी जाए तो वह पर्वत से ऊँचा नहीं हो सकता और दूर समुद्र से आकर भारत की समतल भूमि पर बहनेवाली शीतल वायु मैतै की धरती तक नहीं पहुँच सकती।

तीसरा परिच्छेद

शिलङ्

एम.ए. की परीक्षा के पश्चात् वीरेन् और धीरेन्, दोनों मित्र कलकत्ता से शिलङ् का सौन्दर्य देखने के लिए वहाँ पहुँच गए। शिलङ् की अच्छी जलवायु और प्राकृतिक सौन्दर्य का आनन्द लेने के बाद वहाँ कुछ दिन और ठहरने का निश्चय किया।

शिलङ् एक छोटा सा, बड़ा सुन्दर शहर है। देखते ही लगता है कि विशाल भारत के किसी प्रान्तर के विरल जनसंख्यावाले पर्वतीय प्रदेश में एक लघु नगर छिपाकर रख दिया गया है। यहाँ शहर का कोलाहल और निर्जन वन का सन्नाटा परस्पर मिलता है, दूर पहाड़ से आए तामूना के स्वर और गिरजा-घर से निकलते खासी बालिकाओं के समवेत् गान का विलय होता है—कृत्रिम सौन्दर्य की ओट में प्राकृतिक सौन्दर्य छिपा हुआ था। भारत में उन्नत और धनी शहरों की कमी नहीं है, वन्य पशुओं से भरी भीम तमसाकर पहाड़ी कन्दराओं तथा बर्फ से ढँके ऊँचे पर्वत असंख्य हैं, किन्तु शहर के कोलाहल और वन के सन्नाटे, दोनों को अपनी गोद में बिठानेवाले शहरों की संख्या कम है, क्योंकि प्रकृति और कृत्रिमता, दोनों में पहले से ही शत्रुता है। बड़ी कठिनाई से निर्मित शहर, इमारतें, घर-मकान आदि को बीच-बीच में बाढ़ पूरी तरह नष्ट कर देती है, और बड़ी कठिनाई से प्रकृति द्वारा पोषित वन, घनी झाड़ियाँ आदि सबके सब काटकर बड़े शहरों का निर्माण होता है, सुनसान मैदानों में शोर करती रेलगाड़ियाँ दौड़ाई जाती हैं। इस प्रकार एक-दूसरे को नष्ट करने को तत्पर रहते हैं। लेकिन इस छोटे से नगर में तो ऐसा लगता है कि प्रकृति और कृत्रिमता, दोनों बड़े प्रेम से खुशी-खुशी साथ रहती हैं। राजपथ के दोनों किनारों पर दुकानों की पंक्तियाँ, हर दुकान में तरह-तरह के सजाकर रखे गए साफ-सुथरे सामान, सड़क के किनारे-किनारे बिजली की रोशनी—कितना सुन्दर है ! राजपथ से जरा सा हटकर दूर तक दृष्टिपात करें तो दिखाई देंगी—चीड़ के पेड़ों की पंक्तियाँ—निकट, दूर, ऊपर, नीचे, पर्वत पर हर जगह चीड़ ही चीड़। दृष्टि के अन्तिम छोर तक चीड़ के पेड़, बीच-बीच में एक-दो कुटियाँ, दूर-दूर, चीड़ के पेड़ों के नीचे; दूर तक फैले समतल मैदान में बैल, घोड़े, बकरे आदि घरेलू पशु घास चर रहे थे। जगह-जगह ऊपर से नीचे की ओर सीढ़ीनुमा बहनेवाले झरनों का मधुर स्वर मन को मोह रहा था। और दूसरी ओर दिखाई दे रही थीं, घर-मकानों, इमारतों, विद्यालयों, नाट्य मन्दिरों आदि की पंक्तियाँ। प्राकृतिक सौन्दर्य और कृत्रिम सौन्दर्य,

दोनों को एक साथ देखना चाहें, तो उसकी एक सटीक जगह, यह शिलङ् ही है। शहर के मध्य स्थित एक छोटी सी झील कृत्रिम सौन्दर्य का उत्कर्ष दिखाती है। निर्मल जल से लबालब इस झील के किनारे अनेक प्रकार के फूल अपने मौसम का खयाल किए बिना सदा खिलते रहते हैं, तरह-तरह की लताएँ चीड़ वृक्षों को नीचे से ऊपर तक लपेटे हैं, जगह-जगह लताओं और घने पत्तों से घिरी झोंपड़ियों के भीतर बतखें और हंस बेचे जा रहे हैं, झील के मध्य कहीं-कहीं दूर दिखाई देनेवाले खिले हुए फूलों से सुसज्जित कुछ टीले, समुद्र के मध्य द्वीप समूह की भाँति सुन्दर लग रहे हैं; चाँदनी रात में किनारे पर उगनेवाले पेड़े-पौधों, फल-फूलों आदि की परछाइयाँ झील के पानी में पड़ रही हैं, हवा के मन्द-मन्द झोंकों से तरंगित पानी में परछाइयाँ हलकी सी हिलती दिखाई दे रही हैं। विश्वास नहीं होता कि भारत का कोई भी ख्यात चित्रकार अपनी कल्पना से झील का कोई सुन्दर-से-सुन्दर चित्र बनाए, तो वह इस झील के दृश्य से अधिक सुन्दर होगा।

दूसरी ओर पहाड़ की ऊँची चोटी से पिघलते काँच की तरह बहनेवाला बिदन जल-प्रपात भी प्राकृतिक सौन्दर्य के श्रेष्ठ उदाहरणों में एक है। भारत का कोई श्रेष्ठ कवि अपनी कल्पना के सहारे मन के नीरव फलक पर जल-प्रपात का कोई अति सुन्दर चित्र उतार भी ले, तो बिदन का यह दृश्य उससे कम नहीं होगा। अपने मनोद्यान में कल्पना के बल पर लगाए सुन्दर फूल, बेल-लता आदि के चित्र वह कवि स्वयं चित्रकार बनकर तूलिका के सहारे उतने सुन्दर नहीं बना सकता, जितने कि वे उसके मन में थे। इसलिए विश्व के श्रेष्ठ कवि द्वारा अपने उद्यान में निर्मित जल-प्रपात से किसी चित्रकार के बने चित्र की तुलना नहीं की जा सकती।

एक दिन वीरेन् और धीरेन्, दोनों मित्र तड़के उठकर सुबह का दृश्य देखने के लिए पैदल टहलने निकले। प्राकृतिक दृश्य देखने की अपनी तीव्र जिज्ञासा के कारण वीरेन् आगे-आगे जा रहा था। वे पश्चिम दिशा में चले। कुछ दूर चलकर एक ऊँची चोटी दिखाई दी। जगह बहुत साफ-सुथरी थी और ऊँची होने के नाते वहाँ धूप भी थी। वे दोनों उस ऊँची जगह पर चढ़े। वहाँ से उत्तर की ओर देखने पर बहुत दूर चाँदी की तरह धवल, एक बहुत ऊँची पर्वत-शृंखला दिखाई दी। उन्होंने अनुमान किया कि वह हिमालय है। बर्फ से ढँका हिमालय सुबह के सूर्य का प्रकाश पड़ने से चाँदी के पर्वत की भाँति झिलमिला उठा है; यह दृश्य दोनों मित्रों के मन पर अंकित हो गया। उसके बाद दोनों उत्तर की ओर बढ़ गए। वहाँ एकान्त का साम्राज्य था। अचानक बादल छा जाने से धूप विलीन हो गई और छाँव के कारण वातावरण धुँधला हो गया। कुछ दूर चलने के बाद एक चौराहा दिखाई दिया। वहाँ से वे पश्चिमवाले रास्ते पर आगे बढ़ गए। वह रास्ता एक घने जंगल के बीचोंबीच रुक गया। शायद उस जगह के डरावने रूप को देखकर डर के मारे वह रास्ता स्वयं छिप गया था ! जहाँ रास्ता बन्द हो गया था, वह दो पहाड़ों के बीच स्थित एक मरघट था। जगह-जगह हड्डियों के ढेर दिखाई दिए, किसी कोने में गिद्ध आदमी की टूटी टाँग घसीट रहा था, कहीं लोमड़ी बैल या घोड़े की लाश जमीन से बाहर खींच रही थी। इस भयावह दृश्य को देखकर धीरेन् लौट

जाने के लिए कहने लगा। वीरेन् उत्तर दिए बिना आगे बढ़ गया। विवश धीरेन् भी उसके पीछे-पीछे चला आया। कहीं पैर रखने की जगह नहीं बची थी, सब हड्डियों और अँतड़ियों से भरी थी। दुर्गन्ध के मारे साँस लेना दूभर हो गया। थोड़ा आगे चलने के बाद किसी के कराहने की आवाज सुनाई पड़ी। जब वीरेन् ने आश्चर्यचकित होकर इधर-उधर देखा, तो उसे कमर तक जमीन में दफनाया एक जीवित व्यक्ति दिखाई दिया। दोनों मित्र तुरन्त वहाँ गए और उन्होंने जमीन खोदकर उस व्यक्ति को बाहर निकाला। पूछने पर पता चला कि वह एक मैतै व्यापारी था, बीच राह में डाकू उसके सारे पैसे छीनकर ले गए थे और उसे वहीं कमर तक दफनाकर छोड़ दिया था। ''आज के भ्रमण में व्यायाम ही नहीं किया, किसी व्यक्ति की जान भी बचाई है'' यह सोचकर दोनों मित्रों के मन में अत्यधिक हर्ष हुआ। विशेष रूप से वीरेन् तो इतना आनन्दित हुआ कि जैसे उसने अपने किसी निकट व्यक्ति का ही जीवन बचाया हो।

अन्तिम मिलन

ग्रीष्म ऋतु के अन्तिम चरण में एक दिन शाम को दाढ़ी-मूँछवाला एक पथिक धीरे-धीरे काँचीपुर के रास्ते पर जा रहा था। मैली धोती, मैले कुर्ते के सिवाय कोई विशेष पोशाक नहीं थी, पीठ पर एक गठरी और हाथ में एक तलवार के अलावा उसके पास कोई विशेष सामान भी नहीं था। रास्ते के दोनों ओर उगे अनाज के हरे-भरे पौधों और नाले में बह रहे स्वच्छ जल को वह पथिक ध्यान से देख रहा था। उसके चेहरे को देखकर लगता था कि वह वर्षों बाद अपनी जन्मभूमि को देखकर प्रसन्न है। चलते-चलते वह काँची के मध्य पश्चिम की ओर जानेवाले मार्ग पर मुड़ गया। गाँव जितना समीप आता जाता था, उसका मन उतना ही व्याकुल होकर धैर्य खोता जा रहा था। पता नहीं क्यों, उसका हृदय बार-बार धड़कने लगा और मन बेचैन होने लगा। कुछ और आगे बढ़ने पर चारों ओर इधर-उधर देखते समय एक बड़ा सा जलाशय, उसके पश्चिम में चम्पा का वृक्ष और उस वृक्ष से नैऋत-कोण की ओर एक जीर्ण झोंपड़ी दिखाई दी। लगता था कि वह झोंपड़ी वर्षों से बिना किसी बाशिन्दे के यूँ ही छोड़ दी गई है—उसे देखते ही उस व्यक्ति से अपने आँसू नहीं रोके जा सके, अपने आप गिरने लगे। आँगन तक आया तो उसने देखा—अर्से से सफाई न होने के कारण आँगन घास से भरा हुआ था और साँपों तथा मेंढकों की क्रीड़ा-स्थली बन गया था। झोंपड़ी की दीवार पर बड़ी-बड़ी दरारें थीं, जगह-जगह छेद भी थे और तुरई तथा कद्दू की बेलें दीवार के सहारे छप्पर पर चढ़ी हुई थीं। बरामदे पर चढ़ते ही जगह-जगह पत्ते, घास, कूड़ा-करकट आदि के ढेर दिखाई दिए। द्वार बन्द था। उस व्यक्ति ने व्याकुल मन और धक्-धक् करते हृदय से काँपते स्वर में पूछा, ''घर में कोई है ?'' किसी ने भी उत्तर नहीं दिया, जैसे खुले मैदान में बात कर रहा हो। उस व्यक्ति ने फिर 'उरीरै' कहकर पुकारा; इस बार भी किसी ने उत्तर नहीं दिया। मात्र उस खाली झोंपड़ी ने उसका अनुकरण कर प्रतिध्वनित किया, 'उरीरै'।

वह व्यक्ति घबराते हुए द्वार पर लात मारकर घर के अन्दर चला आया। वहाँ की हालत देखकर वह और घबरा गया, सिर्फ चमड़ी से ढँके कंकाल की भाँति बहुत ही दुबली-पतली एक स्त्री अलाव की ओर पीठ किए लेटी थी। उस व्यक्ति ने सोचा कि कोई शव है। समीप जाकर देखा तो पता चला कि उस समय तक उसमें साँसें थीं। व्यक्ति ने उसे 'थम्बालू' कहकर बार-बार पुकारा। बार-बार की पुकार सुनकर रोगिणी ने अपनी आँखें खोलीं और बहुत कष्ट से करवट बदलने का प्रयास किया, लेकिन नहीं बदल सकी। धीमे स्वर में टुकड़े-टुकड़े शब्दों में बोली, "कौन है यहाँ ? थोड़ा सा पानी दो, प्यास से गला सूख गया है, मैं मरी जा रही हूँ, थोड़ा सा पानी देकर मेरे जलते हृदय को शान्त करो।" वह कष्ट भरी ध्वनि उस व्यक्ति के हृदय में तेज धारदार भाले की भाँति चुभ गई। इधर-उधर देखा, तो उस घर में एक भी बर्तन नहीं था। व्यक्ति ने तुरन्त बाहर निकलकर कमल के पत्ते में पानी भरा और रोगिणी के मुँह में धीरे-धीरे डाला। तब भी वह अपना मुँह खोले रही। उस व्यक्ति ने फिर पानी भरकर उसे पिलाया। रोगिणी ने पी लिया। फिर मन को थोड़ा शान्त करके बोली, "मेरे गले में एक भी बूँद पानी पड़े एक सप्ताह होने को है; मेरे पास कोई भी नहीं, मैं किससे पानी माँगूँ ? कहीं तुम कोई काँचीवासी तो नहीं हो। दिन-रात का कर्ता विधाता तुम्हारा भला करे।" वह व्यक्ति समझ गया कि खाना न मिलने के कारण रोगिणी बहुत ही निर्बल हो गई है। थोड़ी देर चुप रहने के बाद उस व्यक्ति ने पूछा, "तुम मुझे पहचानती हो ?"

रोगिणी–"हाँ, पहचानती हूँ।"

पथिक–"तो मैं कौन हूँ ?"

रोगिणी–"तुम स्वर्ग के दूत हो।"

पथिक–"मैं स्वर्ग का दूत नहीं हूँ। बहुत दिनों से निर्बल हो, इसलिए तुम्हारी बुद्धि भी निर्बल पड़ गई है। ध्यान से सोचो।"

रोगिणी–"सौ बार सोच लिया, तुम देव-दूत ही हो।

पथिक–"कैसे समझा ?"

रोगिणी–"देव-दूत के अलावा यहाँ कौन आता। काँचीवासियों की बात तो छोड़ दो, कुत्ते-बिल्ली तक भी क्या भटकते हुए मेरे पास आ सकते हैं ? भुवन का बाप अभी तक जीवित है।"

अन्तिम कुछ शब्द रोगिणी के मुँह से इतनी मार्मिकता से निकले कि सुनते ही पथिक सीधा होकर बैठा नहीं रह सका, उसका शरीर थर-थर काँपने लगा। वह पल-भर में समझ गया कि इन सारे दुखों की जड़ भुवन का बाप ही है। वह जानता था कि एक-दो सवाल और करेगा, तो रोगिणी की अवस्था और बिगड़ जाएगी, किन्तु वह अपनी जिज्ञासा को देर तक रोककर नहीं रख सका। उसने फिर पूछा, "भुवन के बाप ने क्या किया है ?" रोगिणी ने उत्तर दिया, "भुवन के बाप ने मुझे इतना सताया है कि मैं कैसे बताऊँ ! पहले उसने अपने बेटे के लिए हमारी बेटी का हाथ माँगा, हमने नहीं माना। उसका प्रतिशोध लेने के लिए उसने हमारा घर जलवा दिया। तब से हम निर्धन होते

गए, पति निर्धनता मिटाने के लिए पैसे कमाने परदेस चले गए और वहीं चल बसे।'' इसके बाद वह आगे कुछ भी नहीं बोल सकी, आँसुओं से दोनों सूखे गाल भीग गए, साँसें रुक गईं, नाड़ी की धड़कन शिथिल पड़ गई।

पथिक का सन्देह सच निकला। इतने दिनों तक उसने सारा दुख अपने मन में छिपाकर रखा; कोई भी व्यक्ति उसके पास नहीं था, जिससे वह अपना दुख प्रकट कर सकती। अब पथिक को अपने पास पाया, तो निर्बल और बोलने में अशक्त होते हुए भी उसने एक-एक करके अनेक बातें कह डालीं और सहसा उसकी साँसें बन्द हो गईं–।

उस व्यक्ति ने दौड़कर जलाशय से पानी लाकर उसके सिर पर धीरे-धीरे डालना शुरू किया। रोगिणी को धीरे-धीरे होश आया। अन्तिम बात पूरी तरह प्रकट करते ही रोगिणी अपने प्राण त्याग देगी, उन कुछ शब्दों में शायद उसके जीवन की सारी आशा छिपी है,–और शायद वे चन्द शब्द रोगिणी का मृत्यु-शर भी हों ! उस व्यक्ति की जिज्ञासा भी वही थी। अनुमान से वह जान गया कि प्रकट किए जानेवाली बात बहुत ही खतरनाक होगी, और यह भी जान गया कि वह बात सिर्फ रोगिणी की ही मृत्यु-शर नहीं, उसका भी मुत्यृ-शर होगा। फिर भी वह जानना चाहता था। फाँसी पर लटकाकर मार दिए जानेवाला व्यक्ति, जो सिर्फ रस्सी खींचने की प्रतीक्षा कर रहा हो, उसी की भाँति वह व्यक्ति उस बात की प्रतीक्षा करने लगा। एक ओर रोगिणी की अवस्था देखकर उसका हृदय टूटने को हुआ। उसके सामने यह संसार चक्कर काटने लगा, दिन को तारे दिखाई पड़ने लगे, थोड़ी देर के लिए ठीक से नहीं बैठ सका। तीव्र जिज्ञासा के चलते पागल-सा पूछ बैठा, ''उसके बाद क्या हुआ ?''

रोगिणी ने उत्तर दिया, ''हे जगबन्धु ! कैसे बताऊँ ! हे स्वर्गदूत ! तुम तो सब कुछ जानते हो। मेरे हृदय में छिपाकर रखी उरीरै को पकड़कर ले गए और उन्होंने उसकी जान ले ली। अब मेरी बेटी नहीं रही, मैं अकेली इस झोंपड़ी में–'' यह कहते हुए उरीरै को पुकारकर बिलखने लगी। उस व्यक्ति का शरीर थर-थर काँपने लगा, वह कीड़े-मकोड़े से लेकर संसार के समस्त जीवों को अपना शत्रु मानने लगा। अब वह अपने को छिपाकर नहीं रख सका, रोते-रोते कहने लगा, ''हे अभागिनी थम्बाल् ! दुखभोगिनी ! विरहिणी ! सन्तान-वियोगिनी ! मैं स्वर्ग का दूत नहीं हूँ, तुम्हारा पति नवीनचन्द्र सिंह हूँ। तुम्हारी इस अवस्था को देखकर मैं बहुत व्यथित हूँ, अपनी बेटी उरीरै के बारे में सुनकर मेरे प्राण निकले जा रहे हैं, तुम और मैं एक साथ एक ही चिता पर मरेंगे। इतने पक्षपात भरे संसार में जीने का अर्थ नहीं रहा। एक बार उठकर बैठो, तुम्हारा सूखा मुख अन्तिम बार देख लूँ। जीवन की इस महाविदाई के समय एक बार अपनी छाती से चिपटा लूँ।''

जिसके मरने की खबर आ चुकी थी, बहुत दिनों बाद उसी पति का स्वर सुना तो मृत्यु के सामने पहुँची थम्बाल् रोमांचित हो उठी; वह समझ नहीं पाई कि यह स्वप्न है या जागरण; मन्द बुद्धि, मरणासन्न अवस्था के चलते कुछ भी निश्चय नहीं कर सकी। मन में सोचा, ''मेरा अन्तिम समय निकट आ जाने के कारण मृत पति की आत्मा मुझे

लेने आई है।'' और वह बोली, ''मेरे पति को मरे बहुत दिन हो गए, श्राद्ध-कर्म सम्पन्न हो चुका है। मेरी मृत्यु का समय आ जाने के कारण पति की प्रेत-मूर्ति मुझे लेने आई है ! ठीक है, मैं तुम्हारे साथ चलूँगी।'' तब नवीन बोला, ''थम्बालू ! मेरे हृदय में बसी थम्बालू ! मेरी प्रेत-मूर्ति के धोखे में मत पड़ो। मैं सचमुच नवीन हूँ। परदेस में पैसा कमाने जाते समय रास्ते में डाकुओं ने मुझे पकड़कर पहाड़ों के बीच एक मरघट में कमर तक दफना दिया था और मेरे सारे पैसे छीनकर ले गए थे। वह सब भुवन के बाप की साजिश थी। डाकुओं के बीच एक जाना-पहचाना व्यक्ति था। मेरी मृत्यु का समाचार भी भुवन के बाप की ही चाल होगी।''

सोचते-सोचते नवीन अपना क्रोध नहीं दबा सका, पास पड़ी तलवार उठाकर दाँत किटकिटाए और प्रतिज्ञा की, ''मुझे दुख पहुँचानेवाले, मेरी पत्नी को इतने सारे संकटों में डालनेवाले, मेरी बेटी उरीरै की हत्या करानेवाले, भुवन के बाप के त्रिकोणी सिर के तीन टुकड़े करके प्रतिशोध लूँगा।'' यह देख व्याकुल थम्बालू भय से त्रस्त होकर बहुत घबराई, व्यग्र होकर गिरते-गिरते उठी, और काँपते स्वर में बोली, ''इतनी कठोर प्रतिज्ञा क्यों ? ईश्वर के रहते मनुष्य, मनुष्य से क्यों प्रतिशोध लेगा ? क्षमा और रक्षा के समान कोई और श्रेष्ठ धर्म नहीं होता।'' यह कहते हुए वह पति के पाँवों पर गिर पड़ी। साँसें रुक गईं, आँखें बन्द हो गईं, नाड़ी की धड़कन भी रुक गई। आह ! इस दुख-भरे संसार को त्यागकर शायद किसी आनन्दमय लोक में चली गई ! पल-भर में उसके जीवन के दुख का अन्त हो गया।

अचानक हुई थम्बालू की मृत्यु से नवीन पत्थर की मूर्ति के समान जहाँ बैठा था, वहीं बैठा रह गया। उसे लगा कि यह संसार सूर्य और चन्द्र की रोशनी से वंचित एक अन्धकारपूर्ण संसार है। अचानक आकाश के टूटकर नीचे गिरने और उससे उसका सिर दब जाने से भी अधिक कष्ट का अनुभव हुआ। थोड़ी देर चुपचाप बैठे रहने के बाद वह उठा और झोंपड़ी को उजाड़कर सूखी लकड़ी और बाँस से एक अर्थी बनाई। उस अर्थी पर सती के पुण्य शरीर को रखा और उसे चिता पर चढ़ा दिया। मृत शरीर को ढँकने हेतु कोई कपड़ा न मिला तो उसने अपना कुर्ता उतारकर ढँक दिया। अग्नि को दान करते हुए उसने चिता को आग लगा दी। आग लगाने के बाद वह जलाशय के पास आ गया। इस संसार में कोई भी ऐसी चीज नहीं बची, जिसकी उसे चाह हो। जलाशय के किनारे बैठकर अपने कमाए हुए सारे पैसे उसमें फेंक दिए और बोला, ''हे पैसे ! तेरे लिए मैंने कितना कष्ट उठाया ! तुझे पाने के लिए परदेस में रहा, पत्नी-वियोग पाया, बेटी बिछुड़ गई, अब तुझे रखना बेकार है। सौन्दर्य ही व्यर्थ है। सौन्दर्य के चलते बेटी उरीरै प्राण गवाँ बैठी।'' यह कहते हुए वह जलाशय में कूद पड़ा और अपना सारा शरीर कीचड़ से पोत लिया। उसके बाद संन्यासी बनकर वहाँ से चला गया। चलते समय एक बार मुड़कर चिता की ओर देखा, चिता से निकला धुआँ सीधे स्वर्ग की ओर जा रहा था; कई दिनों के दुख-दर्द के पश्चात्, वह जगह श्मशान बन गई।

चोरी पकड़ना

> *"यदि सूख जाए*
> *फेंक दिया जाएगा विस्तृत मैदान में*
> *परिमल और सुषमा*
> *होगी व्यर्थ नष्ट।"*

जब शिलङ् में ही था, एक दिन वीरेन् अकेला टहलने निकला। कल रात उसने स्वप्न में उरीरै को देखा था—उरीरै एक फटी चादर ओढ़कर पर्वतीय घाटी में अकेली रो रही थी, अचानक भुवन आकर उरीरै को पीटते हुए खींचकर ले जाने की कोशिश करने लगा, उरीरै वीरेन् को पुकारकर रोने लगी और शक्ति-भर अपने को छुड़ाने की कोशिश करने लगी। वीरेन् दौड़ते हुए पीछा करने का प्रयास कर रहा था, लेकिन उसमें स्फूर्ति नहीं थी। भुवन उरीरै को रुई के रोएँ की तरह ऊँचे शिखर की ओर ले जा रहा था। ऊँचे शिखर पर पहुँचने के बाद भुवन उरीरै को हाथ से पकड़कर "लो, अपनी यह प्रेमिका-- कहते हुए ऐसे फेंकने को हुआ, जैसे कोई कपड़ा फेंक रहा हो। उसी पल धीरेन् के "देर हो गई, उठो" कहते हुए जगाने से स्वप्न भंग हो गया। कल रात के इस स्वप्न की याद करके आज वीरेन् का मन बहुत व्याकुल था, उसने बार-बार सारे बीते हुए कार्यों के बारे में सोचना शुरू किया। निर्जन स्थान के सौन्दर्य को देखकर मन की व्यग्रता शान्त करने की इच्छा से पश्चिम दिशा में बिदन जल-प्रपात की ओर चला गया। थोड़े ऊँचे स्थान पर बैठकर पहाड़ी झरने की तेज धारा का ऊँचे शिखर से नीचे वा-वा ध्वनि के साथ गिरना, तेज धारा के चट्टान पर पड़ते ही पानी की उड़ती बूँदों का पर्वत के नीचे कुहरे-सा दिखाई देना, उड़ती बूँदों द्वारा आस-पास के पहाड़ी क्षेत्र में उगनेवाली लता-बेलों, घास-पत्तों आदि को चमकाया जाना—यह सब एकटक देखना शुरू किया, किन्तु ये दृश्य उसके मन की व्यग्रता शान्त नहीं कर सके। उसके मन को अत्यधिक दुख हुआ और सोचने लगा, "इस समय मेरे पास उरीरै बैठी होती, प्रेमालाप करते हुए साथ-साथ यह दृश्य देखते तो इसका सौन्दर्य सौ गुना बढ़ जाता ! मेरे मन को मथ रहा अभाव और शून्यता उरीरै के अलावा कोई भी दूर नहीं कर सकता।" हमने सोचा था, वीरेन् उरीरै को भुला चुका है—वह कैसे भूल पाएगा ? विदाई के समय उरीरै के प्रति उसका क्रोध छोटे बच्चे की खाना न खाने की जिद जैसा था। बिना झगड़ा किए प्रेम की चरम सीमा कभी नहीं आती, झगड़ा करके जिद, हठ और मान के बाद प्रेम अपनी चरम सीमा पर पहुँचता है। उरीरै के प्रति उसका क्रोध आँगन तक ही सीमित था, प्रवेश-द्वार पार करते ही उसका क्रोध उसे विदा देकर भाग गया था। इसलिए वह उरीरै को कभी नहीं भुला सका। हे प्रणय ! अफसोस ! किसी के हृदय में अगर तुम प्रविष्ट हो गए, तो लाखों सुन्दर वस्तुएँ या दृश्य देखने पर भी उसके मन को कभी पूर्ण रूप से आनन्द नहीं होता। सदा अभाव का अनुभव होता रहता है। वीरेन् उरीरै के बारे में सोचते-सोचते शाम होने पर अपने आवास पर लौटा। तब तक धीरेन् टहलकर नहीं

आया था। दीपक जलाकर कमरे में अकेले बैठे हुए वीरेन् ने दूर रह गई उरीरै के बारे में बहुत सोचा–चुपचाप बैठना शायद उसे अच्छा नहीं लगा, हाथ में कलम उठाई, चित्रकारी के तरह-तरह के रंग उठा लाया और कागज के एक ताव पर उरीरै को छोड़कर चले आने की उस रात का चित्र बनाना शुरू किया। पहले जलाशय और उसके पासवाले चम्पा का वृक्ष बनाया, उसके बाद आँगन के कोने में उगा हुआ मल्लिका का पौधा–खिले हुए सफेद पुष्प, एक-दो भ्रमरों का पराग-पान–पूर्वी आकाश में शीतल चन्द्रमा का उदय–इन सबका चित्र बनाया, उसके बाद क्रोधित होकर शशि के साथ मुँह मोड़कर उसका निकल आना, मल्लिका के पौधे के समीप उरीरै का अकेली आँसू छलकाए खड़े होकर उसकी ओर ताकना भी बनाया। बनाते-बनाते उरीरै की चित्रित आकृति पर आँसू की एक बूँद गिर पड़ी। सोखता से आँसू पोंछ दिया, पोंछना पूरा भी नहीं हुआ, दो-एक बूँदें और गिर गईं, वह आँसू नहीं रोक सका। अपने आपको धिक्कारने लगा कि उसने उस निर्दोष लड़की पर क्यों क्रोध जताया था और शशि को भी कि वह उस दिन इतना बुद्धू कैसे हो गया था। उसी समय "मित्र, किसका चित्र बना रहे हो" कहते हुए धीरेन् चुपचाप आकर पीछे से चित्रवाला कागज खींच ले गया। तब वीरेन् ने चौंकते हुए "शिलङ् का चित्र है, पूरा नहीं हुआ, अधूरा है" कहकर उस कागज के लिए छीना-झपटी की। जब धीरेन् ने उसे छोड़ा ही नहीं, तब लज्जित होने की आशंका से कागज को मूसकर फाड़ डाला। एक टुकड़ा धीरेन् लेकर भाग गया; दूर भागकर दियासलाई जलाकर देखा, तो उसमें एक लड़की का चेहरा पाया, जिस पर तिल था। शरीर का हिस्सा फाड़े हुए दूसरे हिस्से में चला गया था। उसके बाद धीरेन् ने पास आकर कहा, "तिल देखकर सारी बात समझ गया हूँ। मनुष्य विश्वसनीय नहीं होता, इतने दिनों से मित्र हूँ, अपने मन की बात मुझसे कभी नहीं बताई। जैसे पके आम के अन्दर छिपा कीड़ा सारे मीठे रस को चूस लेता है, वैसे ही प्रेम अन्दर छिपाकर रखने से तुम्हारा यह शरीर दिन-प्रतिदिन सूखता जा रहा है। छिपाने से कोई लाभ नहीं, अपना इतिहास सुनाओ।" तब वीरेन् ने लज्जावश, "मित्र, तुम तो इस प्रकार की बात कभी नहीं करते, कभी मैंने कहना शुरू किया भी तो तुमने आँखें फेर लीं, इसलिए कभी नहीं बताया, बुरा मत मानो।" धीरेन् बोला, "आँखें फेरी हों या न फेरी हों, दिखाई दे या न दे, युवा हो तो मन में प्रेम की बात छुपाकर रखना स्वाभाविक है। व्यर्थ में बात लम्बी न करो, अपना इतिहास जल्दी सुनाओ।" वीरेन् ने विवश होकर "उधर एक शशि था तो इधर एक और शशि आ गया" कहते हुए अपना इतिहास रामायण बाँचने की भाँति सुनाना शुरू किया। पहली भेंट से लेकर देव-दर्शन के समय आए संकट, विदाई के समय की घटना आदि एक को भी छोड़े बिना एक-एक कर सुनाया। धीरेन् ने ध्यानपूर्वक सारी कहानी सुनी और कहानी का अन्त होने के पश्चात् कहा, "यदि समीक्षा की जाए तो तुम्हारा चरित्र मैतै साहित्य के पुराने जमाने के नोङ्बान्[1] से करीब-करीब मिलता है और उरीरै

1. नोङ्बान् : मणिपुरी लोक-गाथा 'खम्बा-थोइबी' का खलनायक ! वह नायिका थोइबी को बहुत पसन्द करता है, लेकिन थोइबी उसे नफरत करती है।

के चरित्र के साथ तुलना करने लायक कोई भी नारी मैतै साहित्य में नहीं मिलती; हाँ, बंग साहित्य की जुमेलिया[1] से उसकी तुलना की जा सकती है।'' तब वीरेन् ने हँसते हुए कहा, ''एम.ए. पास हो न, समीक्षा में भी पारंगत हो गए हो। कहानी पूरी भी नहीं हुई और समीक्षा पहले ही आ गई। कहीं एक-दो पुस्तकें छपकर आ जाएँगी, तो खाना-पीना छोड़कर समीक्षा ही करते रहोगे।'' धीरेन् बोला, ''गुस्सा मत करो। हम पुरुष बिना प्रमाण बात नहीं कहते। अपनी समीक्षा का अचूक प्रमाण दे रहा हूँ।'' यह कहते हुए एक चिट्ठी वीरेन् के हाथ में दे दी। वीरेन् ने पढ़ना शुरू किया, विवरण इस प्रकार था–

काँचीपुर
इङेन्[2] माह, दिनांक...

प्रिय मित्र,

उरीरै के लिए दुखी होना और उसे प्यार करना छोड़ दो। उरीरै ने तुम्हें पहचानने से भी इनकार कर दिया और उसके द्वारा मेरे प्रति प्रेम प्रकट करने के कारण मैंने उससे शादी करके उसे अपनी पत्नी बना लिया। मुझे बुरा मत मानना। मैं भगवान से प्रार्थना करता हूँ कि तुम परीक्षा पास करके जल्दी लौट आओ। इति–

तुम्हारा प्रिय मित्र
श्री शशि कुमार सिंह

विश्वास न करके कि वह चिट्ठी सचमुच शशि ने भेजी है या किसी और ने, वीरेन् ने उस चिट्ठी को बार-बार पढ़ा; अन्ततः टेढ़े अक्षरों में लिखा शशि का नाम देखा तो क्रोधित होकर चिट्ठी को टुकड़े-टुकड़े करके फेंक दिया। धीरेन् ''मेरी बात सही है कि नहीं'' कहकर खिलखिलाने लगा।

प्रतिशोध

चन्द्रनदी के किनारे एक सुन्दर उद्यान था। हैबोक् पर्वत का स्पर्श करती सूर्य-रश्मियों से उद्यान के पुष्प और सरिता-तट के वृक्ष स्वर्णिम आभा में रँग गए थे। उद्यान के ही समीप चन्द्रनदी की तन्वंगी-धारा कल-कल करती दक्षिण की ओर बह रही थी। सन्ध्या समय सफेद वस्त्र पहने एक गंजा व्यक्ति अपने एक दास के साथ उद्यान की दिशा में आ रहा था।

आकाश में पश्चिम की ओर से बादलों का एक समूह उड़ आया। उस समूह के धीरे-धीरे फैलकर आकाश की पूरी पश्चिमी दिशा को ढँक लेने से वहाँ अँधेरा छा गया।

---

1. जुमेलिया : बंगला साहित्य में जासूसी साहित्य सम्राट माने जानेवाले उपन्यासकार पाँचकड़ि दे के, 'मायावी,' 'मनोरमा' और 'मायाविनी' शीर्षक तीनों उपन्यासों की एक प्रमुख स्त्री-पात्र जो अपने पति की मृत्यु के बाद उसे पकड़ने के लिए आए पुलिस अफसर के साथ एक बार सहवास करना चाहती है;
2. इङेन् माह : मणिपुरी वर्ष का चौथा माह।

चन्द्रनदी के दोनों किनारों पर घना जंगल था और बड़े-बड़े पीपल के वृक्ष भी थे। हवा तीव्र वेग से चलने लगी। तेज हवा के झोंकों से पीपल के पत्तों से सर-सर की आवाज आने लगी और उसी आवाज के कारण डरावना वातावरण उत्पन्न हो गया। उस पार के किनारेवाले घने जंगल में लोमड़ी हुआँ-हुआँ करने लगी। निकटवाले पीपल के वृक्ष पर उल्लू बोल रहा था। नदी के किनारे की मिट्टी ढहकर झम् से पानी में गिर पड़ी। सारा शरीर कीचड़ में सना एक आदमी किनारे के एक गड्ढे में छिपा दूर से आनेवाले दो व्यक्तियों की ओर छुप-छुपकर देखते हुए एक शिला पर अपनी तलवार की धार तेज करने लगा।

निकट और दूर कोई भी नहीं दिख रहा था। उस गंजे व्यक्ति ने अपने दास से पूछा, "उस रोगी का क्या हुआ ?"

दास—"रोगी कल मर गई।"

स्वामी—"बहुत अच्छा हुआ, उसे लमूर्श-मृत्यु[1] मिल गई। शव का दाह-संस्कार हो गया या ऐसे ही सड़ रहा है ?"

दास—"दाह-संस्कार हो गया।"

स्वामी—"क्या ? काँची में कौन हिम्मतवाला था, जिसने उसका दाह संस्कार किया ? तुमने देखा और मुझे बताया नहीं ?"

दास—"इस मोहल्ले के किसी भी व्यक्ति ने उसका दाह-संस्कार नहीं किया। कीचड़ में सना एक पागल आया था, उसने ही दाह-संस्कार किया। वह पागल कौन था, यह मैं नहीं जानता स्वामी।"

स्वामी—(मुस्कुराते हुए) "उसका कोई दूसरा पुराना प्रेमी होगा। उसके असली पति की हत्या तो मैंने परदेस में ही करवा दी थी।"

यह कहते हुए स्वामी और दास, दोनों अट्टहास करने लगे। उसी समय बादल जोर से गर्जा, तो स्वामी और दास दोनों चौंक पड़े। तभी कीचड़ में सना एक आदमी झूमते हुए उस ओर आया।

दास—(उँगली से इशारा करते हुए) "देखिए, वह पागल इधर आ रहा है।"

स्वामी—"उसे यहाँ बुलाओ।"

दास—(ऊँची आवाज में) "अरे ओ पगले ! यहाँ आओ, जल्दी।"

उस आदमी के नजदीक आ जाने पर स्वामी ने पूछा—"तुम कौन हो ? शव ढूँढ़ते हुए इधर-उधर क्यों भटक रहे हो ? तुम किसी के भूत हो क्या ? तुमने कल मरी उस औरत का दाह-संस्कार क्यों किया ?"

पागल—"वह औरत मेरी पत्नी थी। मुझे मालूम था, कोई भी उसका दाह-संस्कार नहीं करेगा, इसलिए मैंने कर दिया।"

स्वामी—"उसके पति को मरे बहुत दिन बीत गए। क्या तुम उसके श्मशान की रखवाली करनेवाले उसके दूसरे पति हो ?"

---

1. लमूर्श-मृत्यु : घर से दूर कहीं परदेस या जंगल आदि में आनेवाली मृत्यु।

हृदय विदीर्ण करनेवाली यह बात सुनते ही उस आदमी का शरीर क्रोध के कारण थर-थर काँपने लगा, उसकी दोनों आँखें एकदम लाल हो गईं। गरजते हुए बोला, "भुवन के बाप ! तुम अपने पापों के चलते स्वयं अपनी मौत ढूँढ़ते आए हो। मेरी बेटी की हत्या कर दी, मेरी पत्नी को घोर यातनाएँ दी, मुझे श्मशान में कमर तक गड़वा दिया और इन सबके अलावा एक निर्दोष सती पर लाँछन लगाया—मैं इसका प्रतिशोध लूँगा, मैं तुम्हारे प्राण ले लूँगा।" यह कहते हुए कपड़ों के भीतर छिपाई तेज तलवार भुवन के बाप की छाती में भोंक दी। भुवन का पापी बाप पीठ के बल गिर गया।

अकस्मात् भुवन के बाप की हत्या हो जाने पर दास डर के मारे अपने प्राण बचाकर घर की ओर भाग गया।

पाठक ! जान गए होंगे कि यह पागल नवीन था। उसने सोचा, "यहीं यूँ ही रहकर अपने को पकड़वा दूँ ! मेरी प्रतिज्ञा पूरी हो गई है। मैं स्वयं चलकर पकड़वा दूँगा, किन्तु अभी वह समय नहीं आया, एक दिन इसका अवसर अवश्य आएगा।" यह सोचते हुए वह उस पारवाले किनारे के जंगल में खो गया।

दास ने भागकर घरवालों को सूचना दी। परिवार में कोहराम मच गया। कई दास हाथों में कुछ-न-कुछ लिए उद्यान की ओर भागे। भुवन के बाप को वहाँ पड़ा देखा। हत्यारा वहाँ नहीं था। पुलिस को खबर दी गई।

विस्मयपूर्ण समाचार

नवीन द्वारा थम्बाल् के शव को चिता पर रख अग्नि-दान करके चले जाने के थोड़ी देर बाद भारी वर्षा हुई थी। जलनी शुरू होते ही वर्षा के पानी से चिता की आग बुझ गई। आग थम्बाल् के शरीर के छू नहीं सकी, बदले में भीगे हुए कपड़ों और आग के ताप से हलकी सी गर्मी होने के कारण उसके शरीर को भाप की सिकाई जैसा लाभ मिला। दैवयोग से राजेन्द्र सिंह नाम का मैतै-भूमि का प्रसिद्ध कविराज किसी काम से श्मशान के पास से गुजर रहा था। एक भी व्यक्ति को दाह-संस्कार में शामिल न देख उसने आश्चर्यचकित होकर चिता की ओर दृष्टि डाली तो अर्थी पर एक व्यक्ति देखा, जो कुछ-कुछ हिल रहा था। अगर कोई और होता, तो, "बादल छा जाने के कारण अँधेरापन भी था—किसी का शव हियाङ् अथौबा बन गया है" ऐसा सोचकर डर के मारे बेहोश हो जाता या दुर्भाग्यपूर्ण ढंग से उसकी मौत भी हो जाती, लेकिन धैर्यवान राजेन कविराज ने निश्शंक उस व्यक्ति के पास जाकर नाड़ी टटोली, तो उसमें स्पन्दन था; उसे पूरा विश्वास हो गया कि व्यक्ति में अभी तक प्राण हैं। रोगी की देह को ध्यान से देखने पर यह भी पता चला कि वह अचानक भयभीत हो जाने या घबराहट के कारण अचेत हो जाने से मृतावस्था की स्थिति में थी। उसने यह भी समझ लिया कि ध्यान से इलाज किया जाए तो भली-चंगी हो जाएगी। इसलिए राजेन ने मन-ही-मन उस रोगी का इलाज करने का निश्चय किया। मैतै कविराजों में अधिकांश में यही गुण पाया जाता है। दीन-दुखियों के परिवार में अगर कोई बीमार पड़ जाए, तो वे बहुत कम पैसे लेकर उसका

इलाज करते हैं, रात-भर रोगी के पास रहकर देखभाल करते हैं। इस प्रकार की दया दूसरी जाति के कविराजों में बहुत ही कम मिलती है।

राजेन गहन रात्रि में उस मृत-प्राय शरीर को किसी गाड़ी में उठाकर अपने घर ले आया। दवा-दारू करने और हाथ के संचालन से पेट के नाड़ी-संचार को ठीक करने से वह रोगी कुछ ही दिनों में कुछ-कुछ स्वस्थ हो गई। राजेन और थम्बाल्, दोनों ने थम्बाल् के जीवित होने की बात गुप्त ही रखी, किसी को नहीं बताया। कोई पूछता तो राजेन उत्तर देता, "हमारे खानदान की कोई है; इलाज के लिए ले आया हूँ।" कुछ स्वस्थ हो जाने के बाद एक दिन भुवन के बाप की मृत्यु की खबर सुनकर थम्बाल् के मन को कुछ सान्त्वना मिली, किन्तु पति का कोई समाचार न पाने से वह अक्सर दिन-भर दुखी रहने लगी। राजेन ने गुपचुप नवीन को ढूँढ़ने का प्रयास शुरू किया।

विवाह की तैयारी

वीरेन् और धीरेन्, दोनों मित्र कलकत्ता विश्वविद्यालय से एम.ए. की उपाधि प्राप्त करके मातृभूमि लौट आए। उन दोनों की कीर्ति जल्दी ही सम्पूर्ण मैतै भूमि में फैल गई। स्वभाव से ही मनुष्य पढ़े-लिखे शिक्षित युवकों के साथ अपनी बेटियों का विवाह करना चाहते हैं या सम्पन्न और बड़े घर की लड़की को अपने घर की बहू बनाना चाहते हैं। सम्पन्न राजेन कविराज की दोनों बेटियों में से बड़ी का विवाह वीरेन् के साथ और छोटी का धीरेन् के साथ करने की बात पक्की हो गई। अभिभावकों के स्तर पर बात पक्की हुई थी। लड़के और लड़कियों की सहमति नहीं ली गई थी। लड़कों को इतना ही मालूम था कि जिन लड़कियों से उनका विवाह होने जा रहा है, वे किसी सम्पन्न परिवार की हैं और लड़कियों को भी इतनी ही जानकारी थी कि लड़के पढ़े-लिखे हैं। कैसा चरित्र है, कैसा स्वभाव है, क्या-क्या गुण हैं—इसके बारे में किसी को भी कोई विशेष जानकारी नहीं थी। अगले दिन को ही वीरेन् के विवाह का दिन निश्चित किया गया।

धनवान राजेन्द्र सिंह कविराज अपनी बेटियों के लिए योग्य वर मिल जाने से मन-ही-मन बहुत आनन्दित हुआ और बहुत सारे रुपए खर्च करके विवाह की तैयारियाँ शुरू की गईं। अच्छी तरह मंडप बनवाया गया। बेटियों को दहेज में देने के लिए बहुत-सारा सामान खरीदकर इकट्ठा किया गया। बड़े-बड़े अधिकारियों, रिश्तेदारों, परिचितों और मोहल्लेवालों के यहाँ निमन्त्रण पहुँचाए गए।

क्या वीरेन् और धीरेन् ने खुशी-खुशी विवाह की स्वीकृति दे दी थी ? धीरेन् ने यह सुनकर कि माधवी बहुत दिन पहले ही घर छोड़कर चली गई है और यह सोचकर कि उसकी प्रतीक्षा करना व्यर्थ होगा, विवाह की स्वीकृति दी थी।

कल विवाह का दिन है। वीरेन् क्या सोच रहा था ? विवाह के लिए उसका मन तैयार था ? उसने कभी उरीरै की याद नहीं की ? ऐसी बात नहीं कि याद न की हो—किन्तु शशि से उसके विवाह की चिट्ठी मिलने के बाद मन में उरीरै के प्रति इतना तिरस्कार जागा कि उसके बारे में पूछा तक नहीं, और क्रोध के मारे अपने लिए जेल

चले गए प्रिय मित्र शशि के बारे में भी कुछ नहीं पूछा।

लोगों का कहना था कि वीरेन् बचपन से ही होनहार लड़का था, इसलिए विवाह के बारे में वह हाँ भी नहीं बोला, ना भी नहीं बोला, बस चुप ही रहा।

भारत के बड़े-बड़े प्रसिद्ध लोगों का जीवन-चरित पढ़ा जाए, तो पता चलता है कि उनमें से अधिकांश बचपन में बहुत उद्यमी थे। बचपन में 'सदाचारी है', 'आज्ञाकारी है' ऐसी प्रशंसा का पात्र लड़का बड़ा होने पर अपने सदाचारी और आज्ञाकारी होने का यश बचाए रखने की इच्छा से कोई भी कार्य स्वेच्छापूर्वक नहीं कर सकता, यानी किसी भी कार्य में अपने पुरुषार्थ का प्रयोग नहीं कर सकता। 'आज्ञाकारी है', 'होनहार है', 'कई परीक्षाएँ उत्तीर्ण की हैं', 'कई प्रमाण-पत्र प्राप्त हुए हैं'–ऐसा कहना नौकरी पाने के लिए तो बहुत अच्छा है, क्योंकि उसे किसी के अधीन काम करना है, लेकिन ऐसा व्यक्ति समाज के लिए उतना लाभदायक नहीं होता, क्योंकि भविष्य में समाज का भला करनेवाला, किन्तु तत्काल लोगों की दृष्टि में अनुचित प्रतीत होनेवाला कोई भी काम यश चाहनेवाला व्यक्ति कभी नहीं कर सकता। विधवा-विवाह का कार्य शुरू करते समय ईश्वरचन्द्र को लोगों ने कितना बदनाम किया और कितना फटकारा ! लेकिन ईश्वरचन्द्र यश चाहनेवाले व्यक्ति नहीं थे, उन्होंने मन-ही-मन निश्चय किया था कि भविष्य में समाज का कुछ भला होता है तो वह जीवन-भर कष्ट सहेंगे ! अपयश न चाहनेवाले लोगों के मन का सुविचार अन्दर ही मर जाता है, बदनामी के डर से जीवन के कर्तव्य का नवांकुर अन्दर ही सूखकर नष्ट हो जाता है–लोगों की बात मानकर चलने से वह कपड़े की गुड़िया बन जाता है, अवातील्[1] की तरह लोगों की इच्छानुसार अपनी गर्दन मोड़ता है। वीरेन् 'आज्ञाकारी' उपाधि प्राप्त लड़का था, अच्छी हो या बुरी, हर बात पर हामी भरता था, लेकिन एम.ए. की परीक्षा के बाद उसके स्वभाव में बदलाव आ गया–बड़े-बड़े लोगों के जीवन-चरित पढ़ने और आलोचना के ज्ञान से उसमें साहस आ गया, सही काम करने में संकोच का भाव चला गया, किसी की चापलूसी का प्रभाव पड़ना बन्द हो गया, लोगों के उपहास पर लज्जा की परवाह नहीं रही और अच्छे कार्य के लिए प्राण तक न्योछावर करने का निश्चय करने लगा।

राजकुमार वीरेन् की ओर से किसी विरोध के बिना ही विवाह की स्वीकृति दिए जाने की बात सुनकर शशि के एक मित्र ने वीरेन् को एक निर्जन स्थान पर बुलाकर कहा, "राजकुमार ! अंग्रेजी शिक्षा के चलते मित्र के प्रति कृतज्ञता, प्रेम, दुख–सब कुछ भुला बैठे हो ! तुम्हारे लिए शशि का बन्दीगृह पहुँचना, तुम्हारा विरह सहन न कर सकने के कारण उरीरै का कहीं खो जाना–इस सबके बारे में तुमने कुछ भी नहीं सोचा।" वीरेन् ने आश्चर्यचकित होकर उसके पीछे घटी सारी घटनाओं का विवरण विस्तार से कहलवाया और सुना। उस व्यक्ति ने यह भी बताया कि वीरेन् के पास भेजी गई चिट्ठी

1. अवातील् : (PUPAE) अंडे से तितली तक के विकास के बीच का एक स्तर, जिसका सिर मनुष्य अपने हाथ के इशारे से घुमा सकता है। इस सन्दर्भ में इसका अर्थ है, 'किसी के हाथों में नाचना' या 'कठपुतली बनना'।

भुवन की एक साजिश थी और वह एक चाल थी, ताकि लज्जा के कारण वीरेन् स्वदेश न लौट आए। इतना ही नहीं, उस मित्र से यह भी सुना कि भुवन वीरेन् को एक बेहद शर्मिन्दगीपूर्ण कार्य में फँसाने जा रहा है। उरीरै का निश्चित अता-पता न जान सकने से वीरेन् के मन को बेहद दुख पहुँचा। वह वहाँ बैठा नहीं रह सका, अकेला कहीं चला गया।

वन में उरीरै

कोचिन् काँची का एक घना वन था। इस वन में उरीरै वन देवी बनकर गोपनीय रूप से रह रही थी। कभी-कभी शिकारी द्वारा पीछा करनेवाली हिरणी की भाँति घबराती हुई पीछे मुड़-मुड़कर देखती, तो कभी विरहाग्नि का ताप सहन न कर सकने के कारण धरती पर लोट-पोट होकर रोती, कभी जाल से छूटकर उड़ आए तोते की तरह हाँफती, कभी पर्वतीय ताम्ना जैसी अकेली पेड़-पौधों के नीचे, रास-मंडल के समीप, लैरेन्-चम्पा के पेड़ के नीचे बैठकर धीमे स्वर में गाती–

जलती दावाग्नि दूर पर्वत पर
बुझ जाएगी अपने आप !
अधिक गहरी होते ही रात्रि
गिरने से आकाश से ओस।
अग्नि जलती है अन्तर में
भड़कने लगती अधिक और !
रात्रि होते ही कुछ अधिक गहरी
बरसने से आकाश से ओस
विशाल रास-मंडल की पोखरी में
निर्मल न होते हुए भी पहले की भाँति
आती रहीं ङानुथङ्गोङ् दाना चुगने।
शाम की बेला आई मानकर
प्रेम की विरहाग्नि से सूख चुकी
मेरे मन की इस पोखरी पर
उड़ आएगी क्या ङानु-थङ्गोङ्
चुगने के लिए दाना पुनः ?
विरहाग्नि से सूखने जा रहे
मेरे इस मन-उद्यान में
विकसित होगा क्या नव-किसलय,
वसन्त के आगमन पर ?
आँखों में देखने की लालसा मात्र

देख नहीं सकती मुख-कमल।
प्रतीक्षातुर हैं, कान
आता नहीं प्रियतम का सन्देश !

थोड़ी देर तक गीत गाते रहने के बाद उरीरै लैरेनू-चम्पा के पेड़ के नीचे चली आई और बोली, "हे लैरेनू-चम्पा ! तुम तो ऊँचे हो, क्या तुमने मेरे प्रियतम को देखा है ? तुम भी मेरी तरह अभागे हो; जैसे मैं लोगों का अत्याचार न सह सकने के कारण इस वन में भाग आई हूँ, वैसे ही तुम भी लोगों द्वारा डालियाँ तोड़ दिए जाने के डर से पर्वत के समीप इस निर्जन में आकर खिलते हो। तुम छिपने की कितनी भी कोशिश करो, कैसे बच पाओगे–रूप ही तुम्हारा जाल है, सुगन्ध तुम्हारी शत्रु है। पवन भी तुम्हारा शत्रु है। मेरा सन्देश मेरे प्रियतम तक पहुँचाने की बात वह ध्यान से कभी नहीं सुनता, किन्तु छिपकर रहनेवाली तुम्हारी सुगन्ध ले जाकर हर व्यक्ति को तुम्हारा पता बता देता है। सुगन्ध को चाहनेवाले, लेकिन मन की प्रेम भरी बातों के महत्त्व को न पहचाननेवाले काँची के युवक यहाँ आकर तुम्हारी डालियाँ तोड़ डालेंगे, वे तुम्हारी कलियाँ भी तोड़ देंगे।"

उसके बाद रास-मंडल के किनारे तक आई, रोते-रोते बोली, "हे रास- मंडल ! एक समय तुम कितने निर्मल थे, किन्तु अब इतने मैले क्यों हो ? काँची की देवी के दुख-दर्द को देखकर तुमने भी क्या दुख-सूचक वस्त्र धारण कर लिए हैं ? मेरे अन्तर में जलती अग्नि के इस ताप को अपने शीतल जल से एक बार तो शान्त करो !" यह कहकर अपने तन पर अंजलि भर-भर जल छिड़कने लगी।

उसी समय उसने मार्ग के किनारे निमन्त्रण-पत्र लेकर जानेवाला एक लड़का देखा। उस लड़के को बुलाकर कहा, "ओ पथिक भैया ! थके-माँदे काँची की ओर मुँह करके क्या सोच रहे हो ? आओ, तनिक काँची का प्राकृतिक सौन्दर्य तो देखो, यह सोचकर मन में न घबराना कि एक समय का राजमहल अब घने जंगल में बदल गया है। एक बार आकर देखो, पता चलेगा कि निर्जन में ही शान्ति का वास है। पहले रास-मंडल के निर्मल जल में कटहल, आम और हैजाङ्[1] के वृक्षों से भरे पर्वत का प्रतिबिम्ब देखो, फिर आगे जाकर घने पत्तोंवाले आम के वृक्ष के नीचे बैठो, हरे-भरे तृणों पर बैठकर थोड़ी देर विश्राम करो। रास-मंडल के शीतल जल की बूँदों से भीगा, काँची के श्रेष्ठ चम्पा से मिलकर दक्षिण दिशा से आया सुगन्धवाही पवन तुम्हारी तपन को मिटा देगा। घने पत्तों के बीच बैठकर बोलनेवाले पक्षी का मधुर स्वर सुनकर तुम्हारा सारा कष्ट दूर हो जाएगा। पोखरी में भ्रमरों के आघात से बिखरी कमल की पँखुड़ियों से अपनी दृष्टि नहीं हटा सकोगे, यह सब देखकर मान लेना कि यह वही पहलेवाला काँचीपुर ही है।"

इतनी सारी बातें करने के बाद उसने लड़के से पूछा, "भैया, तुम कहाँ जा रहे हो ? काँची का कोई नया समाचार लाए हो ?" लड़के ने उत्तर दिया, "परदेश में शिक्षा प्राप्त करके हाल ही में लौटे राजकुमार वीरेन् के साथ कल राजेन् कविराज की पुत्री का विवाह

1. हैजाङ् : स्थानीय फल विशेष या उसका काँटेदार वृक्ष।

होगा, मैं उसी के निमन्त्रण बाँटने जा रहा हूँ। इसके सिवाय काँची का कोई खास समाचार नहीं सुना। उरीरै नाम की एक युवती को डाकू उठाकर ले गए और उसकी चिन्ता में उसकी माँ भी मर गई। धनवान् भुवन के बाप की भी एक पागल व्यक्ति ने हत्या कर दी। बस, इतना ही है।'' यह बताने के बाद, ''देर हो गई है'' कहते हुए वह लड़का तुरन्त चला गया, ''उरीरै जड़ से उखाड़ दिए गए केले के पौधे की भाँति बेहोश होकर धरती पर गिर पड़ी।

उरीरै सहनशीलता में धरती के समान थी। बिना खाए-पिए रहना सहन कर सकती थी, खान-पान और वस्त्रादि का अभाव झेल सकती थी, किन्तु दो विषय ऐसे हैं, जिन्हें वह सहन नहीं कर सकती—पहला, कुटिया में अकेली रहनेवाली माँ की मौत की खबर, और दूसरा, वीरेन् द्वारा उसे छोड़ किसी और के साथ विवाह का समाचार। यही दो समाचार एक साथ सुनने से वह एकदम मूर्छित हो गई, जैसे उसके सिर पर वज्रपात हो गया हो।

थोड़ी देर तक मूर्छित रहने के बाद चेतना लौटने पर वह उठने लगी। दुख, शंका, मन की पीड़ा, चिन्ता, ईर्ष्या आदि के एकत्र होने से उसका हृदय अन्दर-ही-अन्दर जलने लगा। इतने बड़े संसार में उसे पल-भर के लिए चैन से रहने की जगह नहीं मिली। वह सोचने लगी कि बालू-कण से लेकर संसार की समस्त वस्तुओं, जीव-जन्तुओं तक में कोई भी उसका हितू नहीं रहा। उसने सोचा, ''पुरुष जात ! कितनी निष्ठुर होती है ! इतने दिनों तक उसके चरणों का ही स्मरण करके जीती आई हूँ, खाना-पीना-सोना त्याग चुकी हूँ, दिन-रात, हर पल उसके चेहरे का स्मरण ही मेरी शक्ति बना रहा। इसी प्रतीक्षा में हूँ कि कब मैं उसका मुख-कमल देख पाऊँगी, किन्तु वही मुझे छोड़कर किसी और लड़की को ब्याहने का निश्चय कर चुका है। उसकी विरहाग्नि सहन करने के लिए माँ तक को छोड़ आई, मेरे विछोह के कारण माँ भी प्राण त्याग चुकी है।''

जब तक आशा जीवित है, तब तक मनुष्य अकेला कभी नहीं मर सकता। अगर आशा नहीं रहती तो अकेला मरने में कोई बाधा नहीं होती। पहले उरीरै आशा के सहारे जी सकती थी, अब उसकी आशा केवल कोंपल-सी ही नहीं टूटी, जड़ से उखड़ गई, इसलिए उरीरै मरने को सोचने लगी, ''अपने माँ-बाप से बिछुड़ी, अपने मन-देवता की करुणा से वंचित अपने इस पापी शरीर को ढोकर इस संसार में जीने से क्या फायदा। हे रास-मंडल ! तुम्हारे शीतल गर्भ में कूदकर अपने जलते हृदय का यह ताप शान्त करूँगी।'' यह कहते हुए वह रास-मंडल में उतरने लगी। बीचोंबीच की गहराई तक उतरकर अपने को गर्दन तक जल में डुबो दिया और उसका मुख-कमल वहाँ खिले कमलों में मिल गया। ''इस जन्म में उनके चरण नहीं पा सकी, अगले जन्म में पाने का वरदान दो'' कहकर आँखें बन्द करके सूर्य देवता की स्तुति करने लगी।

पाठक ! बहुत दिनों से दुख-सागर में डूबी उरीरै का एक बार स्मरण कीजिए। राह चलते समय लोग आपस में बात करते हैं कि अमुक पुस्तक में या अमुक कथा में बहुत ही खूबसूरत, बहुत कुशल, अति शिक्षित या सम्पन्न लड़कियों के बारे में पढ़ने या सुनने

को मिलता है। हमारी उरीरै वैसी नहीं। सुन्दरी होते हुए भी वह वस्त्राभूषणों के अभाव में चराङ्[1] के बीच उगनेवाली कमलिनी-जैसी थी, रंग-रूप ठीक होते हुए भी खाने-पीने के अभाव में अत्यधिक दुबली-पतली थी, चन्द्रमा-सा सुन्दर चेहरा होते हुए भी दुख-ताप की श्यामलता से पीड़ित थी। पीछे मुड़कर देखें तो उसका अपना कोई नहीं था, भाई नहीं थे, माता-पिता हैं भी, तो उनके ठौर-ठिकाने की जानकारी नहीं। आँखों से आँसू बहाना ही उसके जीवन में विश्राम का प्रतीक बन चुका था। इसलिए आप सोच सकते हैं कि हमारी उरीरै की कथा पढ़ने से क्या लाभ मिलेगा। किन्तु इस संसार की सभी लड़कियाँ शकुन्तला की भाँति सुन्दर नहीं होतीं, सावित्री की भाँति बड़े राजाओं की सन्तान नहीं, विक्टोरिया की तरह आजन्म खुशहाल नहीं; यह संसार दीन-दुखियों से भरा है। हमारी उरीरै अभागिनों में अति अभागिन है। समूहों में उड़नेवाले पक्षियों से बिछुड़ गई धनेश जैसी, हवा द्वारा पेड़ से छिटका दी गई बेल जैसी, पहाड़ के भीतरी स्थलों पर अकेली चहचहानेवाली ताम्ना जैसी, घने जंगल में अकेली खिलनेवाली केतकी जैसी, बिना तने और डालियों के ग्रीष्म की धूप सहनेवाले और वर्षा में भीगनेवाले लैपाक्लै जैसी है। वह गुणों से रहित नहीं है, वृक्ष की भाँति क्षमामयी है, धरती के समान सहनशील है, नदी की भाँति अविभक्त स्वभाववाली है। नारी जाति के हमारे आकांक्षित गुण भी केवल यही हैं।

तलहटी का दृश्य

शाम की मन्द-मन्द बहती हवा। घास के लहराते नए पत्ते। डूबते सूर्य की सुनहरी किरणों में चमकती फुनगियाँ। ऐसे समय वीरेन् अपने बचपन की अध्ययन-स्थली को देखने की इच्छा से उस तलहटी की ओर निकल आया। हैबोक् पर्वत पर खेलना, शशि द्वारा उसे चौंका जाना, फूलों की बेलों के बीच उरीरै और माधवी से मुलाकात–बहुत दिनों के बाद यह सब याद करके उसका मन अत्यधिक व्याकुल हुआ। अर्से पूर्व घटित घटनाएँ, एक बार घूमा कोई दूरस्थ स्थान, एक बार चढ़ी दूरस्थ पहाड़ी-चोटी, तन्हाई में एक ही बार मिला मित्र–यह सब स्मरण आने पर मन में दुख और हूक उत्पन्न होते हैं–वैसे ही भाव के उदय होने से वीरेन् के मन को भी अत्यधिक पीड़ा हुई।

वीरेन् ने सोचा, ''बचपन के वे दिन कितने सुन्दर थे ! उद्यान में भागना, झील में डुबकी लगाना, लताओं के बीच छिपते-छिपाते खेलना कितना आनन्ददायक था ! झील से कमलिनी और कमलगट्टे तोड़ना और पर्वतीय पेड़ों से पके फल ढूँढ़कर खाना स्वादिष्ट लगता था ! उद्यान से फूल चुनकर डोली सजाने में वह कितना कुशल था ! अब भी पहलेवाला वही उद्यान है; झील, वन, पेड़-पौधे, फूल, फल पहले की भाँति ही हैं, किन्तु मेरे मन में किसी को भी देखने की इच्छा नहीं है, कुछ खाने की भी इच्छा नहीं। चारों ओर असंख्य वस्तुओं के होते हुए भी आँखों के सामने सुनसान ही दिख

---

1. चराङ् : जल में उगनेवाली घास की प्रजाति का एक बेलदार पौधा।

रहा है। यह उद्यान मेरे लिए उद्यान नहीं रहा, मरघट बन गया है; यह विस्तृत मैदान, मैदान नहीं रहा, मरुस्थल बन गया है; फूलों की सुगन्ध से भरा यह पवन भी शीतल पवन नहीं रहा; मरुस्थल का तप्त-पवन बन गया है। ये फल भी खाने योग्य नहीं रहे, विषयुक्त फल बन गए हैं। अरे, यह सब क्या हो रहा है ? प्रकृति ही मेरी शत्रु बन गई है ? जिस चीज को भी देखता हूँ, वही मुझे दुख दे रही है। समझ गया, यह सब यौवन के विचारों का प्रभाव है, यौवन का यह समय बहुत खतरनाक होता है।

सन्ध्या होनेवाली थी। पर्वत की चोटी ने सूर्य को ढँक लिया और तलहटी पर श्याम-परछाई छाने लगी। बैल, घोड़े, बकरे आदि घरेलू पशु चरना छोड़कर घर की ओर जाने लगे। पूर्ण प्रफुल्लित कमल-कमलिनी की पँखुड़ियाँ धीरे-धीरे बन्द होने लगीं। पहाड़ों पर फल ढूँढ़कर खानेवाला पक्षीवृन्द भी पंक्तियों में उड़ने लगा।

वीरेन् मन में द्वन्द्व लिए दिशाहीन होकर यूँ ही चलते-चलते रास मंडल के किनारे पहुँच गया। उसने वहाँ कुछ-कुछ बन्द हुए एक सौ आठ पँखुड़ियोंवाले कमलों के बीच आँखें बन्द करके देवाराधना कर रही उरीरै के मुख-कमल को देखा। सोचा, "यह संसार कितना बदल गया है, अब तो इस रास-मंडल में जल-कमल और स्थल-कमल साथ-साथ खिलने लगे हैं।"

उसी वक्त "ओ सखी ! कमल तोड़कर सूर्य-पूजा करने की तैयारी में स्वयं कमल बनकर गहरे जल में उतराने लगी हो। मेरी सखी डूब रही है ! कोई है ? मेरी सखी के प्राण बचाओ, मेरी सखी को किनारे पर लाओ।" कहते हुए एक लड़की पोखरी के किनारे घबराते हुए चिल्लाने लगी। उसी क्षण वीरेन् "अरे, यह तो कमल नहीं है, कोई पानी में डूब रही है" कहते हुए पोखरी में कूद पड़ा और डूबती हुई लड़की को ऊपर ले आया। कैसा दैवयोग था ! वह कोई और नहीं थी, उरीरै ही थी !

इस बीच चिल्लानेवाली लड़की अचानक गायब हो गई। पोखरी के किनारे उठा लाने के बाद दोनों युवक-युवती पुनः अचानक मिलने पर आनन्द और प्रेम में विभोर होकर कई क्षण तक कुछ भी नहीं बोल सके। पहली बार इसी प्रकार अचानक तलहटी के उद्यान में मिले थे। अब वीरेन् ज्यादा देर तक चुप नहीं रह सका, "उरीरै ! उरीरै ! काँची उद्यान की उरीरै ! मेरे मनोद्यान की उरीरै ! मुझे क्षमा करो। तुमने मेरे लिए कितने दुख सहे, सोचते ही मुझे इतनी पीड़ा हुई कि जैसे मेरे हृदय में भाला चुभ गया हो। आओ, तुम्हें अपनी बाँहों में लेकर यह पीड़ा शान्त करूँ।" कहते हुए उरीरै को अपनी बाँहों में ले लिया। उरीरै भी पहले की तरह लजालू नहीं रही, अनवरत आँसू बहाते हुए बोली, "हे वीर ! तुमने अभी तक मुझे नहीं भुलाया, यह जानते ही मेरा सारा दुख-दर्द मिट गया। नारी-रूप में मेरा यह जीवन सफल हो गया। हे वीर ! अब जाओ। मनचाही युवती के साथ ब्याह कर लो। वर-पूजा[1] के लिए लोग प्रतीक्षा कर रहे होंगे। दोनों के

---

1. वर-पूजा : विवाह के एक रोज पूर्व शाम को सम्पन्न विवाह सम्बन्धी एक रस्म, जिसमें कन्या-पक्ष की ओर से एक छोटे बालक द्वारा किसी एक बुजुर्ग के साथ वर के घर जाकर वर की पूजा करके विवाह के लिए आमन्त्रित किया जाता है।

कल्याण के लिए मैं तन-मन एक करके ईश्वर की आराधना करूँगी। अब मैं अभागिनी ब्रह्मचारिणी बनकर दूर चली जाऊँगी। कल ब्याह करनेवाले पुरुष की बाँहों में समाने योग्य नहीं रही।'' क्या उत्तर दे, कुछ भी न समझ सकने के कारण वीरेन् उरीरै के उदार ललाट को बार-बार चूमने लगा। अरे वीरेन् ! यह तुम्हारा कैसा उत्तर है ? एम.ए. तक की पढ़ाई में इस प्रकार का प्रश्न कभी नहीं मिला ? यथायोग्य उत्तर क्यों नहीं दे सकते ?

विलक्षण विवाह

निश्चित समय पर निमन्त्रण प्राप्त बड़े-बुजुर्ग, मोहल्ले की औरतें, राजवंश की रमणियाँ– सब राजेन कविराज के घर आ पहुँचे और सभी को आदर-सत्कार के साथ उचित आसन पर बिठाया गया। पुरुषों का संकीर्तन शुरू हो गया।

उधर वीरेन् भी वर की वेश-भूषा धारण करके यात्रा के लिए तैयार हो गया। फिरुक्[1] लेकर चलनेवाली नारियाँ, फल लेकर चलनेवाले लड़के, मित्रगण और वर के साथ अन्य युवकों का दल काँची की सड़क पर भीड़-भाड़ के रूप में निकले। उसी समय सड़क की पश्चिमी दिशा से तलहटी के नजदीकवाले वन के निकट के सँकरे मार्ग पर फिरुक् ढोनेवाले लोगों की एक अन्य पंक्ति भी चली आ रही थी। दूर से देखने पर अंडे ढोनेवाली चींटियों की पंक्ति जैसी सुन्दर लग रही थी। पीछे आनेवाला दल वीरेन् के दल से मिलकर एक हो गया। वीरेन् के दल द्वारा पूछे जाने पर उस दल ने उत्तर दिया, ''धीरेन् ने अपने मित्र के लिए भेजा है।'' सभी लोग विवाह-स्थल पर मंडप में पहुँचकर यथायोग्य सम्मान के साथ अपने-अपने आसन पर बिठा दिए गए। विधि-विधानपूर्वक वर का स्वागत किया गया।

शुभ-लग्न में वर जंगली हाथी की तरह धीरे-धीरे चलकर विवाह की चौकी पर बैठा। धीरेन् मित्र की सहायता करने लगा। उस समय सभी उपस्थित जन बहुत व्यस्त रहे। दाहिने हाथ से पान लिया, बाएँ हाथ में चिलम थामी, दृष्टि वर पर और मुँह में कुछ खाद्य पदार्थ। पान खाया जाए या हुक्का पिया जाए या वर की नुक्ता-चीनी की जाए, सब मुश्किल में पड़ गए। वर भी धरती पर नजर गड़ाए ऐसे बैठा कि कहीं उसकी दृष्टि फिसल न जाए। उसे देखकर सभी ''ऊँघने लगा है, ऊँघने लगा है, गिर जाएगा'' कहकर शोर मचाने लगे। एक बार पलकें झपकाते ही बोले, ''आँखें खुल गई हैं, आँखें खुल गई हैं।'' हलका सा हिला तो फिर बोले, ''हिलने लगा है, हिलने लगा है।'' ऐसे ही कुछ देर तक सभी क्या-क्या बोलते रहे। किन्तु बहुत बक-झक करने पर भी वर की ओर से कोई उत्तर न मिलने पर और बकते-बकते थक जाने के कारण खाने में रुचि लेने लगे। तभी कन्या को लाने के लिए कहा गया। उसी वक्त कन्या के घर में कोहराम

---

1. फिरुक् : एक ढक्कनदार टोकरी विशेष, जिसमें विवाह या देवी-देवताओं की पूजा आदि में गुड़वाली धान की खील, फल आदि पूजा-सामग्री रखकर ले जाई जाती है।

मच गया, परिवार के सभी लोग बदहवासी में इधर-उधर भागने लगे। कारण पूछने पर पता चला, ''कन्या गायब हो गई, ढूँढ़ने पर भी नहीं मिल रही है।'' यह सुनते ही सभी लोग इधर-उधर, आगे-पीछे भागने-फिरने लगे। दक्षिणा से वंचित होने की घबराहट में पुरोहित 'अनर्थ हो गया' कहते हुए आगबबूला हो गया। उसी समय पूरबवाले ओसारे के कोने से एक लड़की निकली, उसने वर के गले में वरमाला डाली। वर ने भी उस लड़की के गले में पुष्पमाला डाली। दोनों अगल-बगल बैठ गए। विवाह सम्पन्न हो गया। सभी लोग आश्चर्यचकित हो गए, कुछ लोग पहचानकर कहने लगे, ''यह तो उरीरै है, उरीरै है।'' थोड़ी देर पश्चात् राजेन् की बेटी और भुवन, दोनों को पकड़कर सबके सामने लाया गया। राजेन् के यह पूछने पर कि दोनों को कैसा दंड दिया जाए, वीरेन् ने उत्तर दिया, ''दोनों में परस्पर प्रेम है तो इसी वक्त दोनों का विवाह-संस्कार सम्पन्न होना ही सही दंड होगा; मैं बड़ा भाई बनकर कन्यादान करूँगा।'' ''सही बात है, सही बात है'' कहते हुए सभी युवक चिल्लाने लगे। अब राजेन् बिना किसी के बताए स्वयं समझ गए–प्रेम एक बहुत ही ऊधमी कीड़ा है; उपदेशों से इसका स्वभाव कोमल नहीं बनाया जा सकता, डाँट-डपट और मार से इसे नहीं समझाया जा सकता। यह सिर्फ खूबसूरती ही नहीं चाहता, धनवानों के यहाँ ही आश्रय नहीं लेता, सिर्फ शिक्षितों को ही नहीं देखना चाहता। इसलिए राजेन् ने बखेड़ा करने के बजाय चुपचाप बेटी का कन्यादान करके अपनी गलती को सुधारा।

वीरेन् भी बड़ा भाई बनकर राजेन् की पुत्री के कन्यादान में शरीक हुआ। उसी समय उरीरै को ''मेरा कोई भाई, माँ-बाप न होने के कारण मेरा कन्यादान करनेवाला कोई नहीं है'' कहते हुए अनवरत आँसू बहाते देखकर मंडप के एक कोने से एक अधेड़ व्यक्ति निकला और ''बेटी, मैं हूँ तो'' कहकर अपनी बेटी को छाती से लिपटाते हुए बिलख पड़ा। सचमुच वह व्यक्ति उरीरै का बाप नवीन था। जब ''उरीरै नहीं मरी, बाप भी नहीं मरा'' कहते हुए सभी लोग परस्पर फुसफुसा रहे थे, तभी घर के भीतर से एक औरत निकल आई और उरीरै से लिपटकर खूब रोई। जिन्हें लोग मरा हुआ सोचते थे, उन माँ, बाप और बेटी, तीनों के मिलन से सभी अत्यन्त खुश हुए। इसके अलावा अपने प्राण बचानेवाले युवक को दामाद के रूप में पाकर नवीन की खुशी का ठिकाना न रहा। वीरेन् भी अनाथिनी जैसी अलग-थलग रही उरीरै के माँ-बाप के सबके सामने प्रकट हो जाने से बेहद खुश हुआ। नवीन्, थम्बाल् और उरीरै कैसे जीवित बचे, इसकी कहानी सबको सुनाई गई। सभी लोग अत्यन्त खुश हुए और कहने लगे कि यह विलक्षण विवाह है। सबके सामने नवीन ने अपने को भुवन के बाप का हत्यारा घोषित किया। उरीरै द्वारा शशि को निर्दोष बताए जाने पर उसे बन्दीगृह से छुड़ाकर वहाँ लाया गया। तब वीरेन् ने कहा, ''मित्र, तुमने मेरे लिए बहुत कष्ट सहा, उसी के पुरस्कार-स्वरूप मैं तुम्हें अपनी छोटी बहन सौंप रहा हूँ'' और अपनी बहन थम्बाल्सना का कन्यादान शशि के साथ किया। बन्दीगृह से निकलते ही राजवंश की एक कन्या को पाने पर शशि मुस्कुराया और बड़बड़ाया, ''राजवंश कभी अपनी जबान से पीछे नहीं हटता।'' राजेन्

ने विवाह का सारा खर्च उठाया।

एक ही जगह, एक ही दिन तीन विवाह-संस्कार सम्पन्न होते देख सभी लोग समान रूप से खुश हुए और हर एक को तीनों विवाहों के लिए तीन-तीन दक्षिणाएँ मिलने से वहाँ तारीफ के पुल बँध गए। पुरोहित ने भी दक्षिणा से वंचित होने की घबराहट से मुक्त होकर, अधिक दक्षिणा मिलने से, "मेरे द्वारा सम्पन्न कराया कार्य कभी असफल होता है भैया !" कहकर अपनी खुशी जाहिर की।

इस प्रकार का विलक्षण समाचार सुनकर देश के शासक ने नवीन को प्राण दंड से मुक्त कर दिया।

उरीरै ने सोचा कि अब उसकी सारी विपत्ति दूर हो गई है, इस अवसर पर अगर सखी माधवी से उसकी मुलाकात हो जाती तो बेहद खुशी होती। माधवी के सही ठौर-ठिकाने का पता नहीं चल सका, लेकिन जब भुवन ने उसे बाँधकर जंगल में रखा था, तब उसे बचानेवाली और भविष्य में उसका सारा दुख-दर्द मिट जाने की भविष्यवाणी करनेवाली उस देवी की आवाज माधवी जैसी लगती थी और हाल ही में रास-मंडल में कूदकर आत्महत्या का प्रयास करते समय 'सखी' कहकर पुकारनेवाली उस युवती की आवाज भी माधवी की ही लगती थी। पर ठीक से वार्तालाप का अवसर नहीं मिला था। उसने सोचा कि विपत्ति के समय उसकी रक्षा और वीरेन् से उसका मिलन—यह सब माधवी की ही कृपा है। यही सच भी था। माधवी के स्वार्थ त्याग और उदारता के बारे में सोचकर उरीरै को विश्वास नहीं हुआ कि वह एक इंसान थी, सोचने लगी कि वह हैबोक् की देवी ही है। विश्वास नहीं होता कि ऐसा इंसान संकीर्ण और धोखेबाज समाज में फिर दिखाई देगा, सचमुच ही दिखाई भी नहीं दिया।

समापन अंश

रात बीत गई, सुबह हुई। पूर्वी आकाश में सवेरे का सूर्य उजले प्रकाश के साथ उदय होने लगा। काँची के उद्यान में मल्लिका, मालती, उरीरै आदि पुष्प पूर्ण रूप से प्रफुल्लित होने लगे। माधवी मन में द्वन्द्व लिए उद्यान में गई। खिले हुए मल्लिका को चँगेरी भर तोड़ा। चँगेरी में से एक-एक पुष्प उठाकर माला पिरोने लगी। उस पुष्पमाला को देखकर कहने लगी, "अर्थहीन पुष्पमाला है, मैं यह पुष्पमाला जिसके गले में पहनाना चाहती हूँ, अब वह सम्भव नहीं होगा।" उसने दोनों आँखों से खूब आँसू बहाए। उन आँसुओं से वह पुष्पमाला पूरी तरह भीग गई। उसी समय धीरेन् सुबह के समय टहलने निकला तो काँची-उद्यान के सौन्दर्य को निहारने वहाँ चला आया। निर्जन स्थान पर संन्यासिनी

का रूप धारण किए एक युवती को पुष्पमाला लिए आँखों से आँसू बहाते देख आश्चर्यचकित होकर थोड़ी देर वहाँ खड़ा रहा। बोला, ''हे पुष्पमाला पिरोनेवाली ! क्या तुम काँची की देवी हो ? या पति-वियोग के ताप से विह्वल होकर (देखने में विवाहिता स्त्री मानकर) अपने कोमल तन पर गेरुए वस्त्र धारण किए हो ? किसके लिए अपनी आँखों से आँसू बहाती हो ?'' माधवी अपने मन में आराधित मूर्ति धीरेन् को सामने देखकर बिना कोई भी उत्तर दिए आँखों में आँसू भरे गौर से देखती रही। उसकी दशा को देख धीरेन् ने दुखी मन से फिर पूछा, ''पुष्पमाला पिरोनेवाली ! बोलो, तुम्हारी कौन सी मनोकामना पूरी नहीं हुई है ? मैं तुम्हारी मदद कर सकूँ तो अपने प्राण तक देकर तुम्हारी मनोकामना पूरी करने की कोशिश करूँगा।'' तब माधवी ने सोचा कि अगर वह अपना परिचय बता देगी, तो धीरेन् और राजेन् कविराज की बेटी के विवाह में बाधा उत्पन्न हो जाएगी और वह एक निर्दोष समवयसी की अपराधी हो जाएगी; इसलिए उसने अपना परिचय नहीं दिया। बोली, ''हे वीर ! मैं संन्यासिनी हूँ, मैंने मनोकामनाएँ त्याग दी हैं, इसलिए इस संसार में मेरी कोई भी मनोकामना अपूर्ण नहीं रही। मेरा जीवन गेरुए वस्त्रों में बीता है, शेष जीवन भी इन्हीं के संग समाप्त हो जाएगा।'' उसका पूरा शरीर आँसुओं से भीग गया। तब धीरेन् ने पूछा, ''तो इतने मन से यह पुष्पमाला क्यों पिरोई ? और, क्यों अपनी आँखों से आँसू बहा रही हो ?'' माधवी ने रोते-रोते काँपती आवाज में उत्तर दिया, ''कोई व्यक्ति है, जिसके गले में मैं यह पुष्पमाला पहनाना चाहती हूँ, इसलिए आँसुओं की एक-एक बूँद से यह माला पिरोई; यह सामान्य पुष्पमाला नहीं है, बड़ी आकांक्षा के साथ पिरोई गई माला है। यह मेरे जीवन की अन्तिम माला है। इस संसार में अब यह पुष्पमाला पहनाना सम्भव नहीं, इस जन्म में मनोकामनापूर्वक पहनाने का अवसर नहीं मिला; जहाँ कभी वियोग न हो, वहाँ शान्त मन से पहनाऊँगी।'' यह कहते हुए चादर के पल्ले से चेहरा ढाँपकर बिलखने लगी। थोड़ी देर बाद टूटे स्वर में फिर बोली, ''हे वीर ! अच्छा ही हुआ कि आज मैं तुमसे मिली हूँ। आज मेरा अन्तिम दिन, अन्तिम समय, अन्तिम पल है। किसी के मिलने पर एक पुरानी बात याद कराने की बाट जोहती आई हूँ। कहने का विचार किया, किन्तु इतने दिनों तक कह नहीं सकी—लेकिन मन की यह बात प्रकट न करूँ तो सदा के लिए मेरे ऊपर एक ऋण रह जाएगा। अगर कोई व्यक्ति 'निश्चित बात बाद में बताऊँगी' कहकर प्रतिज्ञा करनेवाली किसी युवती को ढूँढ़ने आए तो बस, उसे इतना बता दीजिए, ''निश्चित बात बताने का अवसर इस जन्म में नहीं आया, जहाँ कभी वियोग न हो, वहाँ शान्त मन से बताऊँगी।'' यह कहकर उस पुष्पमाला को अपने हृदय से लगा लिया। इसके पश्चात् धीरेन् के चौड़े ललाट को एक बार गौर से देखने के बाद मुड़ी और तेजी से उत्तर की ओर चली गई। उस दिन से किसी ने भी माधवी को इस संसार में नहीं देखा।

बाद में धीरेन् ने माधवी को पहचानकर उसे ढूँढ़ने का बड़ा यत्न किया, किन्तु वह कहीं भी दिखाई नहीं पड़ी।

*"चन्दन के वृक्ष अनेक
पर्वतों पर और जंगलों में
जैसे नष्ट हो जाते हैं सूखकर,
वैसे ही मनोद्यान के कोने में
सहेजकर रोपा हुआ पुष्प
सूख जाएगा होकर अर्थहीन
तन-मन सहित;
नहीं होगा किसी को भी ज्ञात !"*

●●●